# PBL 방식으로 배우는 자료구조

Problem-Based Learning

김영학 지음

도서출판 홍릉

저자소개

**김영학** kimyh@kumoh.ac.kr

• 서강대학교 전자계산학과 공학박사
• 금오공과대학교 컴퓨터공학과 교수

# PBL방식으로 배우는 자료구조

**인 쇄 :** 2020년 8월 3일 초판 1쇄
**발 행 :** 2020년 8월 7일 초판 1쇄

저자와의 협의하에 인지생략

**저 자 :** 김영학
**발행인 :** 송 준
**발행처 :** 도서출판 홍릉
**주 소 :** 01093 서울시 강북구 인수봉로 50길 10
**등 록 :** 1976년 10월 21일 제5-66호

**전 화 :** 02-999-2274~5
**팩 스 :** 02-905-6729
**e-mail :** hongpub@hongpub.co.kr
http://www.hongpub.co.kr
**ISBN :** 979-11-5600-786-9(93000)

**정 가 :** 24,000원



본 교육교재는 2019년도 교육 · 연구 및 학생지도 비용 지원을 받아 개발된 교재임

# 머리말

우리가 일상생활에서 일어나는 다양한 문제들을 컴퓨터로 해결하기 위해서는 먼저 주어진 문제를 정확하게 분석해야 한다. 다음에 이 문제의 해결을 위한 자료구조를 설계하고 이를 기반으로 알고리즘을 설계해야 한다. 자료구조는 컴퓨터로 문제를 해결하는 과정에서 가장 기본적으로 학습해야 할 교과목 중의 하나이다.

자료구조가 컴퓨터공학에서 중요한 교과목임에도 불구하고 이 교과목을 수강하는 학습자들이 배우는 과정에서 어려움을 호소한다. 이러한 요인은 자료구조에 포함되는 방대한 내용을 이론 중심으로 진행하다 보니 실제 프로젝트 구현과 연결 학습이 적절하게 이루어지지 않음을 들 수 있다. 따라서 본서에서는 기존의 이론 중심의 학습 과정을 탈피하여 교재 전체를 문제 중심 학습(Problem-Based Learning) 방식으로 구성하였다.

문제 중심 학습에서는 팀을 구성하여 팀원 간의 소통을 통하여 문제를 정의하고 설계하여 결과를 도출하는 과정을 중시한다. 이러한 점을 고려하여 본서에는 매 단원마다 프로젝트 중심으로 문제를 제시하고 해결 과정을 단계별로 구분하여 상세하게 기술하였다. 문제 해결 과정으로 문제정의, 자료구조 설계, 알고리즘 설계, 알고리즘 분석, 논의 등으로 구분하였다. 이러한 학습 과정에서 매 단원마다 개별 학습보다는 팀별 참여 학습을 통하여 프로젝트를 해결할 수 있도록 권장한다.

본서의 또 다른 특징은 매 단원에서 주어진 프로젝트를 해결하는 알고리즘을 특정 프로그램 언어에 의존하지 않고 가상코드로 기술하였다. 매 단원이 끝날 때 가상코드로 주어진 알고리즘을 학습자가 익숙한 프로그램 언어를 사용하여 구현하여 그 결과를 확인하도록 하였다. 또한 추가적인 연습 과제를 통하여 문제 해결을 위한 논리적인 학습 개념을 정리하고 실제 프로그램 구현을 통하여 그 결과를 확인하도록 하였다.

본서는 자료구조를 배우려는 학습자에게 이론 중심의 지루한 학습을 탈피하여 프로젝트 중심으로 집중도를 높이고 실제 프로그램 구현과 연계 학습을 강화하였다. 아무쪼록 본서가 자료구조의 기초를 배우는 학습자들에 많은 도움이 되기를 기대한다.

2020. 7 저자씀

# 차 례

## 제4장 연결 리스트 응용 / 63



## 제5장 스택 / 83



## 제6장 큐 / 101



## 제7장 트리 기초 / 121

## 제8장 트리 응용 / 147



## 제9장 그래프 기초 / 171



## 제10장 그래프 응용 / 197



## 제11장 정렬 / 225

## 제12장 탐색과 해싱 / 245



## 제13장 세그먼트 트리 응용 / 271



## 제14장 트라이 응용 / 295



## 부 록 반복 알고리즘과 순환 알고리즘 구현 시 참고사항 / 315

Part 1

# 자료구조 기초

## 1.1 자료구조 및 알고리즘 소개

일상생활에서 일어나는 문제를 컴퓨터로 해결하기 위해서는 먼저 그 문제를 정확하게 분석하여 문제 해결 과정을 단계별로 기술해야 한다. 이러한 문제 해결 과정에서 주어진 문제를 해결하기 위해 필요한 데이터를 조직화하는 역할을 자료구조라 한다. 알고리즘은 조직화된 자료구조를 이용하여 문제해결 과정을 단계별로 상세하게 기술하는 과정을 의미한다.

예로서 자료구조 교과목을 수강하는 학생들의 평균 신장을 구하라는 문제가 주어진다고 생각해 본다. 먼저 수강 학생들의 개별 신장을 수집하여 데이터를 조직화하여야 한다. 다음에 조직화된 신장 데이터를 모두 더하여 학생 수로 나누어 평균을 계산한다. 이러한 과정에 대한 자료구조 및 알고리즘을 구체적으로 기술하면 다음과 같다.

### (1) 자료구조 설계

개별적으로 수집한 학생들의 신장을 아래와 같이 1차원 배열을 자료구조로 사용하여 조직화 한다.

| h[0] | h[1] | h[2] | h[3] | · · · | h[n-1] |
|---|---|---|---|---|---|
| 172.4 | 185.5 | 169.3 | 171.2 | · · · | 185.3 |

### (2) 알고리즘 설계

1차원 배열을 자료구조로 조직화한 데이터를 사용하여 학생들의 신장 평균을 구하는 과정을 기술한다.

a. sum 변수에 신장의 합을 저장하며 초기 값을 0으로 설정한다.

b. 다음을 0에서 n-1까지 n번 반복 수행하여 전체 합을 계산한다.

sum 〈- sum + h[i]

c. sum을 학생 수 n으로 나누어 평균 신장을 계산한다.

d. 평균 신장을 출력한다.

위에서 간단한 예시를 통하여 자료구조 및 알고리즘의 개념을 설명하였다. 일상생활에서 일어나는 다양한 문제를 컴퓨터로 해결하기 위해 배열, 연결리스트, 스택, 큐, 트리, 그래프, 정렬, 해시 등의 자료구조가 있다. 본서의 2장부터는 프로젝트 중심으로 문제를 제시하고 이 문제를 해결하기 위한 자료구조와 알고리즘을 학습한다.

여러분은 이 교과목을 학습하기 전에 프로그래밍 기초 교과목을 이수하였을 거라 생각한다. 아마도 프로그래밍 기초 교과목 수강 시 문제가 주어질 경우 문제 해결을 위해 사전에 자료구조 및 알고리즘을 설계하지 않고 바로 코딩부터 시작하였을 거라 생각한다. 자료구조 교과목을 배우는 목적은 주어진 문제를 가장 효과적으로 해결하기 위해 자료구조를 설계하고 알고리즘을 기술하는 것이다. 따라서 본서의 학습을 통하여 먼저 주어진 문제의 해결을 위한 자료구조 및 알고리즘을 설계하고 다음에 코딩을 하는 습관을 갖길 기대한다.

## 1.2 알고리즘 기술 방법

이 절에서는 알고리즘을 기술하는 방법에 대해서 알아본다. 알고리즘을 기술하는 방법으로는 가상코드(Pseudo code) 기술, 자연언어 기술, 플로차트 기술 등이 있다. 1.1절에서 예시로 기술한 학생의 평균 신장을 구하는 알고리즘은 사람들의 눈에 익숙한 자연언어 기술 방식이다. 자연언어 기술 방식은 컴퓨터 프로그램 언어를 배우지 않은 사람이라도 쉽게 접근할 수 있는 방법이다.

본서에는 이미 컴퓨터 프로그램 언어(C, C++, JAVA 등) 기초를 공부한 학습자를 대상으로 하기 때문에 이들 프로그램 언어와 유사한 가상코드를 사용하여 알고리즘을 기술한다. 가상코드란 기존 프로그램 언어와 유사하게 보이나 특정 프로그래밍 언어에 종속되지 않고 추상적으로 표현된 알고리즘 기술 방법이다. 가상코드는 표준으로 정해진 원칙이 없으며 사용자마다 다르게 기술할 수 있다. 본서에서는 가상코드로 알고리즘을 기술하기 위해 아래와 같은 규칙을 따르도록 한다.

### (1) 알고리즘의 시작

알고리즘의 시작은 알고리즘 이름과 알고리즘 수행에 필요한 인수들을 기술한다. 다음에서 name은 알고리즘의 이름을 의미하고 괄호 안의 인수들은 알고리즘 수행을 위해 전달된 자료들을 갖는 변수를 의미한다.

Algorithm name(인수1, 인수2, .....)

### (2) 수식의 표현

수식을 표현하기 위한 산술 연산자들은 일반적인 수학 기호들을 그대로 사용한다. 특별히 배정문을 위해 "〈-" 기호를 사용하고 동일 관계의 비교를 위해 "=" 기호를 사용한다.

**예 1** • number 〈- 10 + 5 // 10 + 5의 결과를 number 변수에 저장

**예 2** • no1 = no2 // no1과 no2의 값이 같은지를 비교

### (3) 조건문의 표현

조건에 따라 비교를 통하여 달리 수행해야 문장의 경우는 if~else 형태의 문장을 사용하여 표현한다. 이러한 조건은 필요에 따라 중첩될 수 있으며 한 조건에 또 다른 조건을 중첩하여 사용할 수 있다. 하나의 조건에 다수의 문장이 실행될 경우 괄호를 사용하여 더 구조적으로 표현한다. 다음 예를 참조한다.

**예 1** • if (a != b) a와 b가 같지 않습니다.

**예 2** • if (a = b) a와 b가 같습니다.

```
          else
                  a와 b가 다릅니다.
```

**예 3** • if (a = b) {

```
                  a와 b를 더합니다.
                  a <- a + b }
          else    {
                  a와 b를 뺍니다.
                  a <- a - b }
```

### (4) 반복문의 표현

반복문은 알고리즘을 기술하는 과정에서 가장 많이 사용되는 문장들 중의 하나이다. 반복문을 표현하기 위해 for, while, loop, repeat 등의 문장을 사용한다. 아래 예는 1에서 100까지 더하는 과정을 여러 가지 형태의 반복문을 사용하여 표현한 예이다. 아래의 반복문을 시작하기 전에 sum의 초기 값이 0으로 설정되어 있다고 가정한다.

**예 1** •
```
for i 〈− 1 to n do
    sum 〈− sum + i
```

**예 2** •
```
count 〈− 1
while count 〈= 100 do
    sum 〈− sum + count
```

**예 3** •
```
count 〈− 1
repeat
    sum 〈− sum + count
until count 〈 101
```

### (5) 집단 자료의 표현

집단 자료는 정수형 자료, 실수형 자료, 문자형 자료, 그룹형 자료 등으로 구분된다. 배열은 같은 유형을 갖는 집단 자료를 표현하는 자료구조로 사용된다. 다음은 집단 자료의 표현을 위한 1, 2, 3차 배열의 사용 예를 보여준다. 예로서 name[i, j]에서 name은 배열의 이름이며 괄호 안의 i와 j는 2차원 배열의 인덱스를 의미한다.

**예 1** • name[i] 〈− 1 // 1차원 배열의 예

**예 2** • name[i, j] 〈− 1 // 2차원 배열의 예

**예 3** • name[i, j, k] 〈− 1 // 3차원 배열의 예

### (6) 알고리즘의 호출

한 알고리즘의 수행 과정에서 다른 알고리즘(함수)을 호출할 수 있으며 알고리즘 호출을 위해 알고리즘 이름(인수1, 인수2, .... )과 같은 형식을 사용한다. 다음

은 인수가 2개인 sum() 알고리즘을 호출하여 이 알고리즘에서 계산된 결과를 받아 result에 저장한 예를 보여준다.

**예** • result <- sum(10, 20)

### (7) 결과의 반환

알고리즘에서 수행된 최종 결과를 반환하기 위해 return 문장을 사용한다. 다음은 최종 결과 result를 반환하는 예를 보여준다.

**예** •
```
...............
result <- sum(10, 20)
return result
```

### (8) 기타

가상코드란 특정 프로그램 언어에 의존하지 않고 추상적으로 알고리즘을 기술하는 방법을 의미한다. 지금까지 가상코드로 알고리즘을 기술하기 위한 문장들을 개략적으로 살펴보았다. 가상코드가 표준으로 정해진 것이 아니기 때문에 여기에 기술되지 않은 부분은 여러분 스스로 취향에 맞게 기술하면 된다.

## 1.3 가상코드를 이용한 알고리즘 기술

이 절에서는 1.2절에서 개략적으로 설명한 가상코드를 사용하여 알고리즘을 기술 방법을 연습 문제를 통하여 학습하도록 한다.

**문제 1** n개의 정수 값들이 1차원 배열에 주어질 경우 이들 값들 중에서 가장 큰 값을 찾는 알고리즘을 가상코드로 기술한다.

```
Algorithm Find_Max(A, n)
Input: n개의 정수 값이 저장된 1차원 배열 A
Output: 배열 A에서 가장 큰 값
max <- A[0]
```

```
5. for i 〈- 1 to n-1 do
6.     if max 〈 A[i]
7.         max 〈- A[i]
8. return max
```

위의 가상코드에서 1번 줄은 알고리즘의 시작부분으로 알고리즘의 이름과 알고리즘 수행에 필요한 인수들을 포함한다. 2~3번 줄은 알고리즘 수행에 필요한 입력과 출력을 기술한다. 입력은 알고리즘의 인수로 전달된 정수 값들이 저장된 1차원 배열이고, 출력은 알고리즘의 수행 결과인 1차원 배열에 저장된 값들 중에서 가장 큰 값이 된다. 알고리즘의 인수로 받아온 배열 A[0], A[1], A[2], ...., A[n-1]에 정수 값들이 순서적으로 저장되어 있다.

4번 줄은 가장 큰 값을 찾기 위해 max의 초기 값을 첫 번째 값인 A[0]로 설정한다. 5~7번 줄은 배열 A[1], A[2], ...., A[n-1]의 값을 차례로 max와 비교하여 이들 값이 현재 max 보다 더 클 경우 새로운 max 값으로 설정한다. 최종적으로 입력 배열에서 가장 큰 값이 max에 저장되며 8번 줄에서 이 값을 반환한다.

**문제 2** n개의 정수 값들이 주어질 경우 이들 중에서 짝수 값들의 합과 홀수 값들의 합을 계산하여 출력하는 알고리즘을 가상코드로 기술한다.

(알고리즘 EvenOdd)는 이 문제의 해결을 위한 가상코드로 기술한 알고리즘이다. 알고리즘에서 1번 줄은 알고리즘의 이름과 인수를 포함한다. 알고리즘의 2~3번 줄에서 입력은 n개의 양의 정수 값을 갖는 1차원 배열이며 출력은 이들 값 중에서 짝수와 홀수 값의 합이 된다. 4번 줄은 반복문의 시작을 위해 index 변수를 0으로 초기화 하는 문장이며, 5~6번 줄은 짝수 값의 합과 홀수 값의 합을 저장하기 위한 변수를 0으로 초기화 하는 문장이다.

7~13번 줄은 while 반복 문장을 사용하여 입력 배열 A[0], A[1], A[2], ...., A[n-1]에 저장된 값을 차례대로 읽어 그 값이 짝수 또는 홀수 인가를 판정하여 각각의 합을 계산하는 부분이다. 12번 줄에서 다음 반복을 위해 index 값을 하나 증가하고 7번 줄의 while 반복문의 index 값이 n일 경우 종료한다. 14번 줄에서 최종 계산된 짝수 값의 합과 홀수 값의 합을 출력한다.

```
1. Algorithm EvenOdd(A, n)
2. Input: n개의 양의 정수 값을 갖는 1차원 배열 A
```

```
Output: 짝수 값들 합, 홀수 값들의 합
index <- 0
Evensum <- 0
Oddsum <- 0
while (index < n) do {
    if (A[index] is even)
            Evensum <- Evensum + A[index]
    else
            Oddsum <- Oddsum + A[index]
    index <- index + 1
}
print Evensum, Oddsum
end
```

**문제 3** 양의 정수 값을 갖는 n×n 크기의 2차원 배열이 입력으로 주어졌다고 가정한다. 이 배열에서 가장 큰 값을 찾는 알고리즘을 가상코드로 기술한다.

```
1. Algorithm Find_2Dmax(A, n)
2. Input: n개의 양의 정수 값이 저장된 2차원 배열 A
3. Output: 2차원 배열 A에서 가장 큰 값
4. max <- -1
5. for i <- 0 to n-1 do
6.     for j <- 0 to n-1 do
7.         if max < A[i, j]
8.                 max <- A[i, j]
9. return max
```

(알고리즘 Find_2Dmax)는 문제1에서 주어진 1차원 배열을 2차원 배열로 응용한 예이다. 2차원 배열을 사용하기 때문에 5~8번 줄에서 이중 for 반복문을 사용하여 전체 값을 비교한다. 세부적인 설명은 문제1과 같기 때문에 생략한다.

## ✔ 연습과제

**01 2차원 n×n 행렬이 주어질 경우 이 행렬의 전치 행렬을 구하는 알고리즘을 가상코드로 기술한다.**

(1) 입력: 정수 값들로 구성된 2차원 n×n 행렬이 배열 A에 저장되어 있다고 가정한다. A[i, j]는 2차원 행렬에서 i번째 행과 j번째 열의 값이 저장된 배열의 원소를 의미한다.

(2) 출력: 입력으로 주어진 2차원 행렬 A의 전치 행렬을 계산하여 2차원 행렬 B에 저장한다. 전치 행렬은 행과 열의 값이 뒤 바뀐 행렬을 의미한다.

**02 임의의 문장들이 저장된 텍스트 파일이 있다고 가정한다. 이 텍스트 파일을 입력하여 다음을 수행하는 알고리즘을 가상코드로 기술한다.**

(1) 텍스트 파일의 매 라인을 읽어 앞쪽에 라인 번호를 삽입하여 출력한다. 라인 번호는 1부터 시작한다.

(2) 매 20 라인이 출력될 때 마다 페이지를 분리하고 페이지 타이들을 인쇄하여 출력한다. 라인 번호는 페이지가 바뀌더라도 계속 증가해야 한다.

(3) 텍스트 파일에서 더 이상 읽을 라인이 없을 때 종료하며 전체 페이지 수와 라인 수를 출력한다.

## 1.4 알고리즘의 분석

1.3절에서 한 문제가 주어질 경우 그 문제를 컴퓨터로 해결하기 위해 알고리즘을 가상코드로 기술하는 방법을 공부하였다. 가상코드로 알고리즘을 기술한 후에 이 알고리즘이 효율적으로 잘 설계되었는지를 분석해야 한다. 알고리즘의 효율성을 평가하는 두 가지 척도는 알고리즘의 수행시간과 수행공간이다. 수행시간이란 알고리즘이 수행하는 시간을 의미하며 수행공간이란 알고리즘이 실행하는데 필요한 메모리 공간을 의미한다.

### 1.4.1 수행시간의 분석

알고리즘의 수행시간 분석은 실제 환경에서 실험적으로 측정하는 방법과 가상코드 알고리즘의 스텝(문장) 수에 따라 이론적으로 측정하는 방법이 있다. 알고리즘의 수행시간을 실험적으로 측정하는 방법은 알고리즘을 프로그래밍 언어로 직접 구현하고 실행하여 실제 수행시간을 측정하는 방법이다. 실험적 방법은 알고리즘의 수행시간 측정에 있어 가장 정확한 방법들 중의 하나이다.

아래 예는 알고리즘의 수행시간을 측정하기 위한 C 프로그래밍의 예를 보여준다. C 프로그램 언어에서 clock() 함수는 틱 단위의 개념으로 현재 시간을 반환해 주는 함수이다. 알고리즘의 시작 전과 후에 clock() 함수를 삽입하면 두 값의 차가 수행시간이 된다.

```
void main( void )
{
  clock_t start, end;
  double  duration;
  start = clock();
   // 수행시간을 측정하고자 알고리즘의 코드
   // ....
  end = clock();
  duration = (double)(end - start) / CLOCKS_PER_SEC;
  printf("%f 초입니다. ₩n", duration);
}
```

알고리즘의 수행시간을 평가하기 위한 다른 측면을 살펴보기 위해 다음 예를 생각해 본다. 자료구조 교과목을 수강하는 두 학생에게 동일한 문제가 과제로 주어졌다. 이 문제를 해결하기 위해 두 학생은 서로 다른 알고리즘을 설계하였다. 두 학생 중에 어느 학생의 알고리즘이 수행시간 측면에서 더 효율적으로 설계되었는가를 평가해 본다.

두 알고리즘의 수행시간 비교를 위해 같은 프로그래밍 언어로 구현하고 같은 성능을 갖는 컴퓨터에서 프로그램을 실행하여 실험적 비교를 할 수 있다. 그러나 이 방법은 아래와 같은 단점이 있기 때문에 수행시간 평가를 위한 가장 정확한 방법임에도 불구하고 널리 사용되지 않는다.

- 동일한 하드웨어 및 소프트웨어 환경을 사용해야 한다.
- 실제 환경에서 같은 프로그램 언어를 사용하여 알고리즘을 구현하고 실험해야 한다.
- 제한된 입력을 사용하여 실험을 해야 한다.

이에 대한 대안으로 알고리즘을 직접 구현하지 않고 가상코드 알고리즘에서 문장들의 수행 빈도를 계산하여 수행시간을 평가하는 방법이 있다. 또한 이를 더 확장하여 알고리즘 문장들의 정확한 수행 빈도의 수를 대신하여 수학적 기호를 사용하는 점근적 표기 방법이 있다. 점근적 표기 방법에서는 알고리즘의 입력 크기에 비해 수행시간이 얼마만큼 비례하는가를 표현한다.

점근적 표기 방법은 상한을 의미하는 빅오(O), 하한을 의미하는 오메가($\Omega$), 상한-하한을 의미하는 쎄타($\Theta$)가 있다. 대표적으로 상한을 의미하는 빅오와 하한을 의미하는 오메가의 정의는 다음과 같다. 본서에서는 알고리즘의 분석을 위해 상한을 의미하는 빅오를 주로 사용한다.

**(상한의 표현)** 모든 $n$, $n \geq n_o$에 대해 $f(n) \leq c \cdot g(n)$을 만족하는 양의 상수 $c$와 $n_0$가 존재하면 $f(n) = O(g(n))$으로 표현할 수 있다.

**(하한의 표현)** 모든 $n$, $n \geq n_o$에 대해 $f(n) \geq c \cdot g(n)$을 만족하는 양의 상수 $c$와 $n_0$가 존재하면 $f(n) = \Omega(g(n))$으로 표현할 수 있다.

## ✔ 연습문제

**아래의 연습 문제들은 알고리즘의 주요 부분을 가상코드로 기술한 예이다. 먼저 연습 문제로 주어진 알고리즘에서 수행하는 문장들의 수행 빈도를 계산한다. 다음에 이를 상한을 의미하는 점근적 표기법인 빅오로 표현하는 방법을 학습한다.**

**01** **다음은 n개의 정수 값을 갖는 배열에서 가장 큰 값을 찾는 알고리즘이다. 이 알고리즘의 수행시간을 분석한다.**

```
1. max <- A[0]
2. for i <- 1 to n-1 do
3.   if max < A[i]  max <- A[i]
4. return max
```

**(분석)** 먼저 위 알고리즘에서 각 문장이 실행되는 빈도를 살펴본다. 1번 문장은 한번 실행되고 2번 문장은 n번 실행된다. 3번 문장은 (n−1)번 반복되어 실행되고 4번 문장은 한번 실행한다. 따라서 이 알고리즘의 실행을 위한 문장들의 수행 빈도는 f(n)=2n+1로 표현할 수 있다. 문장들의 수행 빈도 f(n)을 상한을 의미하는 점근적 표기법인 빅오로 표현하면 f(n)=O(n)이 된다. 빅오의 정의에 따라 아래와 같은 식이 만족함을 보이면 된다. 빅오의 표현에서 n의 값이 커질수록 상수 값은 큰 의미가 없으며 이 알고리즘의 수행시간은 입력 크기 n에 비례한다는 것을 유추할 수 있다.

f(n)=2n+1, g(n)=n이라 한다.

$2n+1 \le c \cdot n$을 만족하는 양의 상수 c와 $n_0$ 가 존재함을 보인다.

c=4, n≥1일 때 이 식은 항상 만족하기 때문에 f(n)=2n+1은 f(n) = O(n)으로 표현할 수 있다.

**02** **다음은 n×n 크기를 갖는 행렬을 저장한 2차원 배열 a와 b가 주어질 때 두 행렬의 합 c를 계산하는 알고리즘이다. 이 알고리즘의 수행시간을 분석한다.**

```
for i <- 0 to n-1 do
  for j <- 0 to n-1 do
```

```
3.      c[i, j] <- a[i, j] + b[i, j]
4. return c
```

**(분석)** 문제1에서 분석한 것과 같은 방법을 사용하여 알고리즘에 포함된 문장의 수행 빈도를 고려해 본다. 1번 문장은 (n+1)번 반복되고 2번 문장은 n(n+1)번 반복된다. 3번 문장은 $n^2$번이 반복된다. 4번 문장은 한번 수행된다. 따라서 이 알고리즘의 수행을 위한 문장들의 수행 빈도수의 합은 f(n)=$2n^2+2n+2$로 표현된다. 수행 빈도의 합 f(n)을 상한을 의미하는 점근적 표기법인 빅오로 표현하면 f(n)=$O(n^2)$이 된다. 빅오의 정의에 따라 아래와 같은 식이 만족함을 보이면 된다. n의 값이 커질수록 상수 값은 큰 의미가 없으며 이 알고리즘의 수행시간은 입력 크기 $n^2$에 비례한다고 할 수 있다.

f(n)=$2n^2+2n+2$, g(n)=$n^2$이라 한다.

$2n^2+2n+2 \leq c \cdot n^2$을 만족하는 양의 상수 c와 $n_0$ 가 존재함을 보인다. c=5, n≥2일 때 이 식은 항상 만족하기 때문에 f(n) = $2n^2+2n+2$는 f(n)=$O(n^2)$으로 표현할 수 있다.

**03 다음 알고리즘은 1, 2, 4, 8, ...., n과 같이 1부터 시작하여 매번 2를 곱한 수들의 합을 계산한다. 이 알고리즘의 수행시간을 분석한다.**

```
1. sum <- 0
2. inc <- 1
3. while (inc <= n) do {
4.    sum <- sum + inc
5.    inc <- inc * 2 }
6. return sum
```

**(분석)** 알고리즘에서 1~2번 줄은 각각 한 번씩 실행된다. 3~5번 줄은 inc 값이 1, 2, 4, 8, ... 등의 2의 배수로 증가하며 반복 수행되며 이 값이 n보다 클 경우 반복문을 종료한다. 만일 n의 값이 2의 배수라고 가정 한다면 3번 문장은 (logn+1)번이 수행되고 4~5번 문장은 각각 logn번이 수행된다. 6번 문장은 한번 실행된다. 따라서 이 알고리즘의 수행 빈도는 f(n)=3logn+4가 된다. 이를 상한을 의미하는 점근적 표기법인 빅오로 표현하면 3logn+4는 O(logn)으로 표현할 수 있다. 즉 이 알고리즘은 입력 크기 n에 대해 logn에 비례하여 수행된다고 할 수 있다.

## ✔ 연습과제

**01** **1.3절 연습 과제의 (문제1)은 2차원 n×n 행렬이 주어질 경우 이 행렬의 전치 행렬을 구하는 알고리즘이다.**

- 이 알고리즘의 각 문장에 대한 수행 빈도의 합을 계산한다.
- 수행 빈도의 합을 점근접 표기법인 빅오 기호를 사용하여 표현한다. 빅오 표현 결과를 참고하여 이 알고리즘의 수행시간이 입력 크기에 비례하여 어떤 영향을 받는지를 해석한다.

**02** **다음 알고리즘은 이중 반복문을 사용하며 안쪽 for 문장은 바깥쪽 for 문장의 인덱스 합을 반복하여 더한다. 즉 안쪽 for 문장에서 j는 1에서부터 시작하지 않고 바깥쪽 인덱스 i에서 부터 시작한다. 이 알고리즘의 수행시간을 분석한다.**

```
sum <-0
for i <- 1 to n do
  for j <- i to n do
    sum <- sum + j
```

- 이 알고리즘의 각 문장에 대한 수행 빈도의 합을 계산한다.
- 수행 빈도의 합을 점근접 표기법인 빅오 기호를 사용하여 표현한다. 빅오 표현 결과를 참고하여 이 알고리즘의 수행시간이 입력 크기에 비례하여 어떤 영향을 받는지를 해석한다.

### 1.4.2 수행공간의 분석

알고리즘의 수행공간이란 알고리즘이 실행하는데 필요로 하는 메모리 공간을 의미한다. 수행공간에는 가변공간과 고정공간이 있다. 가변공간은 입력 크기에 따라 변화되는 공간을 의미하며 고정공간은 알고리즘이 수행되는 동안 변화되지 않은 공간을 의미한다. 연습 문제를 통하여 알고리즘의 수행공간을 분석하는 방법을 살펴보도록 한다.

**✔ 연습문제**

**01** **다음은 1에서 n까지 합을 계산하는 알고리즘이다. 이 알고리즘의 수행공간을 분석한다.**

```
sum <- 0
for i <- 1 to n do
  sum <- sum + i
return sum
```

**(분석)** 위 알고리즘에서 사용하는 변수(sum, i, n)는 3개가 있으며 이 공간은 알고리즘이 수행 동안 변화되지 않은 고정공간이다. 만일 실제 환경에서 이들 3개 변수가 모두 4바이트 형 정수 변수라 가정하면 이 알고리즘의 수행공간은 12바이트가 된다. 전 절에서 설명한 수행시간 분석과 같은 방법으로 분석할 경우 수행공간은 s(n)=3이며, 이를 점근적 기호로 표기할 경우 수행공간은 O(1)이 된다.

**02** **다음은 n×n 크기를 갖는 2차원 행렬이 주어질 경우 두 행렬의 합 c를 계산하는 알고리즘이다. 이 알고리즘의 수행공간을 분석한다.**

```
for i <- 0 to n-1 do
  for j <- 0 to n-1 do
    c[i, j] <- a[i, j] + b[i, j]
return c
```

**(분석)** 알고리즘에서 사용하는 변수 중에서 i, j, n은 고정공간이며 2차원 배열 a, b, c는 입력 크기에 비례하는 가변공간이다. 만일 실제 환경에서 이들 변수가 모두 4바이트 형 정수 변수라 가정하면 전체 공간은 $12n^2$+12이 된다. 따라서 수행공간은

s(n)=$12n^2$+12가 되며, 이를 점근적 기호로 표기할 경우 수행공간은 $O(n^2)$이 된다.

## ✔ 연습과제

**01** **1.3절 연습 과제의 (문제1)은 2차원 n×n 행렬이 주어질 경우 이 행렬의 전치 행렬을 구하는 알고리즘이다.**

- 실제 환경에서 모든 변수가 4바이트 형 정수 변수라 가정하고 수행공간의 합을 계산한다.
- 수행공간의 합을 점근적 표기법인 빅오 기호를 사용하여 표현하고 입력 크기가 수행공간에 어떤 영향을 주는가를 설명한다.

**02** **1.4.1절의 연습 과제로 주어진 (문제2)의 알고리즘에 대한 수행공간을 분석한다.**

- 실제 환경에서 모든 변수가 4바이트 형 정수 변수라 가정하고 수행공간의 합을 계산한다.
- 수행공간의 합을 점근적 표기법인 빅오 기호를 사용하여 표현하고 입력 크기가 수행공간에 어떤 영향을 주는가를 설명한다.

Part 2

# 배열 기초 및 응용

Project

# 2.1 희소 행렬의 전치 행렬 계산

## 문제 정의

희소 행렬이란 행렬의 원소 중에서 전체 원소 대비 0인 원소의 수가 많은 행렬을 의미한다. 이러한 희소 행렬을 2차원 배열로 저장할 경우 메모리 공간을 낭비하는 문제가 발생한다. (표 2.1)은 6×6 크기를 갖는 2차원 희소 행렬의 예를 보여준다. 이 행렬을 저장하기 위해 총 36개의 공간을 필요로 하나 행렬의 원소 중에서 0이 아닌 값은 7개이다. 실제로 29개의 공간이 0으로 채워져 메모리 공간을 낭비하게 된다.

(표 2.1) 6×6 크기를 갖는 2차원 희소 행렬의 예

| | [0] | [1] | [2] | [3] | [4] | [5] |
|---|---|---|---|---|---|---|
| [0] | 0 | 0 | 6 | 0 | 0 | 0 |
| [1] | 5 | 0 | 0 | 0 | 7 | 0 |
| [2] | 0 | 0 | 0 | 3 | 0 | 0 |
| [3] | 0 | 0 | 0 | 0 | 0 | 0 |
| [4] | 8 | 9 | 0 | 0 | 0 | 0 |
| [5] | 0 | 0 | 0 | 2 | 0 | 0 |

(프로젝트 2.1)에서는 (표 2.1)과 같은 희소 행렬이 주어질 경우 메모리 공간을 절약하기 위해 이 행렬을 효과적으로 표현하기 위한 방법을 알아본다. 희소 행렬의 응용문제로 전치 행렬을 구하는 문제를 예로 사용한다. 전치 행렬이란 행과 열의 값이 뒤 바뀐 행렬을 의미한다. 본 프로젝트에서는 희소 행렬이 주어질 경우 이 행렬의 전치 행렬을 구하기 위해 아래와 같이 세 개의 방법을 사용하여 알고리즘을 기술한다.

(1) 수행시간과 수행공간을 고려하지 않은 알고리즘

(2) 수행공간을 고려하나 수행시간을 고려하지 않은 알고리즘

(3) 수행시간과 수행공간을 모두 고려한 알고리즘

### (1) 수행시간과 수행공간을 고려하지 않은 알고리즘

희소 행렬이 주어질 경우 전치 행렬을 계산하기 위한 가장 단순한 방법으로 수행시간과 수행공간을 고려하지 않은 알고리즘을 설계한다.

**자료구조 설계**

n×n 크기를 갖는 희소 행렬을 2차원 배열 A로 표현한다. 배열 A[i, j]에는 희소 행렬에서 i번째 행과 j번째 열의 값을 의미한다. 예로서 (표 2.1)의 희소 행렬을 2차원 배열 A에 저장하면 2번째 행과 3번째 열의 위치 A[2, 3]의 값은 3이 된다.

**알고리즘 설계**

(알고리즘 Transpose_Mat)는 전치 행렬을 계산하기 위한 가상코드로 기술한 알고리즘이다. 알고리즘의 입력으로 2차원 n×n 크기를 갖는 희소 행렬을 저장한 배열 A가 주어진다. 출력은 입력으로 주어진 희소 행렬 A를 전치 행렬로 변환한 희소 행렬 B가 된다. 이때 전치 행렬로 변환된 배열 B는 배열 A와 같은 크기를 갖는다.

6번 줄에서 입력 행렬 A[i, j]의 값을 B[j, i]의 값으로 행과 열을 바꾸어 전치 행렬을 계산한다. 행렬의 크기가 n×n이기 때문에 4번과 5번 줄에서 이중 for 문장을 반복 수행하여 전체 값에 대한 전치 행렬을 계산한다.

```
1. Algorithm Transpose_Mat(A, n)
2. Input: n×n 크기를 갖는 2차원 희소 행렬 A
3. Output: 희소 행렬 A의 전치 행렬 B
4. for i <- 0 to n-1 do
5.    for j <- 0 to n-1 do
6.        B[j, i] <- A[i, j]
7. end
```

**알고리즘 분석**

(알고리즘 Transpose_Mat)에서 전치 행렬을 구하는 핵심 부분은 6번 줄에 있는 문장이다. 입력으로 주어진 희소 행렬이 n×n 크기를 갖기 때문에 6번 문장은 중

첩된 두 개의 for 문장을 사용하여 $n^2$번이 반복 수행된다. 따라서 이 알고리즘의 수행시간은 $O(n^2)$이 된다. 또한 n×n 크기를 갖는 2차원 배열에 희소 행렬과 전치 행렬이 저장되어 있기 때문에 알고리즘의 수행공간은 $O(n^2)$이 된다.

**논의**

희소 행렬의 전치 행렬 계산을 위한 첫 번째 알고리즘을 기술하고 이 알고리즘의 수행시간과 수행 공간을 알아보았다. 이 알고리즘에서 입력이 2차원 n×n 크기를 갖는 배열로 주어졌기 때문에 이 문제를 해결하기 위한 수행시간과 수행 공간 모두 $O(n^2)$이 된다. 이는 입력 n의 크기가 커질 때 $n^2$에 비례하여 수행시간이 증가하게 된다는 것을 의미한다.

또한 0이 많은 원소를 포함하는 희소 행렬임에도 불구하고 $n^2$에 비례하는 메모리 공간을 사용한다. 따라서 (1)에서 보인 알고리즘은 프로그램 구현 측면에서는 아주 단순하여 장점을 갖지만, 수행시간과 수행공간의 성능 측면에서는 효율적인 방법이라 할 수 없다.

### (2) 수행공간을 고려하나 수행시간을 고려하지 않은 알고리즘

(알고리즘 Transpose_Mat)의 경우 수행시간과 수행공간의 효율성 측면에서 비효율적이다. 희소 행렬의 전치 행렬 변환을 위한 두 번째 방법은 수행공간의 효율성을 고려한 알고리즘이다. 희소 행렬의 수행공간을 효율적으로 관리하기 위해서는 이에 적합한 자료구조의 설계가 우선되어야 한다. 다음에 이를 기반으로 하는 알고리즘이 설계되어야 한다.

**자료구조 설계**

(알고리즘 Transpose_Mat)에서 수행시간과 수행공간이 효율적이지 않은 이유는 희소 행렬을 표현하기 위한 자료구조로 2차원 n×n 크기를 갖는 배열을 사용하였기 때문이다. 이러한 문제를 개선하기 위해 먼저 희소 행렬에서 0이 아닌 값들만 저장하는 자료구조를 생각해 본다. 예로서 (표 2.1)의 희소 행렬을 다시 살펴보면 총 36개의 원소 중에서 0이 아닌 원소는 7개이다.

따라서 2차원 희소 행렬에서 0이 아닌 원소만을 저장하기 위해 〈행, 열, 값〉을 함께 갖는 자료구조를 사용한다. (표 2.1)의 예에서 0이 아닌 원소의 값을 〈0, 2,

6〉, 〈1, 0, 5〉, 〈1, 4, 7〉 등으로 표현한다. 아래는 이러한 자료구조를 가상코드로 기술한 구조체 형식을 보여준다.

```
define Max_Term 8
Struct {
        (row, col, value) } Term
Term S_a[Max_Term]
```

위에서 보인 것과 같이 Term은 (row, col, value) 형식을 갖는 구조체를 정의한다. S_a는 Term 타입으로 선언된 구조체 배열이다. 이 배열에 입력으로 주어진 희소 행렬에서 0이 아닌 값들만 저장된다. (표 2.2)는 (표 2.1)의 예에서 0이 아닌 값들을 구조체 배열 S_a에 저장한 예를 보여준다.

(표 2.2)에서 구조체 배열의 크기는 8개이며 첫 번째 줄인 S_a[0]은 희소 행렬의 정보가 저장되고, S_a[1]에서 S_a[7]까지는 0아닌 값들의 행과 열의 정보가 함께 저장된다. 배열의 첫 번째인 S_a[0]은 희소 행렬의 정보를 보관하는 부분으로 S_a[0].row는 행의 수, S_a[0].col은 열의 수, S_a[0].value는 0이 아닌 값들의 개수를 의미한다. 따라서 S_a[0]를 확인하면 희소 행렬의 크기는 6×6이며 0이 아닌 값들의 개수는 7개임을 알 수 있다.

**(표 2.2)** (표 2.1)의 희소 행렬의 (행, 열, 값)의 표현

| | row | col | value |
|---|---|---|---|
| S_a[0] | 6 | 6 | 7 |
| S_a[1] | 0 | 2 | 6 |
| S_a[2] | 1 | 0 | 5 |
| S_a[3] | 1 | 4 | 7 |
| S_a[4] | 2 | 3 | 3 |
| S_a[5] | 4 | 0 | 8 |
| S_a[6] | 4 | 1 | 9 |
| S_a[7] | 5 | 3 | 2 |

## 알고리즘 설계

(표 2.3)은 (표 2.2)에서 주어진 희소 행렬 S_a를 전치 행렬 S_b로 변환한 예를 보여준다. 즉 〈행, 열, 값〉의 형식을 갖는 구조체 배열의 희소 행렬 S_a가 주어지

면, 이 행렬의 행과 열이 뒤바뀐 전치 행렬이 같은 형식의 구조체 배열 S_b에 저장된다. 이러한 전치 행렬의 변환을 위해 입력 S_a에서 〈i, j, value〉의 형식으로 주어진 값을 〈j, i, value〉의 형식으로 바꾸어 구조체 배열 S_b에 저장하면 된다. 그러나 이때 고려해야 할 주요 관점은 전치 행렬 S_b의 결과 역시 행의 인덱스 순으로 정렬되어야 한다. (표 2.3)의 오른쪽 편에서 결과로 만들어진 전치 행렬을 갖는 배열 S_b 역시 행의 인덱스 순으로 정렬되어 있다.

(표 2.3) (표 2.2)의 전치 행렬 변환

| | row | col | value |
|---|---|---|---|
| S_a[0] | 6 | 6 | 7 |
| S_a[1] | 0 | 2 | 6 |
| S_a[2] | 1 | 0 | 5 |
| S_a[3] | 1 | 4 | 7 |
| S_a[4] | 2 | 3 | 3 |
| S_a[5] | 4 | 0 | 8 |
| S_a[6] | 4 | 1 | 9 |
| S_a[7] | 5 | 3 | 2 |

| | row | col | value |
|---|---|---|---|
| S_b[0] | 6 | 6 | 7 |
| S_b[1] | 0 | 1 | 5 |
| S_b[2] | 0 | 4 | 8 |
| S_b[3] | 1 | 4 | 9 |
| S_b[4] | 2 | 0 | 6 |
| S_b[5] | 3 | 2 | 3 |
| S_b[6] | 3 | 5 | 2 |
| S_b[7] | 4 | 1 | 7 |

(알고리즘 Transpose_Triple1)은 위에서 기술한 조건을 충족하는 가상코드로 기술한 알고리즘이다. 알고리즘에서 입력은 〈행, 열, 값〉의 형식의 자료구조를 갖는 희소 행렬 S_a가 주어진다. 출력은 희소 행렬 S_a와 같은 구조체 형식으로 정의된 S_a의 전치 행렬 S_b가 된다. S_a[0].value가 입력 희소 행렬에서 0이 아닌 개수를 가지고 있기 때문에 4번 줄에서 0이 아닌 항의 수를 변수 no에 저장한다. 5~7번 줄에서는 S_a[0]에 저장된 희소 행렬의 정보를 행과 열을 바꾸어 전치 행렬 S_b[0]에 저장한다.

9번 줄의 current 변수는 배열 S_b에 전치 행렬을 행의 인덱스 순으로 정렬하여 저장하기 위해 시작 값을 1로 초기화 한다. 10~17번 줄은 입력 희소 행렬 배열 S_a에서 열의 인덱스 값인 S_a[j].col을 검색하여 행의 인덱스 i와 같은 인덱스를 검색한다(12번 줄). 만일 S_a[j].col의 값이 행의 인덱스 i와 같은 값을 가질 경우 current가 가리키는 위치인 S_b[current]에 S_a[j]의 행과 열의 인덱스 값을 바꾸어 저장한다(13~15번 줄).

16번 줄은 current 변수의 값을 하나 증가하여 다음에 들어갈 위치를 가리키도록 한다. 이러한 과정은 각 행의 인덱스 i에 대해 매번 0이 아닌 항의 개수(no)

만큼 반복된다. 반복이 완료되면 최종적으로 입력으로 주어진 희소 행렬 S_a의 전치 행렬이 S_b에 행의 인덱스 순으로 저장된다. 마지막으로 18번 줄에서 전치 행렬 S_b를 반환한다.

```
1.  Algorithm Transpose_Triple1(S_a)
2.  Input: 〈행, 열, 값〉의 자료구조로 표현된 희소 행렬의 배열 S_a
3.  Output: 〈행, 열, 값〉의 자료구조를 갖는 S_a의 전치 행렬 S_b
4.  no <- S_a[0].value
5.  S_b[0].row <- S_a[0].col
6.  S_b[0].col <- S_a[0].row
7.  S_b[0].value <- no
8.  if (no > 0) {
9.      current <- 1
10.     for i <- 0 to S_a[0].col-1 do
11.       for j <- 1 to no do
12.         if (S_a[j].col = i) {
13.             S_b[current].row <- S_a[j].col
14.             S_b[current].col <- S_a[j].row
15.             S_b[current].value <- S_a[j].value
16.             current <- current + 1 }
17. }
18. return S_b
```

### 알고리즘 분석

(알고리즘 Transpose_Triple1)에서 수행시간에 가장 영향을 주는 부분은 10~17번 줄의 문장이다. 10번 줄의 for 문장에서 S_a[0].col, 즉 행렬의 행의 크기만큼 반복되고 11번 줄의 for 문장에서 0이 아닌 항수 개수인 no 만큼 중첩되어 반복된다. 따라서 희소 행렬에서 0이 아닌 항의 개수인 no를 k, 행의 크기인 S_a[0].col을 n으로 정의하면 이 알고리즘의 수행시간은 $O(n \times k)$가 된다. 또한 알고리즘에서 입력 희소 행렬과 전치 행렬을 저장하는 두 배열을 제외하고 모두 고정공간을 사용하기 때문에 수행공간은 $O(k)$로 표현할 수 있다.

**논의**

(알고리즘 Transpose_Triple1)은 (알고리즘 Transpose_Mat)에 비해 희소 행렬에서 0이 아닌 값들만 저장하는 자료구조를 사용하여 수행시간과 수행공간을 상당 수준으로 개선하였다. (알고리즘 Transpose_Mat)에서 전치 행렬을 계산하기 위한 알고리즘의 수행시간과 수행공간은 모두 $O(n^2)$이었다. 이에 비해 (알고리즘 Transpose_Triple1)의 수행시간은 $O(n \times k)$, 수행공간은 $O(k)$로 개선되었다.

(알고리즘 Transpose_Triple1)에서 새로운 자료구조를 사용하여 이전 알고리즘에 비해 수행시간과 수행공간을 개선하였음에도 불구하고 수행시간을 더 개선할 여지가 있는지를 생각해 본다. 이 알고리즘에서 10~17번 줄을 세심하게 살펴보면 전치 행렬인 S_b를 행의 순으로 저장하기 위해 이중 for 문을 사용하여 반복함을 알 수 있다. 이 부분이 수행시간을 결정하는 중요 부분이기 때문에 이중 루프가 아닌 다른 방법으로 해결한다면 이 알고리즘의 수행시간을 더 줄일 수 있을 것으로 기대해 본다. 다음에서 이러한 문제를 해결하여 수행시간을 개선하는 또 다른 알고리즘을 학습하도록 한다.

### (3) 수행시간과 수행공간을 모두 고려한 알고리즘

우리는 (2)에서 희소 행렬에서 문제가 되는 공간을 효율적으로 관리하기 위한 자료구조를 설계하고 이를 기반으로 전치 행렬을 계산하는 알고리즘을 학습하였다. 이제 (2)에서 기술한 (알고리즘 Transpose_Triple1)의 수행시간을 개선하기 위한 알고리즘을 알아본다.

**자료구조 설계**

(알고리즘 Transpose_Triple1)에서 사용한 희소 행렬의 표현을 위한 〈행, 열, 값〉 형식을 갖는 자료구조를 그대로 사용한다. 우리의 목표는 이 알고리즘의 수행시간에 가장 영향을 주는 10~17번 줄에서 이중 for 반복 문장을 개선하는 것이다. 전치 행렬 변환을 위해 〈행, 열, 값〉 형식을 갖는 입력 배열을 〈열, 행, 값〉으로 바꾸어 저장한다. 이때 전치 행렬을 변환하는 과정에서 열이 행이 되며 행이 열로 바뀌며 전치 행렬의 결과 배열이 행의 순(바뀌기 전에 열에 해당)으로 저장된다. 이것이 이중 for 반복 문장을 사용하는 주요 이유가 된다.

이러한 이중 for 문장 구조의 개선을 위해 전치 행렬을 저장하는 배열에서 해당 행이 어느 위치에 들어가는 지를 결정하는 정보가 필요하다. 만일 전치 행렬 배열에서 해당 행이 저장될 위치를 미리 알 수 있다면, 이중 반복 문장을 사용하지 않고 바로 행과 열이 뒤 바뀐 값을 저장할 수 있다. 전치 행렬 배열에서 해당 행이 저장될 위치 정보를 미리 알기 위해 (표 2.4)와 같이 두 개의 배열을 추가로 사용한다. 배열 row는 입력으로 주어진 희소 배열에서 각 행의 인덱스 개수이며, pos는 전치 행렬에서 행의 순서대로 저장하기 위한 값을 갖는 배열이다.

(표 2.4) 행의 순 저장을 위한 위치 정보

| | [0] | [1] | [2] | [3] | [4] | [5] |
|---|---|---|---|---|---|---|
| row[] | 2 | 1 | 1 | 2 | 1 | 0 |
| pos[] | 1 | 3 | 4 | 5 | 7 | 8 |

row 배열은 (표 2.2)에서 col 칸에 위치한 인덱스의 개수를 카운트한 값이다. 예로서 row[0]의 값 2는 col 칸에서 인덱스 0의 개수가 2임을 의미하고, row[3]의 값 2는 col 칸에서 인덱스 3의 개수가 2임을 의미한다. pos 배열은 전치 행렬의 배열에서 (표 2.3)의 오른쪽과 같이 행의 순으로 저장하기 위해 해당 인덱스의 저장 위치를 바로 결정하기 위해 사용된다.

예로서 pos[0]의 값 1은 입력 배열 S_a의 col 칸에서 0번 인덱스 값이 전치 행렬을 저장하는 배열 S_b에서 인덱스 1부터 저장됨을 의미한다. pos[2]의 값 4는 2번 인덱스 값이 전치 행렬을 저장하는 배열에서 인덱스 4부터 저장됨을 의미한다. row 배열의 값은 (표 2.2)에서 주어진 입력 배열 S_a에서 col 칸을 검색하여 카운트할 수 있으며, row 배열의 값이 결정되면 pos[i]는 아래와 같은 간단한 식으로 계산할 수 있다.

pos[i] = row[i-1] + pos[i-1]

### 알고리즘 설계

(알고리즘 Transpose_Triple2)는 위에서 설명한 row와 pos 배열을 추가 공간으로 사용하여 (알고리즘 Transpose_Triple1) 보다 수행시간을 상당 수준으로 개선한 알고리즘이다.

```
1. Algorithm Transpose_Triple2(S_a)
2. Input: 〈행, 열, 값〉의 자료구조로 표현된 희소 행렬의 배열 S_a
3. Output: 〈행, 열, 값〉의 자료구조를 갖는 S_a의 전치 행렬 S_b
4. no 〈- S_a[0].value
5. S_b[0].row 〈- S_a[0].col
6. S_b[0].col 〈- S_a[0].row
7. S_b[0].value 〈- no
8. if (no 〉 0) {
9.   for i 〈- 0 to (S_a[0].col-1) do
10.       row[i] 〈- 0
11.   for i 〈- 1 to no do
12.       row[S_a[i].col] 〈- row[S_a[i].col] + 1
13.   pos[0] 〈- 1
14.   for i 〈- 1 to S_a[0].col-1 do
15.       pos[i] 〈- pos[i-1] + row[i-1]
16.   for i 〈- 1 to no do {
17.       abs_pos 〈- pos[S_a[i].col]
18.       pos[S_a[i].col] 〈- pos[S_a[i].col] + 1
19.       S_b[abs_pos].row 〈- S_a[i].col
20.       S_b[abs_pos].col 〈- S_a[i].row
21.       S_b[abs_pos].value 〈- S_a[i].value }
22. }
23. return S_b
```

알고리즘에서 입력은 〈행, 열, 값〉의 자료구조를 갖는 희소 행렬이 주어지고, 출력은 입력과 같은 형식의 자료구조를 갖는 전치 행렬이다. 알고리즘에서 4~7번 줄은 (2)에서 기술한 알고리즘과 동일하게 전치 행렬 변환을 위한 초기화 부분이다. S_a[0].value가 입력 희소 행렬에서 0이 아닌 항의 개수를 가지고 있으며 4번 줄에서 이 값을 변수 no에 저장한다. 5~7번 줄에서는 입력 배열 S_a[0]에 저장된 희소 행렬의 크기 정보를 행과 열을 바꾸어 전치 행렬 S_b[0]에 저장한다.

알고리즘에서 9~10번 줄은 row 배열을 초기화하는 부분으로 행의 수만큼 반복되고, 11~12번 줄은 〈행, 열, 값〉의 구조체를 갖는 배열 S_a의 열의 칸에서 인덱스 i의 개수를 카운트하여 row[i]에 저장한다. 13~15번 줄은 계산된 row 배열을 이용하여 해당 인덱스 i가 전치 행렬의 배열 S_b에서 행의 순을 고려하여 바로 저장하기 위해 시작 위치 pos[i] 값을 계산한다. 15번 줄은 행의 수만큼 반복되며 pos[i]의 값은 pos[i−1]과 row[i−1]의 합이 된다. 즉, pos[i]의 값이 인덱스 i를 전치 행렬 배열 S_b에 행의 순으로 저장하기 위한 절대 위치 값을 갖는다.

16~21번 줄은 입력 배열 S_a를 전치 행렬을 구하여 출력 배열 S_b에 저장하는 블록이다. 이 블록은 입력 행렬 S_a[i].col에서 해당 열의 인덱스를 가져와 전치 행렬 S_b에 직접 들어갈 위치를 먼저 결정한다. S_a[i].col에 해당하는 값이 직접 들어갈 절대 위치는 17번 줄에서 pos[S_a[i].col]를 검색하면 알 수 있다. 따라서 19~21번 줄에서와 같이 S_b 배열의 pos[S_a[i].col] 값의 위치에 입력 배열의 〈행, 열, 값〉을 〈열, 행, 값〉으로 바꾸어 저장하면 된다.

18번 줄에서 S_b 배열에 해당 인덱스에 값이 저장되면 다음을 위해 pos 배열의 값을 하나 증가한다. 16~21번 블록에서 반복 과정은 입력 배열에서 0이 아닌 항의 개수(no) 만큼 수행되어 전치 행렬이 배열 S_b에 저장된다. 마지막으로 23번 줄에서 전치 행렬의 배열 S_b를 반환한다.

### 알고리즘 분석

(알고리즘 Transpose_Triple2)에서 입력 희소 행렬의 행의 개수가 n이고 0이 아닌 항의 개수가 k라고 가정하여 수행시간을 분석해 본다. 9~10번과 14~15번 줄은 각각 row와 pos 배열을 초기화 하는 문장으로 행의 수만큼 반복되어 수행시간은 $O(n)$이 된다. 11~12번 줄과 16~21번 줄은 희소 행렬에서 각각 0이 아닌 항의 수만큼 반복되어 수행시간은 $O(k)$가 된다. 따라서 이 알고리즘의 수행시간은 $O(n+k)$가 된다. 이 알고리즘은 두 번째 (알고리즘 Transpose_Triple1)에 비해 row와 pos 배열을 추가 공간으로 사용하여 수행시간을 $O(n \times k)$에서 $O(n+k)$로 개선하였다.

### 논의

우리는 (프로젝트 2.1)에서 희소 행렬이 주어질 경우 이 행렬의 전치 행렬을 계산하기 위해 세 가지 알고리즘을 학습하였다. 첫 번째 알고리즘은 희소 행렬을 2차원 배열로 사용하여 프로그램 구현이 아주 단순하지만 수행시간과 수행공간에서 좋은 결과를 도출하지 못하였다. 두 번째 알고리즘에서는 희소 행렬을 저장하기 위해 <행, 열, 값>의 새로운 자료구조를 사용하여 첫 번째 알고리즘에 비해 수행시간과 수행공간을 상당 수준으로 개선하였다.

세 번째 알고리즘에서는 전치 행렬 배열에서 행의 인덱스 순으로 저장하기 위한 정보를 보관하는 별도 메모리 공간을 추가적으로 사용하였다. 이 공간을 사용하여 행의 순으로 저장하기 위한 절대 위치를 계산하여 두 번째 알고리즘에 비해 수행시간을 상당한 수준으로 개선하였다. 본 프로젝트에서 수행시간과 수행공간을 줄이기 위한 노력을 시도하였다. 향후 여러분이 어떤 문제를 해결할 경우 이러한 문제해결과정이 도움이 되길 기대한다.

## ✔ 프로그램 구현 과제

**(1)** **(프로젝트 2.1)에서 희소 행렬을 전치 행렬로 변환하기 위해 세 개의 알고리즘에 대해 학습하였다. 가상코드로 기술한 이들 세 개의 알고리즘을 프로그램 언어를 사용하여 구현한다.**

Algorithm Transpose_Mat: 2차원 행렬을 사용한 전치 행렬의 계산

Algorithm Transpose_Triple1: 〈행, 열, 값〉으로 정의된 형식의 구조체 배열을 사용한 전치 행렬의 계산

Algorithm Transpose_Triple2: 〈행, 열, 값〉으로 정의된 형식의 구조체 배열을 사용한 전치 행렬의 계산

**(2)** **아래의 같은 절차에 따라 (1)에서 구현한 세 개의 알고리즘을 실행하여 그 결과를 확인하고 수행시간 관점에서 효율성을 논의한다.**

- (표 2.1)과 유사한 2차원 희소 행렬을 만들어 첫 번째 알고리즘을 적용하여 실행 결과를 확인한다.
- (표 2.2)와 같이 〈행, 열, 값〉 형식을 갖는 희소 행렬을 만들어 두 번째 알고리즘을 적용하여 실행 결과를 확인한다.
- (표 2.2)와 같이 〈행, 열, 값〉 형식을 갖는 희소 행렬을 만들어 세 번째 알고리즘을 적용하여 실행 결과를 확인한다.

## Project 2.2 다항식의 덧셈 계산

### 문제 정의

다항식은 일반적으로 아래 식 $P(x)$와 같이 계수인 상수 값과 변수인 지수 값으로 표현된다.

$$P(x) = a_n x^n + a_{n-1} x^{n-1} + \ldots + a_1 x + a_0$$

아래와 같이 두 개의 다항식 $A(x)$와 $B(x)$가 주어질 경우 두 다항식을 더하여 다항식 $C(x)$를 계산하는 알고리즘을 설계한다. 이 문제를 해결하기 위한 자료구조를 설계하고 가상코드를 사용하여 알고리즘을 기술한다.

**예** • 다항식의 덧셈 예

$A(x) = 3x^5 + 2x^3 + 2$, $B(x) = 4x^4 + 5x^3 + 2x$

$C(x) = A(x) + B(x) = 3x^5 + 4x^4 + 7x^3 + 2x + 2$

### 자료구조 설계

다항식을 저장하기 위한 자료구조로 배열을 사용한다. 다항식을 배열에 저장하기 위해 계수가 0이 아닌 항을 (계수, 차수)의 쌍으로 저장하는 자료구조를 사용한다. 아래는 (계수, 차수)의 쌍을 갖는 자료구조를 표현하기 위한 가상코드로 기술한 구조체를 보여준다. 여기서 No_of_Terms은 구조체 배열의 크기를 의미하고 coef와 expon은 각각 다항식의 계수와 차수를 의미한다. terms는 다항식을 저장하기 위한 (계수, 차수) 형식을 갖는 구조체 배열이다.

```
define No_of_Terms 20
Struct
      { coef, expon } poly
poly terms[No_of_Terms]
```

(표 2.5)는 위에서 정의한 자료구조에 따라 두 다항식의 덧셈이 계산되는 과정을 보여준다. (계수, 차수)의 구조체로 정의된 terms 배열에 먼저 다항식 $A(x)$와 $B(x)$가 저장된다. 배열에서 다항식 $A(x)$의 시작과 끝은 인덱스 변수 As와 Ae가 가리키

고, $B(x)$의 시작과 끝은 인덱스 변수 Bs와 Be가 가리킨다. 인덱스 변수 avail은 배열에서 빈공간의 시작 위치로 다음에 새로운 항이 저장될 위치를 가리킨다.

(표 2.5) 두 다항식 $A(x)$와 $B(x)$의 저장 예

| | As | | Ae | Bs | | Be | avail | | | | | |
|---|---|---|---|---|---|---|---|---|---|---|---|---|
| | 0 | 1 | 2 | 3 | 4 | 5 | 6 | 7 | 8 | 9 | 10 | 11 |
| coef | 3 | 2 | 2 | 4 | 5 | 2 | | | | | | |
| expon | 5 | 3 | 0 | 4 | 3 | 1 | | | | | | |

(표 2.6) 다항식 $A(x)$와 $B(x)$을 더하여 $C(x)$의 계산 예

| | As | | Ae | Bs | | Be | Cs | | | | Ce | avail |
|---|---|---|---|---|---|---|---|---|---|---|---|---|
| | 0 | 1 | 2 | 3 | 4 | 5 | 6 | 7 | 8 | 9 | 10 | |
| coef | 3 | 2 | 2 | 4 | 5 | 2 | 3 | 4 | 7 | 2 | 2 | |
| expon | 5 | 3 | 0 | 4 | 3 | 1 | 5 | 4 | 3 | 1 | 0 | |

(표 2.6)은 (표 2.5)에서 주어진 두 다항식 $A(x)$와 $B(x)$을 더하여 다항식 $C(x)$를 계산하는 과정을 보여준다. 다항식 $C(x)$는 (표 2.5)에서 avail이 가리키는 빈 공간부터 저장되며 아래와 같은 절차에 avail 값이 증가하며 저장된다. 최종적으로 다항식 $C(x)$의 시작과 끝은 각각 인덱스 변수 Cs와 Ce가 가리킨다.

- 두 다항식의 차수가 같을 경우 : 두 다항식의 계수의 합을 avail 위치에 저장하고 avail을 하나 증가한다.
- 두 다항식의 차수가 다를 경우 : 차수가 큰 쪽의 계수를 avail 위치에 저장하고 avail을 하나 증가한다.

## 알고리즘 설계

우리는 두 다항식이 주어질 경우 두 다항식의 덧셈을 위한 자료구조를 설계하고 계산과정에 대해서 살펴보았다. (알고리즘 Poly_Add)는 두 다항식의 덧셈 과정을 가상코드로 기술한 알고리즘이다.

1. Algorithm Poly_Add(terms, As, Ae, Bs, Be, avail)
2. Input: 다항식 A와 B가 저장된 구조체 배열 terms, 다항식의 시작과 끝을 가리키는 인덱스 변수(As/Ae, Bs/Be), 빈 공간의 시작 위치 avail

```
Output: A와 B를 더한 다항식 C
Cs <- avail
while( As <= Ae && Bs <= Be ) do
  switch(compare(terms[As].expon, terms[Bs].expon)) {
    case > { // A의 차수가 B의 차수 보다 클 경우
        insert(terms[As].coef, terms[As].expon)
            As <- As+1,  break }
    case = { // A의 차수가 B의 차수가 같을 경우
            sumcoef <- terms[As].coef + terms[Bs].coef
            if(sumcoef)
                insert(sumcoef, terms[As].expon)
            As <- As+1, Bs <- Bs+1,  break }
     case < { // A의 차수가 B의 차수 보다 적을 경우
            insert(terms[Bs].coef, terms[Bs].expon)
            Bs <- Bs+1,  break }
}
for i <- As to Ae do // A의 잔여 항을 복사
       insert(terms[i].coef, terms[i].expon)
for i <- Bs to Be do // B의 잔여 항을 복사
       insert(terms[i].coef, terms[i].expon)
Ce = avail -1
end
```

알고리즘에서 다항식을 저장하는 구조체 배열 terms가 주어지고 이 배열에서 다항식 A와 B의 시작과 끝을 가리키는 저장 위치(As/Ae, Bs/Be)가 주어진다. 또한 terms 배열에서 두 다항식을 더한 결과를 저장하기 위한 시작 인덱스 avail이 주어진다. 알고리즘의 출력은 두 다항식 A와 B를 더한 결과인 C 다항식을 저장한 terms 배열과 시작과 끝 위치(Cs/Ce)가 된다.

두 다항식이 (계수, 차수) 쌍을 갖는 구조체 형식을 갖는 terms 배열로 주어졌기 때문에 A 다항식의 시작 변수 As와 B 다항식의 시작 변수 Bs에서 출발하여 각각의 차수를 비교한다. 차수가 같은 경우는 두 다항식의 계수 값을 더하고 그렇지 않을 경우 차수가 높은 항목을 복사하여 다항식의 덧셈을 계산한다.

두 다항식의 덧셈 결과는 terms 배열의 빈 공간을 가리키는 avail부터 저장되기 때문에 4번 줄에서 Cs를 avail로 초기화 한다. 5~18번 줄은 terms 배열에서 순서적으로 두 다항식 A와 B를 읽어 차수가 같으면 계수 값을 더하고, 그렇지 않으면 차수가 큰 다항식을 가져오는 과정을 반복한다. 두 다항식의 차수가 같을 경우 다음 항의 비교를 위해 As와 Bs가 동시에 1씩 증가하고 그렇지 않을 경우 차수가 큰 쪽에서 As 또는 Bs가 1씩 증가한다.

여기서 다항식 C를 계산하기 위해 compare()는 두 다항식의 차수를 비교하는 함수이고, insert()는 두 개의 인수인 계수와 차수를 avail 포인터가 가리키는 terms 배열에 저장하는 함수이다. insert() 함수를 수행하면 덧셈한 결과 다항식의 한 항이 삽입되고 avail 포인터는 1씩 증가한다. 19~20번 줄은 A 다항식의 잔여 항이 남아 있을 경우 C 다항식에 추가하는 부분이며, 21~22번 줄은 B 다항식의 잔여 항이 남아 있을 C 다항식에 추가하는 부분이다. 23번 줄은 C 다항식의 마지막 인덱스 Ce를 avail-1로 설정한다.

## 알고리즘 분석

(알고리즘 Poly_Add)의 수행시간 분석을 위해 m을 다항식 A에서 계수가 0이 아닌 항의 수, n을 다항식 B에서 계수가 0이 아닌 항의 수로 정의한다. 알고리즘의 수행시간은 5~18번 줄의 반복 과정에 의존하며 두 다항식의 항의 구성에 따라 반복 횟수가 달라질 수 있다. 만일 두 다항식 A와 B의 항수와 각 항의 차수가 모두 동일할 경우 5~18번 줄은 m(=n)번 반복되어 수행시간은 $O(m)$이 된다. 그러나 최악의 경우로 두 다항식 A와 B에서 각 항의 차수가 모두 다를 경우, 즉 A 다항식의 모든 항이 짝수 차수를 가지고 B 다항식의 모든 항이 홀수 차수를 가질 경우 5~18번 줄은 m+n번이 반복되어 이 알고리즘의 수행시간은 $O(n+m)$이 된다.

## 논의

우리는 (프로젝트 2.2)에서 다항식을 저장하기 위한 효율적인 자료구조를 설계하고 이를 이용하여 두 다항식에 대한 덧셈을 계산하는 알고리즘을 기술하였다. 다항식을 저장하기 위해 (계수, 차수) 쌍을 갖는 구조체 배열로 정의하였다. 이러한 자료구조를 사용하여 다항식에서 계수가 0이 아닌 항만 저장하여 메모리 공간을 효율적으로 사용할 수 있다. 그러나 배열을 사용할 경우 메모리 공간이 정적으로 정해지기 때문에 자료의 크기에 따른 유연성이 떨어진다. 이를 극복하기 위해 다음 장에서 학습할 연결리스트를 사용하여 다항식 문제를 해결할 수 있다.

## ✓ 프로그램 구현 과제

**[1]** (프로젝트 2.2)에서 두 다항식의 덧셈을 계산하는 (알고리즘 Poly_Add)를 프로그램 언어를 사용하여 구현한다.

**[2]** (1)에서 구현한 프로그램을 아래와 같은 절차에 따라 실행하여 그 결과를 확인한다.

- (표 2.5)에서 보인 예시와 같이 두 다항식 A와 B를 입력으로 주어 다항식 C를 계산한다.
- 두 다항식 A와 B의 항수와 차수를 모두 동일하게 하여 다항식 C를 계산한다. 각 항의 계수는 다른 값을 갖는다.
- 두 다항식 A와 B의 항수와 차수를 모두 다르게 하여 다항식 C를 계산한다. 각 항의 계수는 다른 값을 갖는다.

**[3]** (2)에서 실행한 세 가지 경우에 대해서 수행시간을 논의해 본다. 수행시간의 분석을 위해 알고리즘의 while 루프에 반복 카운트 변수를 사용하여 횟수를 계산할 수 있다.

## ✔ 연습과제

다음과 같이 n×n 크기를 갖는 하위 삼각 행렬이 주어 졌다고 가정한다. 이 행렬의 경우 대각선을 기준으로 하위 부분에만 실제 데이터가 있고 상위 부분은 모두 0으로 채워져 있다. 이 행렬을 2차원 배열로 저장하기 위해서 $n^2$개의 공간이 필요하며 이러한 경우 메모리 공간의 절반이 불필요하게 소모된다. 이 문제에 대해 좀 더 효율적으로 메모리 공간을 관리할 수 있는 자료구조를 설계하고 이를 이용하여 간단한 응용문제에 대한 알고리즘을 기술한다.

| | | | | | |
|---|---|---|---|---|---|
| x | 0 | 0 | 0 | 0 | 0 |
| x | x | 0 | 0 | 0 | 0 |
| x | x | x | 0 | 0 | 0 |
| . | . | . | . | . | . |
| x | x | x | x. | x | 0 |
| x | x | x | x | x | x |

〈하위 삼각 행렬의 예〉

**(1)** 위의 하위 삼각 행렬에서 대각선 위쪽의 불필요한 0을 제거하고 메모리 공간을 절약하기 위한 자료구조를 설계한다. 이를 구현하기 위한 자료구조로 1차원 배열을 사용하여 하위 삼각 행렬의 값들만 저장한다. 즉, 2차원 배열 mat2d[i, j]를 1차원 배열 mat1d[k]로 맵핑하는 식을 만들어야 한다.

**(2)** (1)에서 설계한 1차원 배열 형식을 갖는 자료구조를 사용하여 두 개의 하위 삼각 행렬의 덧셈을 계산하는 알고리즘을 가상코드로 기술한다. 덧셈 결과 역시 1차원 배열의 자료구조로 저장되어야 한다. 또한 설계된 알고리즘의 수행시간을 분석한다.

**(3)** (2)에서 설계된 알고리즘을 프로그램 언어를 사용하여 구현한다. 프로그램을 실행하여 그 결과를 확인하고 2차원 배열에 비해 메모리 공간의 효율성에 대해 논의한다.

Part 3

# 연결 리스트 기초

Project

## 3.1 연결 리스트의 기초 연산

### 문제 정의

2장에서 배열을 자료구조로 사용하여 희소 행렬의 전치 행렬을 구하는 알고리즘과 다항식의 덧셈을 계산하는 알고리즘에 대해서 알아보았다. 배열을 사용하면 프로그램 구현이 단순하다는 장점이 있지만 자료의 삽입과 삭제가 빈번하게 일어나는 응용에서는 효율성이 떨어진다. 또한 배열의 경우 정적인 메모리 공간을 사용하기 때문에 자료 크기의 변화에 따른 유연성이 떨어진다.

이러한 문제를 보완하기 위한 자료구조가 연결 리스트이다. 연결 리스트를 사용하면 자료의 크기에 제한을 받지 않고 동적으로 메모리 공간을 관리할 수 있다. 연결 리스트는 자료의 삽입과 삭제가 빈번하게 일어나는 응용문제의 해결에 매우 유용한 자료구조이다. (프로젝트 3.1)에서는 아래와 같이 연결 리스트를 생성하고 이 리스트에 자료를 삽입하고 삭제하는 자료구조 및 알고리즘에 대해 학습한다.

(1) 양의 정수 값들이 주어질 경우 이 값들을 연결 리스트로 구성한다.
(2) 연결 리스트에서 주어진 위치에 새로운 값을 삽입한다.
(3) 연결 리스트에서 주어진 값과 일치하는 노드를 삭제한다.

### 자료구조 설계

하나의 리스트에서 다수의 노드들이 연결되어 있는 구조를 연결 리스트라 한다. 아래는 연결 리스트의 노드 구조와 가상코드로 기술한 노드의 구조체를 보여준다. 각 노드는 데이터와 링크 필드로 구분된다. 데이터 필드에는 연결 리스트에 저장할 자료가 들어가고, 링크 필드는 연결 리스트에서 다음 노드를 가리키는 포인터이다.

노드 구조:

| data | link |
|---|---|

노드의 구조체: Struct {
data, link } Node

연결 리스트에는 단순 연결 리스트, 원형 연결 리스트, 이중 연결 리스트 등이 있다. (프로젝트 3.1)에서는 (그림 3.1)과 같이 한 방향으로만 구성된 단순 연결 리스트를 사용한다. 이러한 단순 연결 리스트에서 주어진 값들에 대한 연결 리스트를 구성하고 이 연결 리스트에서 삽입과 삭제에 관한 알고리즘을 설계한다.

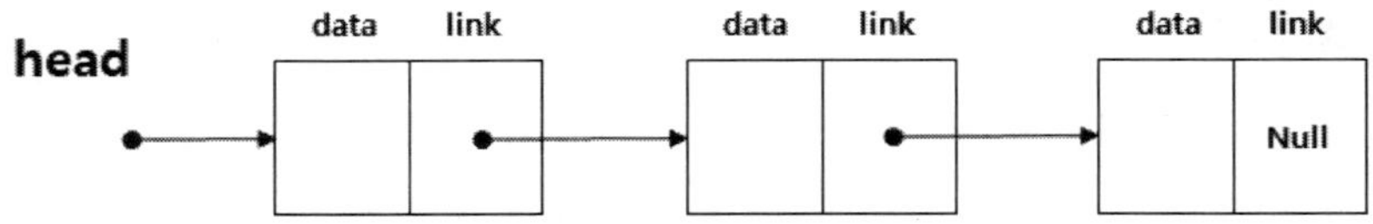


(그림 3.1) 단순 연결 리스트의 예

**알고리즘 설계**

이제 위에서 기술한 자료구조를 사용하여 연결 리스트를 생성하고 이 연결 리스트에서 삽입과 삭제에 관한 알고리즘을 기술한다.

### (1) 양의 정수 값들이 주어질 경우 이 값들을 연결 리스트로 구성한다.

배열 A에 (10, 20, 30)이 주어질 경우 이를 단순 연결 리스트로 구성하면 (그림 3.2)와 같다. 각 노드의 데이터 필드에는 배열 A에서 주어진 값들이 저장되며 링크 필드는 다음 노드에 대한 포인터를 갖는다. 마지막 노드의 링크 필드는 Null 포인터를 갖는다.

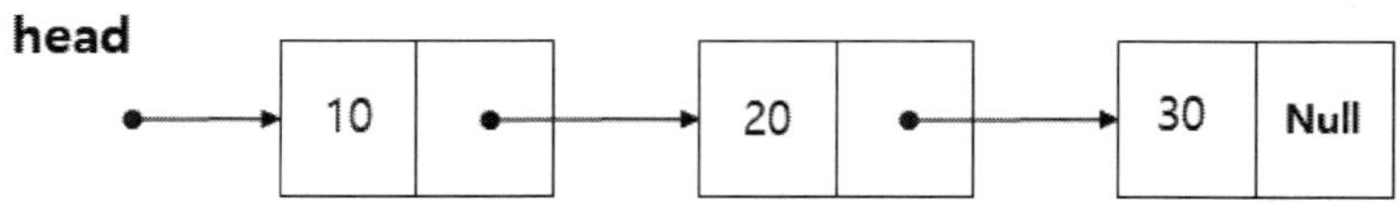


(그림 3.2) 주어진 값들의 연결 리스트의 구성 예

(알고리즘 List_Create)에서 입력으로 연결 리스트를 구성하기 위한 n개의 양의 정수 값들이 배열 A에 주어진다. 출력은 배열로 주어진 값들을 연결 리스트로 구성한 헤더 포인터가 된다. 알고리즘에서 4번 줄은 연결 리스트에 사용될 노드의 구조를 정의하고 5번 줄은 연결 리스트의 헤더 포인터를 가리키는 변수를 정의한다. 6~10번 줄은 배열 A에서 주어진 데이터를 순서적으로 연결 리스트로 구성하는 과정을 보여준다.

7번 줄은 연결 리스트의 새로운 노드를 생성하기 위해 동적으로 메모리를 할당하는 문장이다. 8~9번 줄은 새로 생성된 노드의 데이터 필드에 해당 배열의 값을 저장하고 링크 필드에는 현재까지 생성된 연결 리스트의 헤더 포인터를 저장하는 부분이다. 10번 줄은 가장 최근에 생성된 노드가 헤더 포인터를 가리키도록 하는 문장이다. 여기서 새로운 노드를 생성할 때 연결 리스트의 맨 뒤쪽에 삽입하지 않고 맨 앞쪽에 삽입한다. 이렇게 함으로서 연결 리스트를 생성하는 과정에서 수행 시간을 줄일 수 있다.

이러한 과정을 6~10번 줄의 문장을 통하여 반복 수행하면 입력 배열의 데이터에 따라 순서적으로 연결 리스트가 구성되며 가장 최근에 입력된 데이터의 노드가 헤더 포인터가 된다. 즉, 배열에 주어진 데이터와 역순으로 연결 리스트가 구성된다.

```
 1. Algorithm List_Create(A, n)
 2. Input: 연결 리스트를 구성하기 위한 입력 데이터 배열 A
 3. Output: 연결 리스트의 헤더 포인터
 4. Struct { data, link } Node
 5. Head <- Null
 6. for i <- 0 to n-1 do {
 7.    New_Node <- memory_alloc(sizeof(Node))
 8.    New_Node.data <- A[i]
 9.    New_Node.link <- Head
10.    Head <- New_node }
11. return Head
```

### (2) 연결 리스트에서 p번째 노드 다음에 새로운 노드를 삽입한다.

(그림 3.3)은 연결 리스트의 헤더 포인터에서 시작하여 p번째 노드를 찾아 이 노드 다음에 새로운 노드를 삽입하는 예를 보여준다. 이러한 과정을 수행하기 위해 먼저 연결 리스트에서 헤더 노드부터 시작하여 매 노드를 따라갈 때마다 카운트 값을 1씩 증가하여 p번째에 위치한 노드를 찾는다. 다음에 새로 생성한 노드의 링크 필드를 p번째 노드의 링크 포인터로 대체하고 p번째 노드의 링크 필드를 새로 생성된 노드의 포인터로 대체한다.

(알고리즘 List_Insert)는 이미 구성되어 있는 연결 리스트의 헤더 포인터가 주어질 경우 p번째 노드 다음에 새로운 노드를 삽입하기 위한 가상코드로 기술한 알고리즘이다.

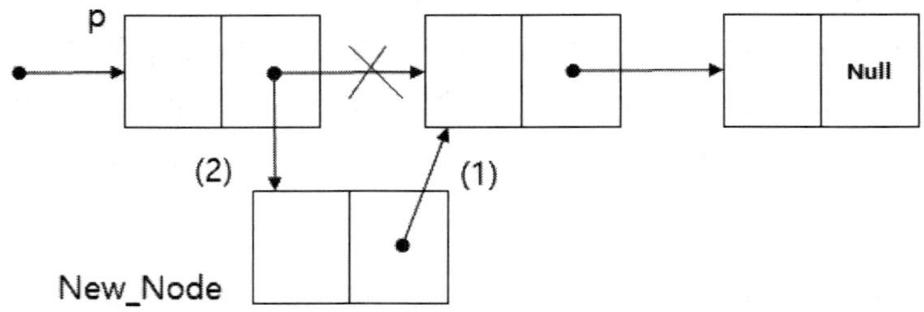


(그림 3.3) 새로운 노드를 p 번째 노드 다음에 삽입 예

```
1. Algorithm List_Insert(Head, item, p)
2. Input: 연결 리스트 헤더(Head), 삽입할 데이터(item), 삽입할 위치(p)
3. Output: 새로운 노드를 삽입한 연결 리스트의 헤더 포인터
4. Struct { data, link } Node
5. temp <- Head
6. for i <- 0 to p-2 do
7.   temp <- temp.link
8. New_Node <- memory_alloc(sizeof(Node))
9. New_Node.data <- item
10. New_Node.link <- temp.link    // (그림 3.3)의 (1)
11. temp.link <- New_Node         // (그림 3.3)의 (2)
12. return Head
```

알고리즘에서 입력으로 Head 포인터를 갖는 연결 리스트가 주어진다. 예로서 (1)에서 구성한 연결 리스트의 예를 참고하길 바란다. 알고리즘의 인수에서 p는 새로운 노드가 p번째 노드 다음에 삽입되며 item은 새로운 노드에 삽입할 데이터를 의미한다. 5번 줄은 연결 리스트의 방문을 위해 헤더 포인터를 임시로 temp 변수로 둔다. 6~7번 줄은 p번째 노드 다음에 새로운 노드를 삽입하기 위해서 연결 리스트에서 p번째 노드를 찾아 그 노드에 대한 포인터를 temp 변수가 가리키도록 한다.

8~9번 줄은 새로운 노드를 생성하기 위해 동적으로 메모리를 할당하고 이 노드의 데이터 필드에 item 값을 저장한다. 10번 줄은 연결 리스트에서 p번째 노드를 temp 변수가 가리키고 있고 있기 때문에 새로 생성된 노드인 New_Node의 링크 필드를 temp의 링크 포인터로 대체한다. 11번 줄은 temp의 링크 필드를 새로 생성

된 New_Node를 가리키도록 한다. 이러한 과정을 마치면 새로운 노드가 p번째 노드 다음에 삽입되며 12번 줄에서 헤더 포인터를 반환한다.

### (3) 연결 리스트에서 주어진 값과 일치하는 노드를 삭제한다.

(그림 3.4)는 연결 리스트에서 주어진 데이터와 일치하는 노드를 찾아 그 노드를 삭제하는 예를 보여준다. 주어진 데이터와 일치하는 값을 찾기 위해서 연결 리스트의 헤더 노드부터 시작하여 주어진 값과 해당 노드의 값을 비교해야 한다. (그림 3.4)에서 주어진 값과 일치하는 노드를 removed가 가리키고 그 이전 노드를 p가 가리킨다고 가정한다. 이러한 과정은 연결 리스트의 노드를 검색하는 과정에서 이전 노드를 p로 기억하도록 하면 된다.

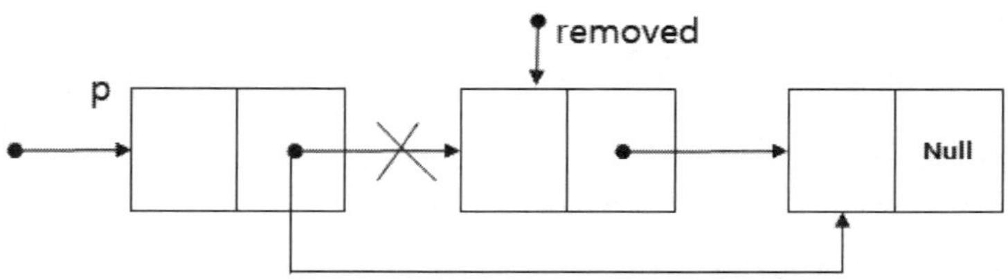


(그림 3.4) 주어진 값이 일치한 노드의 삭제 예

일단 주어진 값과 일치하는 노드와 그 이전 노드가 찾아지면 쉽게 포인터 변경으로 삭제가 가능하다. (그림 3.4)에서 removed 노드가 삭제되어야 하기 때문에 그 이전 노드인 p가 가리키는 노드의 링크 필드를 removed의 링크 필드로 대체한다. 그러면 removed 노드를 가리키는 포인터가 없어 이 노드가 삭제된다. 만일 연결 리스트에 주어진 값과 같은 값이 존재하지 않을 경우 Null을 반환하고, 그렇지 않을 경우 연결 리스트에서 해당 노드를 삭제한다.

(알고리즘 List_Delete)에서 입력으로 연결 리스트의 헤더 포인터와 연결 리스트에서 삭제할 노드의 값이 주어진다. 출력은 주어진 값과 일치하는 노드를 삭제한 연결 리스트의 헤더 포인터를 반환한다. 5번 줄에서 removed 변수는 주어진 값(item)과 일치하는 데이터를 찾기 위해 연결 리스트의 처음 노드부터 순서적으로 검색하기 위해 사용된다. 또한 previous 변수(그림에서 p 포인터)는 이러한 검색 과정에서 주어진 값과 일치하는 이전 노드를 기억하기 위해 사용된다.

```
1. Algorithm List_Delete(Head, item)
2. Input: 연결 리스트 헤더(Head), 삭제할 데이터(item)
3. Output: 삭제 후 새로운 구성된 연결 리스트 헤더 포인터
4. Struct { data, link } Node
5. previous <- removed <- Head
6. if (Head = Null) return Null // Head가 Null인 경우에 종료
7. count <- 0
8. while (removed) do {
9.     count <- count + 1
10.    if (removed.data = item) break
11.    previous <- removed
12.    removed <- removed.link }
13. if (count = 1)
14.    Head <- Head.link // 첫 번째 노드에서 일치할 경우
15.  else
16.    previous.link <- removed.link
17. free(removed)
18. if (previous.link = Null)
19.    return Null // 삭제할 데이터가 존재하지 않을 경우
20.  else
21.    return Head
```

7번 줄의 count 변수는 연결 리스트에서 삭제할 노드가 첫 번째 노드인지 그렇지 아닌가를 구분하기 위해서 사용된다. 8~12번 줄은 연결 리스트를 순서적으로 검색하여 주어진 데이터의 값 item과 일치하는 노드를 찾는다. 이 과정을 반복하면서 이전 노드의 포인터를 previous에 저장하고 다음 노드의 포인터를 removed에 저장한다. 8~12번 줄의 문장을 반복하면서 item 값과 일치하는 노드가 발견될 경우 반복이 종료되고 그 노드가 removed 포인터로 반환된다.

13~16번 줄은 주어진 값 item과 일치하는 값을 갖는 노드, 즉 removed 포인터가 가리키는 노드를 삭제하는 부분이다. 여기서 count 값이 1인 경우는 연결 리스트에서 첫 번째 노드를 의미하고, 그렇지 않은 경우는 중간 노드(마지막 노드 포함)를 의미한다. 첫 번째 노드가 삭제될 경우는 14번 줄에 따라 Head 포인터를 변경하

고, 그렇지 않을 경우는 16번 줄의 문장과 같이 previous가 가리키는 노드의 링크 필드를 removed가 가리키는 노드의 링크 필드로 대체한다.

17번 줄은 삭제된 노드의 불필요한 메모리 공간을 반환한다. 18~21번 줄은 연결 리스트에서 삭제하고자 하는 item 값이 존재하지 않을 경우 Null을 반환하고, 그렇지 않을 경우 삭제가 완료된 연결 리스트의 헤더 포인터를 반환한다.

### 알고리즘 분석

이제 (프로젝트 3.1)에서 공부한 세 개의 알고리즘에 대해 수행시간과 수행공간을 분석해 본다. (알고리즘 List_Create)는 n개의 데이터가 주어질 경우 동적으로 메모리 공간을 할당하여 순서적으로 연결 리스트를 구성하기 때문에 수행시간은 O(n)이 된다. 알고리즘의 수행공간은 n개 노드를 생성하기 때문에 역시 O(n)이 된다.

(알고리즘 List_Insert)는 연결 리스트에서 p번째 위치의 노드를 찾아 그 노드 다음에 새로운 노드를 삽입한다. 주어진 연결 리스트의 첫 번째 노드부터 시작하여 반복 수행을 통하여 p번째 노드를 찾기 때문에 수행시간은 O(p)가 된다. 이 알고리즘에서 고정 공간 이외의 별도 메모리 공간을 필요로 하지 않기 때문에 알고리즘의 수행공간은 O(1)이 된다.

(알고리즘 List_Delete)는 연결 리스트에서 입력으로 주어진 item 값과 일치하는 노드를 삭제한다. 먼저 연결 리스트에서 주어진 item과 일치하는 노드가 있는지를 찾아야 한다. 연결 리스트에서 주어진 item 값과 일치하는 노드를 찾기 위해 최선의 경우 1번, 최악의 경우 연결 리스트의 노드 개수인 n번 반복해야 한다. 따라서 이 알고리즘의 평균적인 수행시간은 O(n)이 되며, 수행공간은 고정 공간이외의 별도 메모리를 필요로 하지 않기 때문에 O(1)이 된다.

## ✓ 프로그램 구현 과제

**(1)** **(프로젝트 3.1)에서 연결 리스트에 관하여 학습한 세 개의 알고리즘을 프로그램 언어를 사용하여 구현한다.**

Algorithm List_Create: 배열에 주어진 값들을 연결 리스트로 구성

Algorithm List_Insert: 연결 리스트에서 p번째 다음 노드에 새로운 노드 삽입

Algorithm List_Delete: 연결 리스트에서 주어진 값과 일치하는 노드를 찾아서 삭제

**(2)** **아래의 절차에 따라 (1)에서 구현한 프로그램을 실행하여 그 결과를 확인한다.**

- 배열 A[]에 다음과 같은 데이터를 저장한다.

A[] = {10, 20, 30, 40, 50, 60, 70, 80, 90, 100}

- (알고리즘 List_Create)를 호출하여 배열에 저장된 데이터를 연결 리스트로 구성한다.
- (알고리즘 List_Insert)를 호출하여 연결 리스트에서 5번째 위치한 노드 다음에 데이터 55를 갖는 새로운 노드를 삽입한다.
- (알고리즘 List_Delete)를 호출하여 연결 리스트에서 데이터 값이 70을 갖는 노드를 찾아 삭제한다.
- (알고리즘 List_Delete)를 호출하여 연결 리스트에서 첫 번째 위치한 10을 갖는 노드를 찾아 삭제한다.
- (알고리즘 List_Delete)를 호출하여 연결 리스트에 존재 하지 않은 데이터를 주어 실행 후 결과를 확인한다.

**(3)** **(2)에서 수행한 결과를 확인하고 추가적으로 배열의 데이터를 변경하여 프로그램 실행을 반복한다. 이러한 실험을 통하여 연결 리스트를 생성하고 이 연결 리스트에 데이터를 삽입하고 삭제하는 과정에서 느낀 점을 논의한다.**

Project

# 3.2 연결 리스트의 역 리스트 구성

## 문제 정의

(프로젝트 3.2)에서는 한 연결 리스트가 주어질 경우 이를 역 리스트로 구성하는 알고리즘에 대해 알아본다. (그림 3.5)는 입력으로 주어진 연결 리스트를 역순으로 노드를 구성한 연결 리스트의 예를 보여준다. 첫 번째 그림은 입력으로 주어진 연결 리스트이며 두 번째 그림은 이를 역순으로 구성한 연결 리스트를 보여준다. 본 프로젝트에서는 한 리스트가 주어질 경우 이를 역순으로 구성하기 위한 알고리즘을 설계한다.

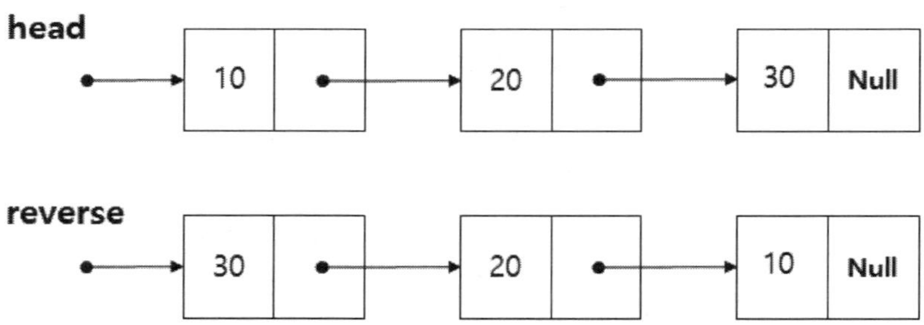


(그림 3.5) 주어진 연결 리스트를 역순으로 바꾼 예

## 자료구조 설계

자료구조는 (프로젝트 3.1)에서 기술한 노드의 구조와 구조체 형식을 그대로 사용한다. 세부적인 사항은 (프로젝트 3.1)의 자료구조 설계를 참조하길 바란다.

```
Struct {
        data, link } Node
```

## 알고리즘 설계

주어진 리스트를 역순으로 구성하기 위해 몇 개의 포인터 변수를 정의한다. p는 역순으로 만들기 위한 리스트의 헤더 포인터, q는 역순으로 만들기 위한 현재 노드의 포인터, r은 이미 역순으로 만들어진 리스트의 헤더 포인터라 정의한다. (그림

3.6)은 위에서 정의한 세 개의 변수를 이용하여 주어진 리스트를 역순으로 만드는 과정을 보여준다.

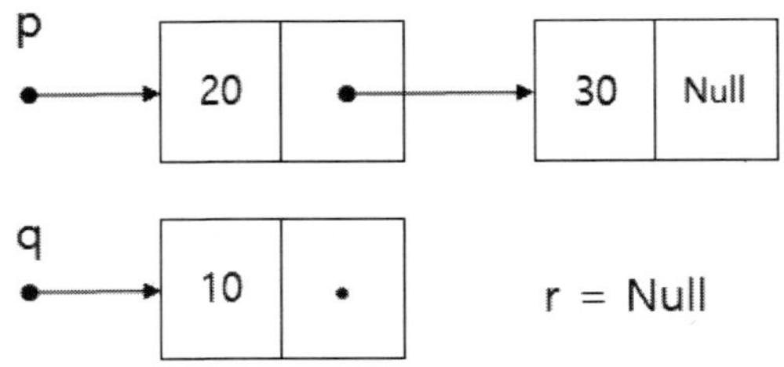


(a) 첫 번째 변환 과정

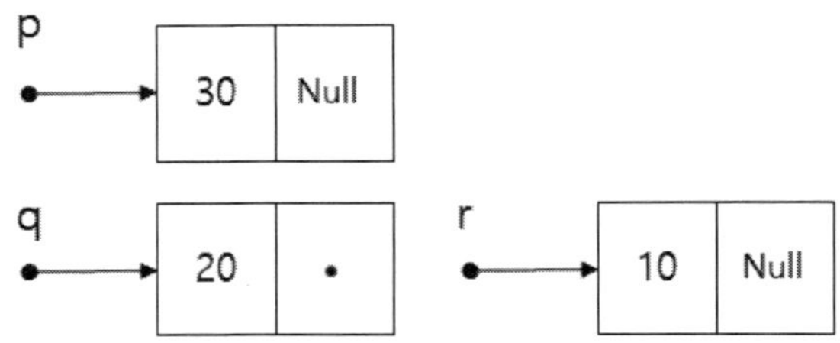


(b) 두 번째 변환 과정

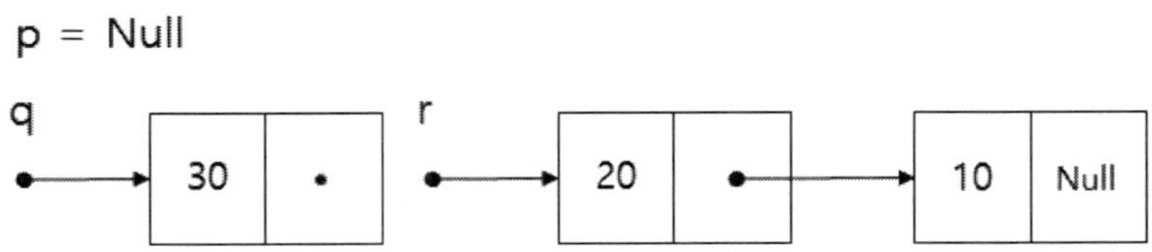


(c) 세 번째 변환 과정

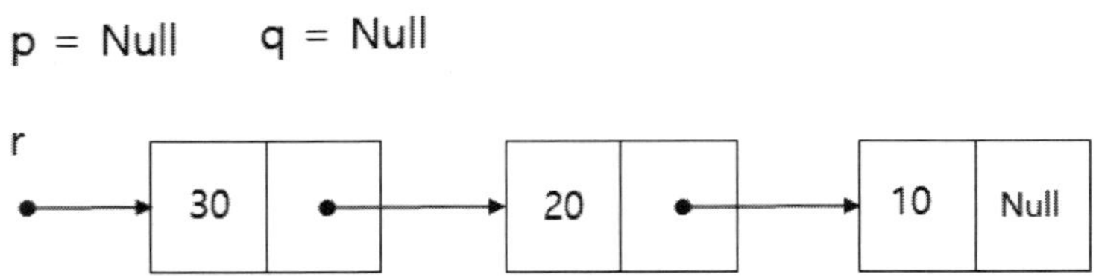


(d) 역순으로 완료된 과정

**(그림 3.6) (그림 3.5)의 입력 리스트를 역순으로 구성하는 과정**

(알고리즘 List_Reverse)는 (그림 3.6)에서 보여준 과정을 가상코드로 기술한 알고리즘이다. 알고리즘에서 입력은 주어진 연결 리스트의 헤더 포인터이고 출력은

이 리스트를 역순으로 구성한 연결 리스트의 헤더 포인터가 된다. p 포인터 변수는 주어진 입력 연결 리스트에서 역순으로 구성하기 위해 가장 앞쪽 노드를 가리킨다. 즉 입력 연결 리스트에서 현재 진행 상태의 헤더 포인터가 된다. q 포인터 변수는 현재 p 포인터 변수가 가리키는 노드를 가져와 이를 역순으로 구성하기 위한 중간 과정의 변수이다. 알고리즘의 4번 줄에서 p 포인터 변수를 주어진 입력 리스트의 헤더 포인터로 설정하고, 5번 줄에서 q 포인터 변수를 Null로 초기화 한다.

6~10번 줄은 (그림 3.6)에서 보인 과정을 반복하는 부분으로 p 포인터는 다음 노드를 따라가기 위해 p.link로 대체되고, q 포인터는 대체되기 전의 p 포인터가 된다. 또한 r 포인터 변수는 현재 q 포인터 변수로 설정되며 이 포인터가 역순으로 구성되는 연결 리스트의 헤더 포인터가 된다. 이러한 과정을 p 포인터 변수가 Null 일 때까지 반복하면 역순으로 구성한 리스트가 완성된다. 이때 역순으로 구성된 연결 리스트의 헤더 노드를 가리키는 포인터 변수는 r이 된다. 마지막으로 11번 줄에서 역순으로 구성된 연결 리스트의 헤더 포인터를 반환한다.

```
1. Algorithm List_Reverse(Head)
2. Input: 연결 리스트 헤더(Head)
3. Output: 역으로 구성된 연결 리스트의 헤더 포인터
4. p <- Head
5. q <- Null
6. While (p != Null) do {
7.     r <- q
8.     q <- p
9.     p <- p.link
10.    q.link <- r }
11. return r
```

**알고리즘 분석**

(알고리즘 List_Reverse)의 분석을 위해 입력으로 주어진 연결 리스트의 노드의 개수가 n이라 가정한다. 이 알고리즘의 수행시간에 가장 영향을 주는 부분은 6~10번 줄이다. 이 부분은 연결 리스트의 첫 번째 노드부터 시작하여 마지막 노드까지 반복하면서 역순으로 연결 리스트를 구성한다. 따라서 연결 리스트의 전체 노드를

반복 처리해야하기 때문에 이 알고리즘의 수행시간은 O(n)이 된다. 알고리즘을 수행하기 위한 고정 공간 이외에 별도의 메모리를 필요로 하지 않기 때문에 수행공간은 O(1)이 된다.

## 논의

(프로젝트 3.2)에서는 연결 리스트의 기초적인 응용으로 임의의 연결 리스트가 주어지면 이를 역순으로 연결 리스트로 구성하는 방법을 학습하였다. 이 알고리즘에서는 역순으로 연결 리스트를 구성하기 위해 별도의 메모리 공간을 사용하지 않고 몇 개의 포인터 변수를 사용하여 원래의 연결 리스트의 공간을 그대로 사용하였다. 연결 리스트와 관련된 다른 응용문제를 해결하는 과정에서도 종종 이 알고리즘에서 기술한 문장들이 사용될 것으로 생각된다. (프로젝트 3.2)에서 학습한 내용을 잘 숙지하여 향후 연결 리스트를 이용하는 다른 응용문제 해결에 도움이 되길 기대한다.

## ✓ 프로그램 구현 과제

**(1)** (프로젝트 3.2)에서 학습한 주어진 연결 리스트를 역순의 연결 리스트로 구성하는 (알고리즘 List_Reverse)를 프로그램 언어를 사용하여 구현한다.

**(2)** (1)에서 구현한 프로그램을 아래와 같은 절차에 따라 프로그램을 실행하여 그 결과를 확인한다.

- (그림 3.5)에서 보인 연결 리스트를 생성하여 알고리즘의 입력으로 사용한다.
- 입력 연결 리스트를 사용하여 프로그램을 실행한 후에 (그림 3.6)과 같은 결과가 만들어지는 지를 확인한다. 이러한 확인을 위해 p, q, r의 포인터 변수를 트레이스 하던가 또는 진행 과정을 직접 출력할 수 있다.

**(3)** (2)번 과정에서 실행한 결과를 확인하여 느낀 점을 논의한다.

## ✓ 연습과제

**(1)** 다음을 수행하는 가상코드 알고리즘을 기술한다.

- 1에서 100사이의 양의 정수 값을 갖는 난수 n(임의로 정함)개를 생성한다.
- n개의 값들 중에서 짝수 값을 가질 경우 짝수 연결 리스트에 홀수 값을 가질 경우 홀수 연결 리스트에 구성한다. 짝수 연결 리스트의 헤더 포인터 변수는 Even_head로 하고, 홀수 연결 리스트의 헤더 포인터 변수는 Odd_head로 한다.

**(2)** (1)에서 설계한 가상코드 알고리즘의 수행시간을 분석한다.

**(3)** (1)에서 설계한 가상코드 알고리즘을 프로그램 언어를 사용하여 구현하고 프로그램을 실행하여 그 결과를 확인한다.

**(4)** 짝수 값을 갖는 연결 리스트와 홀수 값을 갖는 연결 리스트를 하나로 병합하는 프로그램을 추가한다. 짝수 값을 갖는 연결 리스트의 뒤쪽에 홀수 값을 갖는 연결 리스트를 단순 병합하면 된다.

Part 4

# 연결 리스트 응용

Project

## 4.1 원형 연결 리스트에서 노드의 삽입

### 문제 정의

원형 연결 리스트란 (그림 4.1)과 같이 단순 연결 리스트의 마지막 노드의 링크 포인터를 첫 번째 노드를 가리키도록 하여 원형 형태로 구성된 리스트를 의미한다. (그림 4.1)은 헤더 포인터(head)가 첫 번째 노드를 가리키는 원형 연결 리스트의 예를 보여준다.

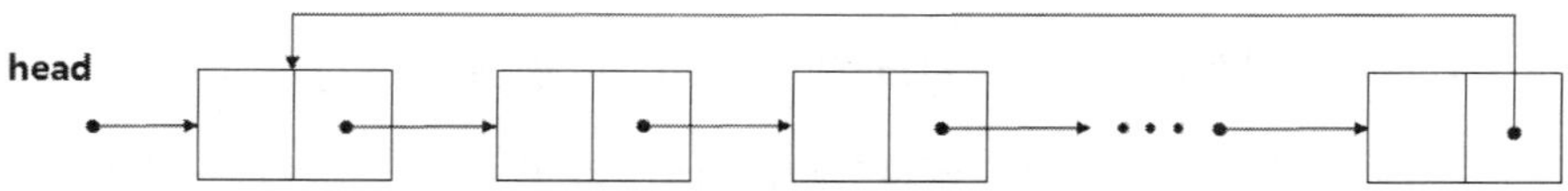


(그림 4.1) 원형 연결 리스트의 예

원형 연결 리스트에서 첫 번째 노드의 바로 앞쪽에 새로운 노드를 삽입하는 문제를 생각해 본다. 이 프로젝트에서는 다음과 같이 두 가지 경우에 대하여 원형 연결 리스트의 맨 앞쪽에 새로운 노드를 삽입하는 알고리즘을 설계하고 두 경우에 대한 수행시간을 비교한다.

(1) 첫 번째 경우는 원형 연결 리스트의 헤더 포인터가 리스트의 처음 노드를 가리키는 경우이다.

(2) 두 번째 경우는 원형 연결리스트에서 헤더 포인터가 리스트에서 마지막 노드를 가리키는 경우이다.

### 자료구조 설계

연결 리스트에 대한 자료구조는 이미 3장에서 학습한 노드의 구조를 그대로 활용한다. 단, 원형 연결 리스트이기 때문에 마지막 노드의 링크 필드가 처음 노드를 가리키도록 한다. 다음은 연결 리스트의 노드 구조와 노드의 구조체 정의를 보여준다.

노드 구조:

| data | link |
|---|---|

노드의 구조체: Struct {
data, link } Node

알고리즘 설계

### (1) 원형 연결 리스트의 헤더 포인터가 처음 노드를 가리키는 경우

원형 연결 리스트에서 헤더 포인터가 리스트의 첫 번째 노드를 가리키는 경우이다. 이 리스트에서 첫 번째 노드 바로 앞쪽에 새로운 노드를 삽입하는 알고리즘을 설계해 본다. (그림 4.2)는 새로운 노드를 맨 앞쪽에 삽입한 후의 원형 연결 리스트의 예를 보여준다.

새로운 노드를 맨 앞쪽에 삽입하기 위해 (그림 4.2)에서 보인 것과 같이 다음 세 단계를 수행한다.

- 새로 생성된 노드의 링크 필드(1)가 첫 번째 노드를 가리키도록 한다.
- 마지막 노드의 링크 필드(2)가 새로 생성된 노드를 가리키도록 한다.
- 헤더 포인터를 새로 생성된 노드로 설정한다.

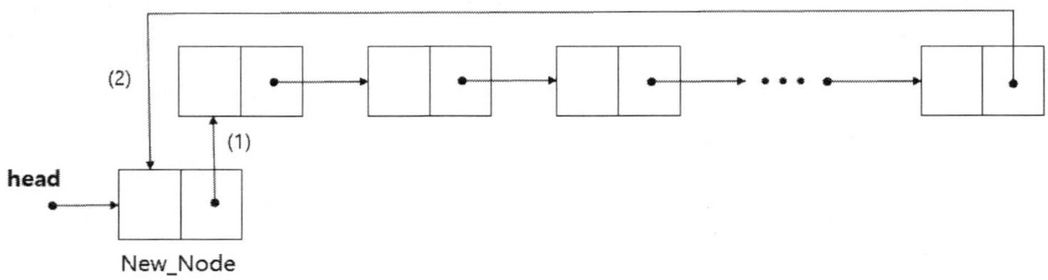


**(그림 4.2)** (그림 4.1)의 맨 앞쪽에 새로운 노드의 삽입

(알고리즘 Circular_List1)은 헤더 포인터가 첫 번째 노드를 가리킬 경우 맨 앞쪽에 새로운 노드를 삽입하는 가상코드로 기술한 알고리즘이다. 알고리즘에서 입력은 원형 연결 리스트의 헤더 포인터(Head)와 새로운 노드에 삽입할 값(item)이 주어진다. 출력은 맨 앞쪽에 새로운 노드를 삽입한 원형 연결 리스트가 된다.

(그림 4.2)에서 보인 것과 같이 맨 앞쪽에 새로운 노드를 삽입할 경우 가장 뒤쪽 노드의 링크 필드의 포인터를 새로운 노드로 대체해 주어야 한다. 결국 원형 연결 리스트를 순서적으로 방문하여 마지막 노드를 찾아야 한다. 원형 연결 리스트의 노드를 방문하는 과정에서 해당 노드의 링크 필드가 헤더 포인터와 같을 경우 마지막 노드가 된다.

```
1. Algorithm Circular_List1(Head, item)
2. Input: 원형 연결 리스트 헤더 포인터(Head), 삽입할 값(item)
3. Output: 원형 연결 리스트의 새로운 헤더 포인터
4. Struct { data, link } Node
5. temp <- Head
6. while (temp.link != Head) do
7.    temp <- temp.link
8. New_Node <- memory_alloc(sizeof(Node))
9. New_Node.data <- item
10. if (Head = Null) {
11.         Head <- New_Node
12.         New_Node.link <- New_Node }
13.    else  {
14.         New_Node.link <- Head
15.         temp.link <- New_Node
16.         Head <- New_Node }
17. return Head
```

알고리즘에서 5~7번 줄은 입력으로 주어진 원형 연결 리스트에서 가장 마지막에 위치한 노드를 찾기 위한 과정이다. 원형 연결 리스트에서 노드를 순서적으로 방문하면서 해당 노드의 링크 필드가 첫 번째 노드, 즉 헤더 포인터를 가리키는 경우 마지막 노드임을 알 수 있다. 6~7번 줄의 반복 문장이 종료되면 temp가 마지막 노드를 가리키게 된다. 8~9번 줄은 새로운 노드를 생성하여 입력으로 주어진 item 값을 삽입하는 부분이다.

11~12번 줄은 입력으로 주어진 원형 연결 리스트가 하나의 노드도 갖지 않을 경우(Null인 경우) 새로 삽입한 노드를 헤더로 설정하여 자체 루프를 구성한다. 14~16번 줄은 새로 생성한 노드(New_Node)의 링크 필드를 맨 처음 노드를 가리키는 헤더 포인터로 설정하며, 6~7번 줄에서 발견한 원형 연결 리스트의 마지막 노드(temp)의 링크 필드를 새로 생성한 노드로 설정한다. 16번 줄은 새로 생성한 노드가 첫 번째 노드가 되기 때문에 이를 헤더 포인터로 설정한다. 마지막으로 17번 줄에서 새로 생성된 원형 연결 리스트의 헤더 포인터를 반환한다.

**알고리즘 분석**

이제 (알고리즘 Circular_List1)의 수행시간에 대해 알아보도록 한다. 알고리즘의 수행시간에 가장 크게 영향을 주는 부분은 6~7번 줄의 반복 문장이다. 만일 입력으로 주어진 원형 연결 리스트의 노드의 개수가 n이라면 6~7번 줄은 마지막 노드를 찾기 위해 n번을 반복한다. 따라서 이 알고리즘의 수행시간은 O(n)이 된다.

## (2) 원형 연결 리스트의 헤더 포인터가 마지막 노드를 가리키는 경우

(알고리즘 Circular_List1)에서 헤더 포인터가 첫 번째 노드를 가리키는 원형 연결 리스트에서 맨 앞쪽에 새로운 노드를 삽입하는 방법에 대해 알아보았다. 이 알고리즘에서 수행시간은 O(n)이며 이는 원형 연결 리스트의 노드의 개수 n에 비례함을 알 수 있다. 그러면 (알고리즘 Circular_List1)의 수행시간을 개선하는 방법이 없을까? 이 알고리즘에서 수행시간에 가장 크게 영향을 주는 부분은 어느 부분 이었는가?

위에서 첫 번째 질문에 대한 답은 "수행시간의 개선 방법이 있다"라고 할 수 있다. 두 번째 질문에 대한 답은 "수행시간에 가장 크게 영향을 미치는 부분은 마지막 노드를 찾는 것이다"라고 할 수 있다. 원형 연결 리스트에서 맨 앞쪽에 새로운 노드를 삽입하기 위해 마지막 노드의 링크 필드의 포인터를 새로 삽입되는 노드로 대체해야 한다. 따라서 원형 연결 리스트에서 마지막 노드를 찾기 위해 전체 노드의 수만큼 방문을 해야 하기 때문에 수행시간이 걸리는 주된 이유가 된다.

이제 이에 대한 개선 방법을 살펴보도록 한다. (알고리즘 Circular_List1)에서 헤더 포인터가 첫 번째 노드를 가리키는 것이 시간을 증가하는 이유가 되었다. 이를 개선하기 위해 (그림 4.3)과 같이 헤더 포인터가 첫 번째 노드가 아닌 마지막 노드를 가리키도록 한다.

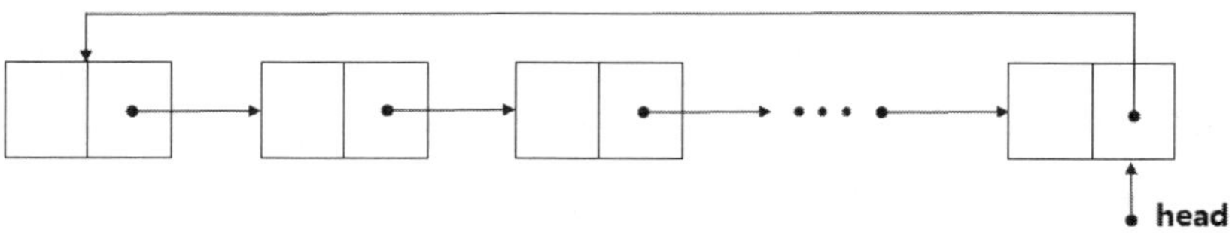


(그림 4.3) 헤더 포인터가 마지막 노드에 위치

(알고리즘 Circular_List1)에서 사용한 자료구조를 그대로 사용하고 단지 헤더 포인터가 마지막 노드로 가리키도록 한다. 원형 연결 리스트이기 때문에 헤더 포인터가 맨 앞쪽에 있던 맨 뒤쪽에 있던지 간에 리스트를 방문하는 과정에서 특별한 문제가 발생하지 않는다. 이런 방법을 사용함으로써 (알고리즘 Circular_List1)에서 수행시간에 가장 크게 영향을 준 마지막 노드를 찾는 과정을 제거한다. (그림 4.4)는 원형 연결 리스트에서 헤더 포인터가 마지막 노드를 가리킬 때 맨 앞쪽에 새로운 노드를 삽입하는 예를 보여준다.

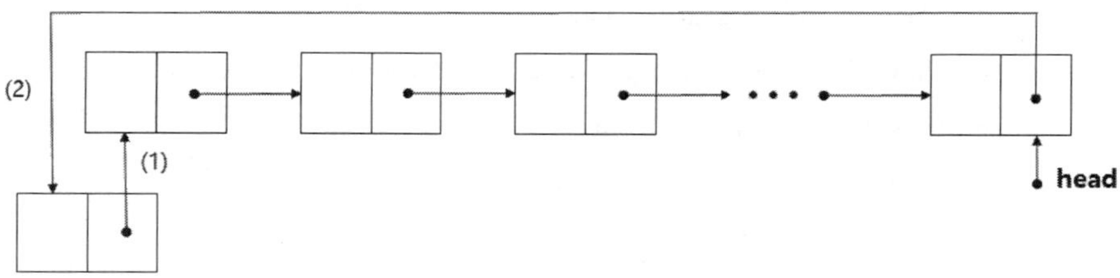


**(그림 4.4)** (그림 4.3)의 맨 앞쪽에 새로운 노드의 삽입

(그림 4.4)에서 예시로 보인 것과 같이 맨 앞쪽에 새로운 노드를 삽입하기 위해 아래와 같은 절차에 따라 링크 포인터를 조정한다.

- 새로 생성된 노드의 링크 필드(1)가 첫 번째 노드를 가리키도록 한다. 첫 번째 노드의 포인터는 헤더 포인터가 가리키는 마지막 노드의 링크 필드가 알고 있다.
- 마지막 노드의 링크 필드(2)가 새로 생성된 노드를 가리키도록 한다. 마지막 노드는 헤더 노드이기 때문에 헤더 노드의 링크 필드를 새로 생성된 노드로 대체한다.

(알고리즘 Circular_List2)는 원형 연결 리스트에서 헤더 포인터가 마지막 노드를 가리킬 경우 맨 앞쪽에 새로운 노드를 삽입하는 가상코드로 기술한 알고리즘이다. 알고리즘의 입력으로 원형 연결 리스트의 헤더 포인터(Head)와 새로운 노드에 삽입할 값(item)이 주어진다. 출력은 원형 연결 리스트의 맨 앞쪽에 새로운 노드의 삽입을 완료한 헤더 포인터가 된다.

알고리즘에서 5~6번 줄은 새로 삽입할 노드를 생성하여 그 노드의 데이터 필드에 item 값을 설정한다. 8~9번 줄은 입력으로 주어진 원형 연결 리스트가 Null인 경우에 새로 생성된 노드를 헤더로 설정한다. 11~12번 줄은 새로 생성된 노드의 링크 필드를 헤더 포인터의 링크 포인터로 대체하고, 헤더 포인터의 링크 필드를 새로 생성된 노드로 대체한다. 마지막으로 13번 줄에서 맨 앞쪽에 새로운 노드의 삽입을 완료한 원형 연결 리스트의 헤더 포인터를 반환한다.

```
1. Algorithm Circular_List2(Head, item)
2. Input: 원형 연결 리스트 헤더 포인터(Head), 삽입할 값(item)
3. Output: 원형 연결 리스트의 새로운 헤더 포인터
4. Struct { data, link } Node
5. New_Node <- memory_alloc(sizeof(Node))
6. New_Node.data <- item
7. if (Head = Null) {
8.          Head <- New_Node
9.          New_Node.link <- New_Node }
10.    else {
11.         New_Node.link <- Head.link
12.         Head.link <- New_Node }
13. return Head
```

### 알고리즘 분석

(알고리즘 Circular_List2)를 (알고리즘 Circular_List1)과 비교하면 원형 연결 리스트에서 헤더 포인터를 가장 마지막 노드를 가리키도록 하여 (알고리즘 Circular_List1)에서 발생한 마지막 노드를 찾는 과정을 제거하였다. 따라서 (알고리즘 Circular_List2)에서 모든 문장들은 반복 절차 없이 한번만 수행되기 때문에 수행시간은 O(1)이 된다.

### 논의

우리는 (프로젝트 4.1)에서 원형 연결 리스트의 맨 앞쪽에 새로운 노드를 삽입하기 위해 두 개의 알고리즘에 대해 알아보았다. 하나는 원형 연결 리스트에서 헤더 포인터가 처음 노드를 가리키는 경우이고, 다른 하나는 헤더 포인터가 마지막 노드를 가리키는 경우이다. 두 알고리즘의 학습을 통하여 주어진 문제를 해결

하는데 있어 간단한 자료구조의 변경이 수행시간 개선에 큰 역할을 함을 알 수 있었다.

(프로젝트 4.1)에서 학습한 원형 연결 리스트의 문제 해결 과정에서 (알고리즘 Circular_List2)는 (알고리즘 Circular_List1)의 자료구조를 그대로 살리고 단지 헤더 포인터가 마지막 노드를 가리키도록 변형하였다. 이러한 간단한 자료구조의 변경 결과로 알고리즘의 수행시간을 O(n)에서 O(1)으로 개선하였다. 본 프로젝트를 통하여 향후 주어진 문제를 해결하는데 있어 자료구조 및 알고리즘 설계의 중요성을 인식하길 기대한다.

## ✓ 프로그램 구현 과제

**(1)** **(프로젝트 4.1)에서 학습한 원형 연결 리스트에서 맨 앞쪽에 새로운 노드를 삽입하기 위한 다음 두 알고리즘을 프로그램 언어를 사용하여 구현한다.**

Algorithm Circular_List1 : 헤더 포인터가 처음 노드를 가리키는 경우

Algorithm Circular_List2 : 헤더 포인터가 마지막 노드를 가리키는 경우

**(2)** **(1)에서 구현한 두 알고리즘을 아래와 같은 절차에 따라 실행하고 그 결과를 확인한다.**

- 양의 정수 값을 사용하여 원형 연결 리스트를 구성한다. 리스트에서 노드의 수는 최소한 5개 이상으로 한다.
- 헤더 포인터를 처음 노드로 하여 알고리즘 Circular_List1을 실행하고, 헤더 포인터를 마지막 노드로 하여 알고리즘 Circular_List2를 실행한다.

**(3)** **(2)에서 두 알고리즘을 실행한 후에 수행시간을 비교한다. 수행시간의 비교를 위해 반복문이 실행되는 횟수를 카운트하여 두 알고리즘을 비교할 수 있다.**

## 연습과제

**(1)** **우리는 (프로젝트 4.1)에서 원형 연결 리스트의 맨 앞쪽에 새로운 노드를 삽입하는 알고리즘에 대해 학습하였다. 본 연습 과제에서는 원형 연결 리스트의 맨 마지막 위치에 새로운 노드를 삽입하는 알고리즘에 대해 알아본다. 다음 두 경우에 대한 가상코드 알고리즘을 설계하고 수행시간을 분석한다.**

- 원형 연결 리스트의 헤더 포인터가 맨 앞쪽 노드를 가리킬 경우 이 연결 리스트의 마지막 노드 다음에 새로운 노드를 삽입한다.
- 원형 연결 리스트의 헤더 포인터가 맨 뒤쪽 노드를 가리킬 경우 이 연결 리스트의 마지막 노드 다음에 새로운 노드를 삽입한다.

**(2)** **(1)에서 기술한 두 알고리즘을 프로그램 언어를 사용하여 구현하고 아래와 같은 절차에 따라 실행하여 그 결과를 확인한다.**

- 양의 정수 값을 사용하여 원형 연결 리스트를 구성한다. 연결 리스트에서 노드의 수는 최소한 5개 이상으로 한다.
- 헤더 포인터를 처음 노드로 하여 첫 번째 알고리즘을 실행한다.
- 헤더 포인터를 마지막 노드로 하여 두 번째 알고리즘을 실행한다.

**(3)** **(2)에서 두 알고리즘을 실행한 후에 수행시간을 비교한다. 수행시간의 비교를 위해 반복문이 실행되는 횟수를 카운트하여 두 알고리즘을 비교할 수 있다.**

Project

# 4.2 오름차순으로 주어진 두 리스트의 합병

## 문제 정의

본 프로젝트에서는 오름차순으로 정렬된 두 개의 리스트가 주어질 경우 이를 새로운 리스트로 합병하는 알고리즘에 대해 학습한다. (그림 4.5)는 오름차순으로 정렬된 값을 갖는 m개의 노드로 구성된 연결 리스트 a를 보여주고, (그림 4.6)은 오름차순으로 정렬된 값을 갖는 n개의 노드로 구성된 연결 리스트 b를 보여준다.

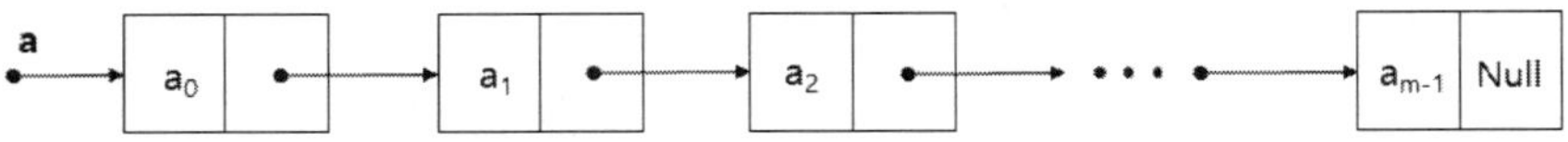


(그림 4.5) 오름차순으로 정렬된 m개의 노드를 갖는 연결 리스트

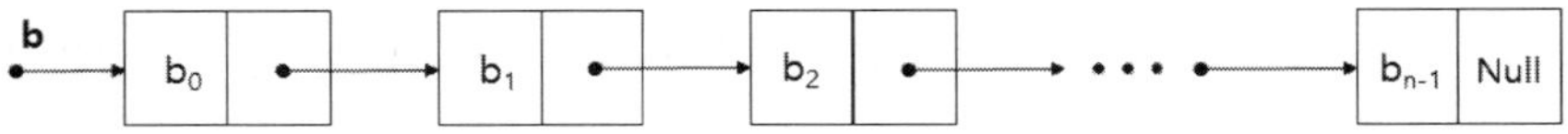


(그림 4.6) 오름차순으로 정렬된 n개의 노드를 갖는 연결 리스트

위에서 보인 그림과 같이 본 프로젝트에서는 오름차순으로 정렬된 두 연결 리스트 a와 b가 주어질 경우 두 개의 리스트를 하나의 연결 리스트 c로 합병한다. 이때 하나로 합병된 연결 리스트 c의 경우도 오름차순으로 정렬되어야 한다.

## 자료구조 설계

연결 리스트에서 각 노드의 구조는 (프로젝트 4.1)에서 보인 것과 같은 구조체를 사용한다. 다만 단순 연결 리스트이기 때문에 마지막 노드의 링크 필드가 Null이 된다. 다음은 연결 리스트의 노드 구조와 노드의 구조체 정의를 보여준다.

노드 구조:

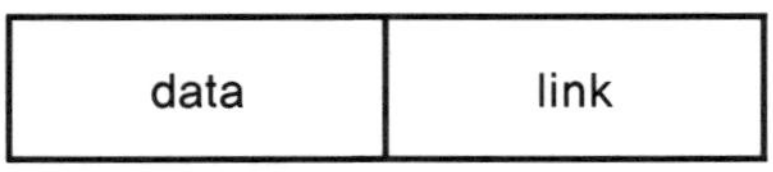


노드의 구조체: Struct {
data, link } Node

**알고리즘 설계**

두 개의 연결 리스트를 하나의 연결 리스트로 합병하기 위해 두 리스트의 헤더 노드부터 시작하여 두 노드의 값을 비교한다. 입력으로 주어진 두 개의 연결 리스트가 이미 오름차순으로 주어졌기 때문에 두 값 중에서 작은 값을 합병 리스트에 추가한다. 예로서 (그림 4.7)은 오름차순으로 정렬된 두 개의 연결 리스트의 예를 보여준다. (그림 4.8)은 첫 번째 합병 과정으로 연결 리스트 a가 가리키는 노드의 값 10과 연결 리스트 b가 가리키는 노드의 값 15을 비교하여 더 작은 값 10을 합병 리스트 c에 추가한다. 연결 리스트 a의 값이 c에 추가되어 a의 포인터를 다음 노드로 이동해야 한다.

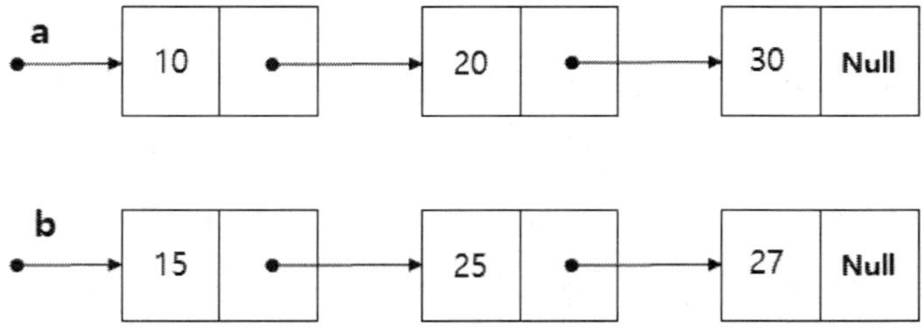


(그림 4.7) 오름차순으로 정렬된 두 리스트의 예

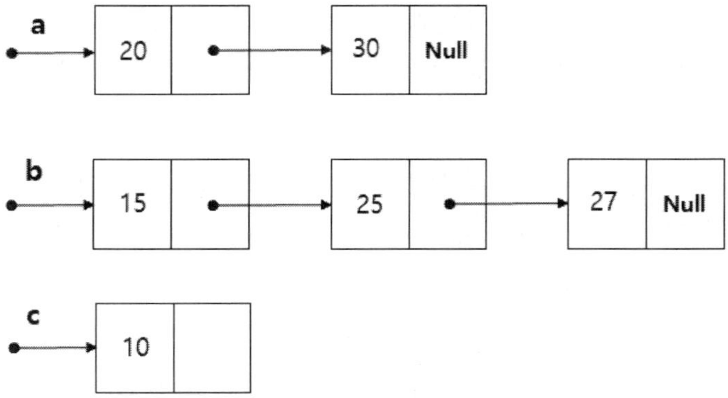


(그림 4.8) 첫 번째 합병 과정

(그림 4.9)는 두 번째 합병 과정의 예를 보여준다. (그림 4.8)에서 a가 가리키는 노드의 값 20과 b가 가리키는 노드의 값은 15를 비교하여 15가 더 작기 때문에 이 값을 리스트 c에 추가한다. 이때 b가 가리키는 노드 값이 c에 추가되었기 때문에 b의 포인터를 다음 노드로 이동해야 한다.

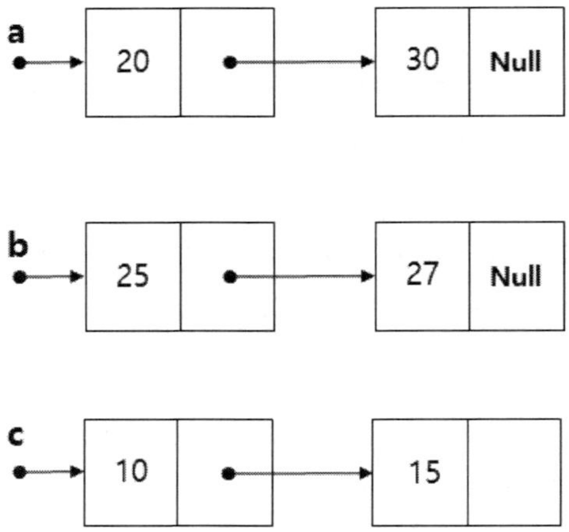


(그림 4.9) 두 번째 합병 과정

이러한 과정을 두 연결 리스트에서 마지막 노드까지 반복하면 오름차순으로 합병된 리스트가 만들어 진다. (알고리즘 List_Merge)는 오름차순으로 정렬된 두 개의 리스트가 주어질 경우 이를 합병하기 위한 가상코드로 기술한 알고리즘이다.

(알고리즘 List_Merge)에서 입력은 오름차순으로 정렬된 두 개의 연결 리스트 a와 b가 주어진다. 여기서 a와 b는 각 연결 리스트의 헤더 포인터를 의미한다. 출력은 두 연결 리스트를 합병한 리스트의 헤더 포인터가 된다. 합병된 연결 리스트 역시 오름차순으로 정렬된다. 알고리즘에서 5~11번 줄은 합병된 두 연결 리스트의 헤더 포인터를 결정하기 위해 먼저 a와 b의 첫 번째 노드 중에서 큰 값을 취한다.

attach 알고리즘은 합병 알고리즘에서 중복되는 부분을 하나로 결합하여 간단하게 표현하기 위한 보조 알고리즘이다. attach 알고리즘은 두 개의 인수를 받는다. 하나는 새로 생성된 노드에 삽입할 데이터이며 다른 하나는 합병될 연결 리스트에서 이전 노드(가장 최근 생성 노드)에 대한 포인터이다. attach 알고리즘은 새로 생성된 노드에 데이터(data)를 저장하고 이전 노드(p)의 링크 필드를 새로 생성된 노드에 연결한다.

알고리즘에서 12번 줄은 합병된 리스트의 헤더 포인터를 보관하기 위한 변수이다. 13~20번 줄은 입력 리스트 a와 b 포인터가 가리키는 노드의 데이터 값을 비교하여 더 작은 값을 attach 알고리즘을 수행하여 합병하는 과정을 보여준다. 21~26번 줄은 입력 리스트 a 또는 b의 잔여 항이 남아 있을 경우 이를 합병 리스트에 추가하는 부분이다. 마지막으로 27번 줄에서 합병된 연결 리스트의 헤더 포인터를 반환한다.

```
1. Algorithm List_Merge(a, b)
2. Input: 오름차순으로 정렬된 두 개의 연결 리스트(a, b)
3. Output: 두 리스트를 합병한 연결 리스트의 헤더 포인터
4. Struct { data, link } Node
5. c <- Null
6. if (a.data < b.data) {
7.         c <- attach(a.data, c)
8.         a <- a.link }
9.   else {
10.        c <- attach(b.data, c)
11.        b <- b.link }
12. head <- c
13. while (a != Null && b != Null) do {
14.   if (a.data < b.data) {
15.           c <- attach(a.data, c)
16.           a <- a.link }
17.       else  {
18.           c <- attach(b.data, c)
19.           b <- b.link }
20.  }
21. while (a != Null) do {
22.      c <- attach(a.data, c)
23.      a <- a.link }
24. while (b != Null) do {
25.      c <- attach(b.data, c)
26.      b <- b.link }
27. return head
```

```
Algorithm attach(data, p)
Input: 새로 생성될 노드에 삽입할 값(data), 이전 노드 포인터(p)
```

```
3. Output: 생성된 노드의 포인터 값
4. temp <- memory_alloc(sizeof(Node))
5. temp.data <- data
6. temp.link <- Null
7. if (p != Null) p.link <- temp
8. return temp
```

### 알고리즘 분석

(알고리즘 List_Merge)의 수행시간 분석을 위해 입력으로 주어진 연결 리스트 a의 노드 개수가 m개 이고, b의 노드의 개수가 n개라 가정한다. 알고리즘에서 수행시간에 가장 영향을 주는 부분은 13~20번 줄과 나머지 잔여 항을 처리하는 부분이다. 13~20번 부분은 많아야 m+n 이내로 반복 수행하고, 잔여 항을 처리하기 위한 나머지 부분은 많아야 m 또는 n번 이내에서 수행된다. 따라서 이 알고리즘의 수행시간은 O(m+n)이 된다. 또한 두 개의 리스트를 합병한 연결 리스트의 노드의 수는 m+n개이기 때문에 알고리즘의 수행공간은 O(m+n)이 된다.

### 논의

우리는 (프로젝트 4.2)에서 오름차순으로 정렬된 두 개의 연결 리스트가 주어질 경우 이를 합병하는 알고리즘을 설계하고 수행시간을 분석하였다. 알고리즘 설계 과정에서 노드의 삽입을 위해 반복적으로 수행되는 부분은 attach 알고리즘으로 기술하여 알고리즘을 단순화하였다. 연결 리스트를 포함한 여러 응용문제의 해결 과정에서 반복되는 부분이 자주 발생하며 이러한 반복 부분의 간결화를 위해 합병 알고리즘에서와 같이 별도 알고리즘으로 기술할 수 있다.

3장에서는 연결 리스트의 기본 개념을 학습하고 기초 연산인 삽입과 삭제 알고리즘을 학습하였다. 4장에서는 연결 리스트의 응용으로 원형 연결 리스트와 합병 문제에 대한 프로젝트를 수행하였다. 연결 리스트를 통하여 학습한 내용이 향후 여러 응용문제 해결에 도움이 되길 기대한다.

## ✔ 프로그램 구현 과제

**(1)** **(프로젝트 4.2)에서 학습한 (알고리즘 List_Merge)를 프로그램 언어를 사용하여 구현한다.**

**(2)** **(1)에서 구현한 프로그램을 다음과 같은 절차에 따라 실행하여 그 결과를 확인한다.**

- 오름차순으로 정렬된 두 개의 연결 리스트를 구성한다. 각 연결 리스트의 노드는 양의 정수 값을 가지며 최소 5개 이상의 노드를 갖도록 한다.
- 연결 리스트의 노드를 순서적으로 방문하여 출력하는 함수 프로그램을 별도로 만든다. 프로그램 실행 과정에서 두 개의 입력 리스트와 합병 리스트의 노드 값들을 출력하여 결과를 확인한다.
- 두 연결 리스트의 각 노드 값을 다르게 변경하여 프로그램을 실행하여 결과를 확인한다. 알고리즘에서 잔여 항 처리부분이 실행될 수 있도록 노드 값들을 변경한다.

**(3)** **(2)에서 실행한 결과를 검토하여 알고리즘의 수행시간에 대해서 논의한다. 알고리즘에서 반복 횟수를 카운트하여 수행시간을 논의할 수 있다.**

## ✔ 연습과제

[연결 리스트를 사용한 다항식의 덧셈]

우리는 2장에서 배열을 사용하여 다항식의 덧셈 문제에 대한 알고리즘을 설계하였다. 본 연습 과제에서는 연결 리스트를 사용하여 2장에서 설명한 다항식의 덧셈 문제를 해결한다. 다항식을 연결 리스트로 표현하기 위해 아래와 같이 노드의 구조체를 정의할 수 있다.

| 계수 | 차수 | 링크 |
|---|---|---|

Struct {

(coef, expon), link } ListNode

예로서 위에서 정의한 노드의 구조체를 사용하여 다항식을 아래와 같은 연결 리스트로 표현할 수 있다.

다항식: A=$5x^{11}+3x^{7}+1$

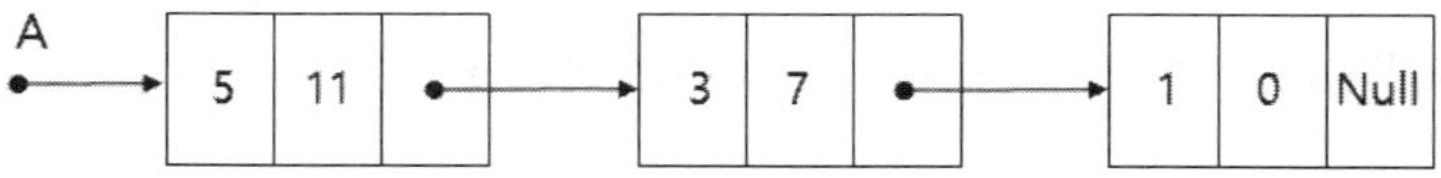


두 다항식이 연결 리스트로 주어질 경우 리스트의 첫 번째 노드에서 시작하여 두 노드의 차수 값을 비교하여 아래와 같이 다항식의 덧셈을 수행한다. 이러한 과정을 두 다항식의 항이 모두 처리될 때까지 반복한다.

case A.expon = B.expon: C 〈– A.coef + B.coef, A와 B 포인터 이동

case A.expon 〉 B.expon: C 〈– A.coef, A 포인터 이동

case A.expon 〈 B.expon: C 〈– B.coef, B 포인터 이동

(1) 두 다항식 A와 B가 연결 리스트로 주어질 때 두 다항식의 합 C=A+B를 계산하는 알고리즘을 가상코드로 기술한다. 또한 설계된 가상코드 알고리즘의 수행시간을 분석한다.

(2) (1)에서 기술한 가상코드 알고리즘을 프로그램 언어를 사용하여 구현하고 아래와 같은 절차에 따라 실행하여 그 결과를 확인한다.

- 두 다항식 A와 B를 임의 값으로 주어 다항식 C를 계산한다.
- 두 다항식 A와 B의 항수와 차수를 모두 동일하게 하여 다항식 C를 계산한다. 각 항의 계수는 다른 값을 갖는다.
- 두 다항식 A와 B의 항수와 차수를 모두 다르게 하여 다항식 C를 계산한다. 각 항의 계수는 다른 값을 갖는다.

(3) (2)에서 실험한 세 가지 경우에 대해 수행시간을 논의해 본다. 수행시간 분석을 위해 알고리즘의 주요 반복문에 카운트 변수를 사용하여 횟수를 계산할 수 있다.

Part 5

# 스택

Project

## 5.1 배열 스택의 기초 연산

### 문제 정의

스택(stack)이란 데이터의 삽입과 삭제 연산이 한쪽 끝에서만 이루어지는 자료구조를 의미한다. 스택에서 한쪽 방향에서 자료의 삽입과 삭제 연산이 일어나기 때문에 이를 push(삽입)와 pop(삭제)으로 정의한다. 스택은 가장 마지막에 들어온 데이터가 가장 먼저 나가는 특성을 가지며, 이러한 특성을 LIFO(Last-In-First-Out)라 부른다. (프로젝트 5.1)에서는 배열을 자료구조로 사용하여 삽입과 삭제 등에 관한 스택의 기초 연산 알고리즘을 구현한다.

### 자료구조

배열을 사용하여 스택의 자료구조를 정의한다. 배열은 정적인 공간이기 때문에 미리 크기가 정해지며 다음과 같이 스택 배열을 가상코드로 정의한다.

```
define Stack_size 7
Struct {
        data } stack_data
stack_data stack[Stack_size]
top <- -1
```

(그림 5.1)은 스택 크기가 7인 배열 스택의 예를 보여준다. 스택에서 자료의 삽입과 삭제가 한쪽 끝에서만 이루어지며 top 변수를 두어 관리한다. 그림에서 (a)는 스택이 비어 있는 상태로 top의 값이 -1을 갖는다. 그림 (b)의 경우는 현재 스택에 4개의 데이터가 삽입되어 있으며 top이 가장 최근에 삽입된 스택의 인덱스 값 3을 갖는다. 만일 새로운 데이터가 삽입되면 top의 값이 하나 증가하고, 삭제가 이루어지면 top 값이 하나 감소한다.

그림 (c)는 그림 (b)에서 삭제를 수행한 경우이며 top의 값인 40을 반환하고 top을 하나 감소한다. 그림 (d)의 경우는 현재 스택이 가득 차 있는 상황을 보여준다. 배열 스택에서 스택이 가득 찬 경우에는 top이 (스택 크기-1)의 값을 갖는다. 이런 상황에서 스택에 데이터를 삽입할 경우 더 이상 들어갈 공간이 없기 때문에 오류 처리를 해 주어야 한다.

| stack[0] | stack[1] | stack[2] | stack[3] | stack[4] | stack[5] | stack[6] |
|---|---|---|---|---|---|---|
| | | | | | | |

(a) 스택이 비어 있는 상태: top을 -1로 초기화

| stack[0] | stack[1] | stack[2] | stack[3] | stack[4] | stack[5] | stack[6] |
|---|---|---|---|---|---|---|
| 10 | 20 | 30 | 40 | | | |
| | | | top | | | |

(b) 스택에 데이터 삽입: top이 가장 최근에 삽입된 위치

| stack[0] | stack[1] | stack[2] | stack[3] | stack[4] | stack[5] | stack[6] |
|---|---|---|---|---|---|---|
| 10 | 20 | 30 | | | | |
| | | top | | | | |

(c) 스택에서 데이터 삭제: 40을 반환하고 top을 감소

| stack[0] | stack[1] | stack[2] | stack[3] | stack[4] | stack[5] | stack[6] |
|---|---|---|---|---|---|---|
| 10 | 20 | 30 | 40 | 50 | 60 | 70 |
| | | | | | | top |

(d) 스택이 가득 차 있는 상태: top이 (스택 크기 - 1) 위치

**(그림 5.1) 스택의 크기가 7인 경우의 상태 예**

### 알고리즘 설계

스택의 기초 연산에는 삽입과 삭제 연산이 있다. 삽입과 삭제 연산을 설계하기 전에 스택이 가득 차있는지 또는 비어 있는지를 검사하는 연산이 우선되어야 한다. 따라서 스택의 기초 연산을 학습하기 위해 다음과 같이 4개의 알고리즘을 가상코드로 기술한다.

Stack_empty: 스택이 비어 있는지 검사
Stack_full: 스택이 가득 차있는지 검사
Stack_push: 스택에서 데이터를 삽입
Stack_pop: 스택에서 데이터를 삭제

(알고리즘 Stack_empty)는 스택이 비어 있는지를 검사하는 과정을 가상코드로 기술한 알고리즘이다. 알고리즘에서 스택 배열(stack)과 top 변수는 글로벌로 정

의되어 있다고 가정한다. 배열 스택을 사용하기 때문에 스택이 비어 있는지의 여부는 top 변수를 확인하면 된다. top 변수는 스택에서 삽입과 삭제가 이루어지는 인덱스 값을 갖기 때문에 스택이 비어 있을 경우 -1의 값을 갖는다.

```
Algorithm Stack_empty()
Input: 스택 배열과 top 변수가 글로벌 정의
Output: True or False
if (top = −1 ) return True
    else  return False
end
```

(알고리즘 Stack_full)은 스택이 가득 차있는지를 검사하는 과정을 가상코드로 기술한 알고리즘이다. 배열 스택을 사용하기 때문에 배열의 크기가 스택의 크기가 된다. 스택 배열의 크기는 Stack_size로 정의하였기 때문에 top 변수의 값이 (Stack_size−1)과 같을 경우 스택이 가득 차있는 상태가 된다.

```
Algorithm Stack_full()
Input: 스택 배열과 top 변수가 글로벌 정의
Output: True or False
if (top = (Stack_size−1)) return True
    else  return False
end
```

(알고리즘 Stack_push)는 스택에 새로운 데이터를 삽입하는 과정을 가상코드로 기술한 알고리즘이다. 스택에서 top 변수가 가장 최근의 위치를 가리키고 있기 때문에 새로운 데이터를 삽입하기 위해서 top 변수의 값을 하나 증가하고 그 위치에 데이터를 삽입한다. 스택에 데이터를 삽입하기 전에 스택이 가득 차있는지를 먼저 확인해야 한다.

```
Algorithm Stack_push(item)
Input: 스택에 삽입할 값(item)
Output: 스택 배열(글로벌 정의)
if (Stack_full()) return error
```

```
top <- top+1
stack[top] <- item
end
```

(알고리즘 Stack_pop)은 스택에서 데이터를 삭제하는 과정을 가상코드로 기술한 알고리즘이다. 스택 특성에 따라 가장 최근에 들어간 데이터가 삭제된다. 스택 배열에서 가장 최근 데이터는 top 변수가 가리키고 있기 때문에 top이 가리키는 위치의 값을 반환하고 top 값을 하나 빼준다. 스택에서 삭제하기 전에 스택이 비어 있는지를 먼저 확인해야 한다.

```
Algorithm Stack_pop()
Input: 스택 배열과 top 변수가 글로벌 정의
Output: 삭제된 값
if (Stack_empty()) return error
item <- stack[top]
top <- top-1
return item
```

### 알고리즘 분석

우리는 (프로젝트 5.1)에서 배열을 사용한 스택에서 삽입과 삭제 알고리즘을 구현하였다. 스택의 특성상 삽입과 삭제가 한쪽 끝에서만 이루지기 때문에 이들 알고리즘을 구현하는 것은 어렵지 않다. 삽입의 경우 top 변수의 값을 하나 증가하고 그 위치에 입력 값을 저장하고, 삭제의 경우 top 변수가 가리키는 값을 가져와 반환하고 top의 값을 하나 감소하면 된다.

삽입과 삭제를 위해 배열 스택에서 top 변수를 통한 단순한 연산이 이루어지기 때문에 두 알고리즘의 수행시간은 모두 O(1)이 된다. 또한 두 알고리즘 모두 배열 스택을 사용하기 때문에 수행공간은 O(Stack_size)가 된다.

## ✓ 프로그램 구현 과제

**(1) (프로젝트 5.1)에서 학습한 스택의 기초 연산에 관련한 아래의 가상코드 알고리즘을 프로그램 언어를 사용하여 구현한다.**

- Algorithm Stack_empty: 스택이 비어있는지 검사
- Algorithm Stack_full: 스택이 가득 차있는지 검사
- Algorithm Stack_push: 스택에 데이터를 삽입
- Algorithm Stack_pop: 스택에서 데이터 삭제

**(2) (1)에서 구현한 프로그램을 아래와 같은 절차에 따라 실행하여 그 결과를 확인한다.**

- 스택의 크기를 10으로 초기화 한다. 배열 스택에는 양의 정수 값들이 저장될 수 있도록 정의한다.
- 임의 양의 정수 값을 입력하여 스택에서 삽입 연산을 수행하고 또한 삭제 연산을 반복적으로 수행하여 결과를 확인한다. 이 과정에서 top 변수 값을 출력하여 스택이 변화되는 상태를 확인한다.
- 삽입과 삭제 연산을 반복적으로 수행하여 스택이 비어 있거나 가득 찬 상황을 만들어 실행 결과를 확인한다.

**(3) 배열 스택의 경우 프로그램 구현이 단순한 측면이 있지만 스택 크기의 변화에 유연하게 대처하지 못하는 단점이 있다. 이를 보완하는 방법으로 연결 리스트를 사용한 스택이 있다. 연결 리스트로 스택을 구성하기 위한 자료구조를 설계하고 이 스택에서 삽입과 삭제 알고리즘을 가상코드로 기술한다.**

Project

## 5.2 배열 스택을 사용한 수식의 계산

### 문제 정의

컴퓨터로 수식을 계산하는 문제를 생각해 보자. 예로서 아래와 같이 우리에게 익숙한 수식의 예를 생각해 본다.

$$2 + 3 \times 4$$

우리는 3×4 = 12를 먼저 계산하고 이 결과에 2를 더하여 최종 결과 14를 계산한다. 우리에게 익숙한 이러한 식은 연산자가 중간에 배치되어 있다고 하여 중위식이라 한다. 만일 이 수식을 컴퓨터로 계산한다면 어떤 절차를 거쳐야 할까? 아마도 우리에게 익숙한 중위식은 컴퓨터 계산에 적합하지 않을 지도 모른다.

컴퓨터 프로그램으로 문제를 해결할 경우 중위식 보다는 후위식이 더 적합하다. 아래의 예는 위의 중위식을 후위식으로 표현한 식이며 연산자가 뒤쪽에 있어 후위식이라 부른다.

2 3 4 * +

(프로젝트 5.2)에서는 우리에게 익숙한 중위식이 주어지면 스택을 사용하여 이 식을 후위식으로 변환하고, 변환된 후위식을 계산하는 알고리즘을 아래와 같이 두 단계로 나누어서 설명한다.

(1) 주어진 중위식을 후위식으로 변환한다.

(2) 변환된 후위식을 계산한다.

### 자료구조 설계

(프로젝트 5.1)에서 설명한 것과 같이 배열 스택을 자료구조로 사용한다. 배열 스택의 사용을 위한 자료구조의 정의는 다음과 같으며 더 구체적인 내용은 (프로젝트 5.1)의 자료구조를 참고하길 바란다.

```
define Stack_size 100
Struct {
        data } stack_data
stack_data stack[Stack_size]
```

알고리즘 설계

## (1) 주어진 중위식을 후위식으로 변환한다.

먼저 중위식을 후위식으로 변환하기 위한 알고리즘을 설계하기 위해 변환 과정을 살펴본다. 중위식은 피연산자와 연산자로 구분된다. 스택을 사용한 후위식 변환 과정에서 피연산자와 연산자의 처리 방법을 알아본다. (그림 5.2)는 아래와 같은 중위식이 입력으로 주어진다고 가정하고, 스택을 사용하여 중위식을 후위식으로 변환하는 과정의 예를 보여준다.

입력 중위식: 2 + 3 × 5 - 4 / 2

| 단계 | 입력 | 스택 | | | | | 출력 |
|---|---|---|---|---|---|---|---|
| | | 0 | 1 | 2 | 3 | 4 | |
| 0 | 2+3×5-4/2 | | | | | | |
| 1 | +3×5-4/2 | | | | | | 2 |
| 2 | 3×5-4/2 | + | | | | | 2 |
| 3 | ×5-4/2 | + | | | | | 23 |
| 4 | 5-4/2 | + | × | | | | 23 |
| 5 | -4/2 | + | × | | | | 235 |
| 6 | 4/2 | − | | | | | 235×+ |
| 7 | /2 | − | | | | | 235×+4 |
| 8 | 2 | − | / | | | | 235×+4 |
| 9 | | − | | | | | 235×+42 |
| 10 | | | | | | | 235×+42/− |

(그림 5.2) 스택을 사용하여 중위식을 후위식으로 변환하는 과정

(그림 5.2)에서 입력 칸은 입력으로 주어진 중위식을 처음 피연산자부터 파싱을 하면서 시작되며 순서적으로 하나의 토큰 단위로 처리되는 과정을 보여준다. 출력

칸은 매 단계마다 후위식으로 변환된 중간 결과를 보여준다. 중간의 스택 칸은 후위식의 변환이 이루어지는 과정에서 연산자들이 스택에 저장되는 예를 보여준다. (그림 5.2)에서 각 단계별로 입력 중위식에서 파싱한 토큰이 연산자 인가 또는 피연산자 인가에 따라 아래와 같이 수행된다.

1) 첫 번째 숫자 '2'는 피연산자로 바로 출력한다.
2) '+'는 연산자로 스택에 삽입한다.
3) '3'은 피연산자로 바로 출력한다.
4) '×'는 연산자로 스택에 삽입한다.
5) '5'는 피연산자로 바로 출력한다.
6) '–'는 연산자이나 스택에 있는 연산자보다 수식 계산의 우선순위가 낮기 때문에 스택에서 우순순위가 높은 연산자를 삭제하여 출력한다. 다음에 '–' 연산자를 스택에 삽입한다.
7) '4'는 피연산자로 바로 출력한다.
8) '/'는 연산자로 스택에 삽입한다.
9) '2'는 피연산자로 바로 출력한다.
10) 스택에 있는 모든 연산자를 삭제하여 출력한다. 이러한 과정을 완료하면 최종 후위식은 '235×+42/–'이 된다.

위에서 예로 설명한 중위식의 후위식 변환 과정을 살펴보면 연산자일 경우 스택에 삽입하고 피연산자일 경우 바로 출력을 한다. 그러나 (그림 5.2)에서 (단계6)의 경우와 같이 예외적인 상황이 발생한다. 만일 입력 토큰이 연산자일 경우 바로 스택에 삽입하지 않고 스택에 있는 연산들을 검사한다.

스택에 있는 연산자들의 우선순위가 입력 연산자의 우선순위가 높다면 스택에 있는 연산자들을 삭제하여 출력하고 입력 연산자를 삽입한다. 이러한 경우를 종합적으로 고려하여 중위식을 후위식으로 변환하는 과정을 좀 더 일반적으로 기술하면 다음과 같다.

- 입력 토큰이 피연산자일 경우 바로 출력한다.

- 입력 토큰이 연산자일 경우 입력 연산자와 스택 연산자의 우선순위를 비교한다. 만일 스택 연산자의 우선순위가 입력 연산자의 우선순위에 비해 높을 경우 스택 연산자를 삭제 후 출력한다. 다음에 입력 연산자를 스택에 삽입한다. 연산자의 우선순위 결정을 위해 아래와 같이 연산자에 가중치를 부여하여 우선순위를 결정할 수 있다.

    × / : 우선순위 값 2
    + 1 : 우선순위 값 1
    ( : 우선순위 값 0

- 입력 토큰이 왼쪽 괄호'('일 경우 스택에 바로 삽입한다. 입력 토큰이 오른쪽 괄호')'일 경우 스택에서 왼쪽 괄호'('가 나올 때까지 스택 연산자를 반복적으로 삭제하여 출력한다.

```
Algorithm Infix2Posfix(infix_exp)
Input: 중위식이 저장된 배열(infix_exp)
Output: 중위식을 후위식으로 변환한 결과(posfix_exp)
len <- length(infix_exp) // 중위식의 길이
for i <- 0 to len-1 do {
  token = infix_exp[i]
  switch (token) {
     case operand : { print token,
                     break }
     case operator : {
           while (token 우선순위 < stack[top] 우선순위) do
                 print Stack_pop()
           Stack_push(token)
           break }
     case '(' : { Stack_push(token), break }
     case ')' : {
           while (stack[top] != '(') do
                print Stack_pop()
           break }
```

```
20. } }
21. while (!Stack_empty()) do
22.         print Stack_pop()
23. end
```

(알고리즘 Infix2Posfix)는 지금까지 설명한 중위식을 후위식으로 변환하기 위한 절차를 가상코드로 기술한 알고리즘이다. (프로젝트 5.1)에서 기술한 스택의 기초연산 알고리즘이 이 알고리즘에서 스택의 삽입과 삭제 구현을 위해 그대로 사용된다. 스택 연산에 관한 더 구체적인 사항은 (프로젝트 5.1)을 참고하길 바란다.

알고리즘의 입력으로 임의의 중위식이 저장된 배열이 주어진다. 이 알고리즘에서 피연산자가 한 자리 숫자인 경우만을 가정한다. 출력은 입력 중위식을 변환한 후위식이 된다. 알고리즘에서 4번 줄은 입력 중위식의 길이, 즉 전체 토큰의 수를 계산한다. 5~20번 줄은 중위식의 길이만큼 반복적으로 수행하면서 입력 중위식을 후위식으로 변환하는 부분이다. 6번 줄은 입력 중위식 배열에서 주어진 문자를 하나씩 파싱하여 그 문자를 token 변수에 저장한다.

7~19번 줄은 token 변수의 값이 피연산자, 연산자, 괄호 인지를 구분하여 각 경우에 해당하는 기능을 수행하는 문장이다. 8번 줄에서 token 값이 피연산자일 경우 바로 출력하고, token 값이 연산자일 경우 10~14번 줄에서 보인 것과 같이 스택에 저장된 연산자들과 비교하여 스택 연산자의 우선순위가 높을 경우 모두 출력하고 token 값을 스택에 삽입한다.

15~19번 줄은 token 값이 왼쪽 괄호일 경우 바로 스택에 삽입하고 오른쪽 괄호일 경우 스택에서 왼쪽 괄호가 나올 때까지 삭제하여 출력한다. 마지막으로 21~22번 줄은 스택에 남아있는 연산자들을 모두 출력한다. 이러한 과정을 완료하면 순서적으로 출력되는 문자열이 입력 중위식을 후위식으로 변환한 결과가 된다.

### 알고리즘 분석

(알고리즘 Infix2Posfix)에서 수행시간에 가장 영향을 주는 부분은 5~20번 줄에 있는 문장이다. 이 부분에서 입력 중위식의 토큰을 가져와 연산인지 또는 피연자인지를 구분하여 처리하고 입력 중위식의 길이에 비례하여 반복 수행된다. 따라서 입력 중위식의 길이를 n이라 가정하면 알고리즘의 수행시간은 O(n)이 된다.

### (2) 변환된 후위식을 스택을 사용하여 계산한다.

(알고리즘 Infix2Postfix)에서 중위식을 후위식으로 변환하는 알고리즘을 설계하였다. 이 알고리즘의 결과로 만들어진 후위식은 스택을 이용하여 쉽게 계산될 수 있다. (알고리즘 Infix2Postfix)에서 예로 설명한 입력 중위식과 변환된 후위식은 아래와 같으며 후위식은 알고리즘이 수행하면서 출력한 결과이다.

중위식(입력): 2 + 3 × 5 - 4 / 2
후위식(출력): 2 3 5 × + 4 2 / -

이제 출력 결과인 후위식을 스택을 이용하여 계산하는 방법을 예로서 설명하고 후에 이를 일반화하여 가상코드 알고리즘을 기술한다. (그림 5.3)은 후위식을 스택을 사용하여 계산하는 과정을 보여준다. 그림에서 입력 칸은 주어진 후위식이 하나의 토큰 단위로 파싱되는 과정을 보여주며, 스택 칸은 토큰이 연산자 또는 피연산자인가에 따라 스택이 변화되는 과정을 보여준다.

| 단계 | 입력 | 스택 | | | | | 출력 |
|---|---|---|---|---|---|---|---|
| | | 0 | 1 | 2 | 3 | 4 | |
| 0 | 235×+42/- | | | | | | |
| 1 | 35×+42/- | 2 | | | | | |
| 2 | 5×+42/- | 2 | 3 | | | | |
| 3 | ×+42/- | 2 | 3 | 5 | | | |
| 4 | +42/- | 2 | 15 | | | | |
| 5 | 42/- | 17 | | | | | |
| 6 | 2/- | 17 | 4 | | | | |
| 7 | /- | 17 | 4 | 2 | | | |
| 8 | - | 17 | 2 | | | | |
| 9 | | 15 | | | | | |
| 10 | | | | | | | 15 |

(그림 5.3) 스택을 사용하여 중위식을 후위식으로 변환하는 과정

1) '2'는 피연산자로 스택에 삽입한다.

2) '3'는 피연산자로 스택에 삽입한다.

3) '5'는 피연산자로 스택에 삽입한다.

4) '×'는 연산자로 스택에서 두 개의 값 5와 3을 삭제하여 두 값을 곱한 후에 그 결과 15를 다시 스택에 삽입한다.

5) '+'는 연산자로 스택에서 두 개의 값 15와 2를 삭제하여 두 값을 더한 후에 그 결과 17을 다시 스택에 삽입한다.

6) '4'는 피연산자로 스택에 삽입한다.

7) '2'는 피연산자로 스택에 삽입한다.

8) '/'는 연산자로 스택에서 두 개의 값 2와 4를 삭제하여 두 값을 나눈 후에 그 결과 2를 다시 스택에 삽입한다.

9) '−'는 연산자로 스택에서 두 개의 값 2와 17을 삭제하여 두 값을 뺀 후에 그 결과 15를 다시 스택에 삽입한다.

10) 마지막으로 스택에는 한 개의 값이 남아 있고 이 값을 삭제하여 최종 결과로 출력한다.

지금까지 입력으로 후위식을 주어 이를 스택을 사용하여 계산하는 과정을 설명하였다. 이제 이러한 과정을 일반화하여 정리하면 후위식의 계산 과정은 다음과 같다.

- 피연산자인 경우 스택에 바로 삽입한다.
- 연산자인 경우 스택에서 두 개의 값을 삭제하여 해당 연산을 적용한 후에 그 결과 값을 스택에 삽입한다.
- 마지막으로 스택에는 한 개의 값이 존재하며 이 값이 후위식을 계산한 최종 결과 값이 된다.

(알고리즘 Postfix_eval)은 후위식이 주어질 경우 이 식을 스택을 사용하여 지금까지 설명한 과정을 가상코드로 기술한 알고리즘이다. 알고리즘의 입력은 후위식으로 주어지며 출력은 후위식을 계산한 결과이다. 4번 줄은 후위식의 길이, 즉 전체 토큰의 개수를 계산한다. 5~16번 줄은 스택을 이용하여 반복적으로 후위식을 계산하는 과정을 보여준다.

8~9번 줄은 입력 token의 값이 피연산자일 경우 token 값을 스택에 바로 삽입하는 부분이며, 10~15번 줄은 token의 값이 연산자일 경우 스택에서 두 개의 값을 삭제하여 해당 연산자에 따라 계산하여 그 결과를 다시 스택에 삽입하는 부분이다. 마지막으로 17번 줄은 스택에 남아있는 후위식의 최종 계산 결과 값을 삭제하여 반환한다.

### 알고리즘 분석

(알고리즘 Postfix_eval)에서 수행시간에 가장 영향을 주는 부분은 5~16번 줄의 문장이다. 이 부분에서 입력 후위식의 토큰을 가져와 연산인지 또는 피연자인지를 구분하여 후위식을 계산하고 입력의 길이에 비례하여 반복 수행된다. 따라서 입력 후위식의 길이를 n이라 가정하면 알고리즘의 수행시간은 O(n)이 된다.

```
 1. Algorithm Postfix_eval(postfix_exp)
 2. Input: 후위식이 저장된 배열(postfix_exp)
 3. Output: 후위식의 계산 결과
 4. len <- length(infix_exp) // 후위식의 길이
 5. for i <- 0 to len-1 do {
 6.    token = infix_exp[i]
 7.    switch (token) {
 8.        case operand : { Stack_push(token)
 9.                         break }
10.        case operator : {
11.              op2 <- Stack_pop()
12.              op1 <- Stack_pop()
13.              result <- op1 token op2
14.              Stack_push(result)
15.              break } }
16. }
17. return Stack_pop()
```

### 논의

우리는 (프로젝트 5.2)에서 중위식이 주어지면 이를 후위식으로 변환하고 변환된 후위식을 계산하기 위해 두 개의 알고리즘을 설명하였다. 첫 번째 알고리즘(Infix2Postfix)은 중위식을 후위식으로 변환하는 알고리즘이며, 두 번째 알고리즘(Postfix_eval)은 변환된 후위식을 스택을 이용하여 계산하는 알고리즘이다. 우리는 이 문제를 해결하는 과정에서 스택이 유용하게 활용됨을 학습하였다. 실제로 여러 상황에서 스택을 사용하면 응용문제들이 쉽게 해결되는 경우가 많다. 본 프로젝트에서 스택 응용 학습을 통하여 다른 문제의 해결에 활용해 보길 기대한다.

## ✓ 프로그램 구현 과제

**(1) (프로젝트 5.2)에서 학습한 다음 두 알고리즘을 프로그램 언어를 사용하여 구현한다.**

- Algorithm Infix2Postfix: 중위식을 후위식으로 변환
- Algorithm Postfix_eval: 후위식을 스택을 사용하여 계산

**(2) (1)에서 구현한 프로그램을 다음과 같은 절차에 따라 실행하여 그 결과를 확인한다.**

- "2 + 3 × 5 - 4 / 2"을 입력 중위식으로 사용한다.
- 이 중위식을 입력으로 프로그램을 실행하여 (그림 5.2)와 (그림 5.3)과 같이 프로그램이 작동되는가를 확인한다.
- 입력 중위식을 괄호가 포함되는 예시로 다시 만들어 프로그램을 실행하여 결과를 확인한다.

**(3) (프로젝트 5.2)에서 학습한 두 알고리즘(Infix2Postfix, Postfix_eval)은 중위식과 후위식 계산을 위해 피연산자가 한 자리 숫자인 경우만을 고려하였다. 두 자리 이상의 피연산자 처리를 위해 두 알고리즘을 어떻게 보완해야 하는지에 관해서 논의해 본다.**

## ✔ 연습과제

**(1)** 다음은 간단한 C 프로그램 코드의 예이다. 여기서 {}, (), [] 형태의 세 부류의 괄호가 사용된다. 본 과제에서는 C 프로그램으로 작성된 소스 코드를 입력하여 괄호가 잘 매칭되어 있는가를 확인하는 알고리즘을 설계한다. 이러한 괄호 매칭의 여부를 판단하기 위해 스택을 활용할 수 있다. 이 문제를 해결하는 알고리즘을 가상코드로 기술한다.

〈C 소스 프로그램 예〉

```
main() {
  int a[] = {10, 20, 30};
  int sum = 0
  for (i=0; i<3; ++i)
      if ((a[i] % 2) == 0) sum += a[i];
  printf("sum = %d ", sum);
}
```

**(2)** (1)에서 기술한 가상코드 알고리즘의 수행시간을 분석한다.

**(3)** (2)에서 기술한 가상코드 알고리즘을 프로그램 언어를 사용하여 구현하고 아래와 같은 절차에 따라 실행하여 그 결과를 확인한다.

- 입력으로 C 소스 파일을 사용한다.
- 입력으로 주어진 C 소스 파일에서 괄호가 잘 매칭 되어 있을 경우 "괄호가 잘 매칭되었다"라는 메시지를 출력하고, 그렇지 않을 경우 소스 코드의 라인 번호를 카운트하여 몇 번째 라인의 괄호가 매칭되지 않았는가를 출력한다.

Part 6

# 큐

Project

## 6.1 배열 큐의 기초 연산

### 문제 정의

큐(queue)란 스택과 달리 데이터의 삽입과 삭제가 서로 다른 위치에서 이루지는 자료구조를 의미한다. 큐에서 서로 다른 위치에서 삽입과 삭제가 이루어지기 때문에 이를 관리하기 위한 두 개의 포인터가 필요하다. 데이터의 삽입은 rear 포인터에서 삭제는 front 포인터에서 이루어진다.

큐는 일상생활에서 발생하는 일들과 아주 밀접한 관계를 갖는 자료구조이다. 예로서 은행에 가면 번호 표를 뽑고 번호 순서에 따라 처리를 기다린다. 식당에 가면 줄을 서서 기다린다. 이러한 것들이 일상생활에서 일어나는 큐의 예이다.

큐에서는 먼저 들어온 자료를 먼저 서비스한다. 이러한 큐의 특성을 반영하여 큐는 FIFO(First-In-First-Out) 구조를 갖는다고 한다. (프로젝트 6.1)에서는 배열을 사용하여 큐의 기초 연산인 삽입과 삭제 알고리즘을 구현한다.

### 자료구조 설계

먼저 배열을 사용하여 큐의 자료구조를 설계하기 위해 아래와 같이 큐의 구조체를 가상코드로 정의한다. 배열은 정적인 메모리 공간을 필요로 하기 때문에 미리 크기를 지정해야 한다.

```
define Queue_size 20
Struct { data } Queue_data
Queue_data queue[Queue_size]
front <- -1
rear <- -1
```

여기서 구조체로 정의된 Queue_data는 큐에 사용될 자료구조로 응용 영역에 따라 적절하게 변경하여 사용할 수 있다. 배열 큐를 사용하기 때문에 front와 rear 값을 -1로 초기화 한다. 큐에서 front 포인터를 통하여 삭제가 이루어지고 rear 포인터를 통하여 삽입이 이루어진다.

front와 rear 포인터는 데이터의 삽입과 삭제가 빈번하게 일어날 경우 배열에서 가리키는 인덱스의 위치가 증가하며 심한 경우 두 변수가 모두 배열의 마지막 인덱스를 가리킬 수 있다. 이러한 경우 front가 가리키는 포인터 앞쪽에 많은 공간이 남아 있음에도 불구하고 더 이상 데이터를 삽입할 수 없는 상황이 발생할 수 있다.

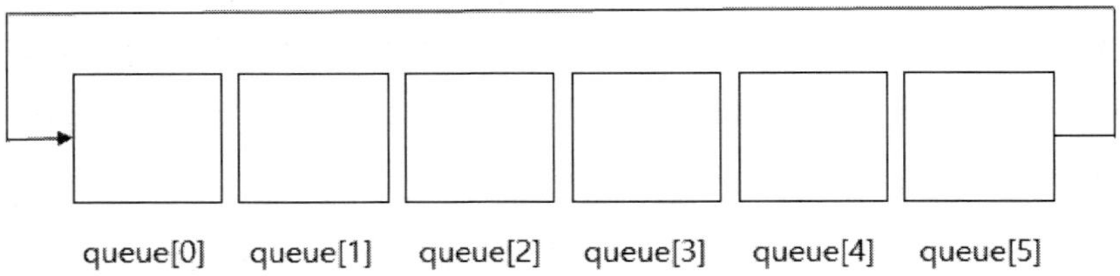


**(그림 6.1)** Queue_size가 6을 갖는 원형 큐의 예

이러한 문제를 해결하기 위해 (그림 6.1)과 같은 원형 큐를 사용한다. 원형 큐에서 front와 rear의 초기치를 -1이 아니라 0으로 설정한다. 그림의 원형 큐에서 Queue_size가 6인 배열을 사용하였으며 front 또는 rear 값이 가장 큰 인덱스인 (Queue_size−1)에 도달하면 그 값을 0으로 바꾸어 원형 배열을 구성한다. 이러한 원형 큐의 구성을 위해 front와 rear 값을 아래 식에 따라 계산한다. 여기서 %는 나머지 값을 의미한다.

```
rear <- (rear+1) % Queue_size
front <- (front+1) % Queue_size
```

## 알고리즘 설계

위에서 설명한 자료구조인 원형 큐를 사용하여 큐의 기초 연산 알고리즘을 설계한다. 큐의 기초 연산은 큐에 데이터를 삽입하는 연산과 삭제하는 연산이 있다. 이들 연산을 수행하기 전에 큐가 비어있는지 또는 가득 차있는지를 확인하는 절차가 필요하다. 큐의 특성상 데이터 삽입은 rear 포인터에서 이루어지며 이를 enqeue라고 부르고, 삭제는 front 포인터에서 이루어지며 이를 dequeue라 부른다. 이제 다음과 같이 4개의 큐의 기초 연산 알고리즘을 가상코드로 기술해 본다. 알고리즘 기술에 앞서 큐 배열과 큐를 관리하는 두 개의 변수(front, rear)가 글로벌로 정의되어 있다고 가정한다.

Queue_empty: 큐가 비어 있는지를 검사한다.
Queue_full: 큐가 가득 차있는지를 검사한다.
Queue_enqeue: 큐에 데이터를 삽입한다.
Queue_dequeue: 큐에서 데이터를 삭제한다.

(알고리즘 Queue_empty)는 큐가 비어 있는지를 검사하는 가상코드로 기술한 알고리즘이다. 배열을 사용한 원형 큐를 사용하기 때문에 (그림 6.2)와 같이 front와 rear 값이 같을 경우는 큐가 비어 있는 상태가 된다.

| queue[] | 0 | 1 | 2 | 3 | 4 | 5 | 6 | 7 | 8 |
|---|---|---|---|---|---|---|---|---|---|
| 값 | | | | | | | | | |

front
rear

**(그림 6.2) 큐가 비어 있는 상태(front=rear)**

```
Algorithm Queue_empty()
Input: 큐 배열, front, rear가 글로벌 변수로 정의
Output: True or False
if (front = rear ) return True
    else  return False
end
```

(알고리즘 Queue_full)은 큐가 가득 차있는지를 검사하는 가상코드로 기술한 알고리즘이다. 데이터의 삽입은 rear 포인터에서 이루어지며 삽입을 위해 rear 포인터 값을 하나 증가 시켜야 한다. 이때 증가된 값이 front와 같을 경우 큐는 가득 차있는 상태가 된다.

(그림 6.3)에서 상황1의 예는 원형 큐 배열에서 front가 0이고 rear가 8이다. 큐에 데이터를 삽입하기 위해 rear 값을 하나 증가하면 ((8+1) % 9)에 의해 rear 값은 0이 된다. 그러면 front와 rear 값이 같기 때문에 큐가 가득 차있는 상태가 된다. (그림 6.4)에서 상황2의 예는 front가 2이고 rear가 1인 경우로 데이터 삽입을 위해 rear 값을 하나 증가하면 front 값과 같게 되어 큐가 가득 차있는 상태가 된다.

원형 큐에서 큐가 가득 차있는지 또는 비어 있는지를 구분하기 위해 빈 공간을 하나 둔다. 이러한 이유로 큐의 크기가 Queue_size라 가정하면 큐에 실제 저장되는 데이터의 수는 (Queue_size−1)개가 된다.

| queue[] | 0 | 1 | 2 | 3 | 4 | 5 | 6 | 7 | 8 |
|---|---|---|---|---|---|---|---|---|---|
| 값 |  | 20 | 30 | 5 | 50 | 7 | 25 | 40 | 35 |
|  | front |  |  |  |  |  |  |  | rear |

(그림 6.3) rear가 배열의 마지막 인덱스인 경우(상황1)

| queue[] | 0 | 1 | 2 | 3 | 4 | 5 | 6 | 7 | 8 |
|---|---|---|---|---|---|---|---|---|---|
| 값 | 75 | 60 |  | 5 | 50 | 7 | 25 | 40 | 35 |
|  |  | rear | front |  |  |  |  |  |  |

(그림 6.4) front가 배열의 첫 번째 인덱스가 아닌 경우(상황2)

```
Algorithm Queue_full()
Input: 큐 배열, front, rear가 글로벌 변수로 정의
Output: True or False
if (front = ((rear+1) % Queue_size)) return True
    else  return False
end
```

(알고리즘 Queue_enqueue)는 큐에 데이터를 삽입하는 가상코드로 기술한 알고리즘이다. 데이터를 큐에 삽입하기 위해 먼저 큐가 가득 차있는지를 확인한다. 다음에 현재 rear 값에 1을 더하여 새로운 rear 위치에 주어진 데이터를 삽입한다. 예로서 (그림 6.5)에서 현재 front는 4이고 rear는 8인 상태에서 데이터 80을 큐에 삽입하려 한다. 데이터 삽입을 위해 rear 값을 하나 증가하면 새로운 rear는 0이 되며 이 위치에 80이 저장된다. (그림 6.6)은 80이 배열의 인덱스 0의 위치 삽입되고 rear가 0인 상황을 보여준다.

```
Algorithm Queue_enqueue(item)
Input: 삽입할 값(item)
Output: True or False
if (Queue_full()) return error
```

```
rear <- (rear+1) % Queue_size
queue[rear] <- item
end
```

| queue[] | 0 | 1 | 2 | 3 | 4 | 5 | 6 | 7 | 8 |
|---|---|---|---|---|---|---|---|---|---|
| 값 | | | | | | 7 | 25 | 40 | 35 |
| | | | | | front | | | | rear |

(그림 6.5) 큐의 현재 상태

| queue[] | 0 | 1 | 2 | 3 | 4 | 5 | 6 | 7 | 8 |
|---|---|---|---|---|---|---|---|---|---|
| 값 | 80 | | | | | 7 | 25 | 40 | 35 |
| | rear | | | | front | | | | |

(그림 6.6) 큐에 80을 삽입한 상태

(알고리즘 Queue_dequeue)은 큐에서 데이터를 삭제하는 가상코드로 기술한 알고리즘이다. 데이터를 삭제하기 위해 먼저 큐가 비어 있는지를 확인한다. 다음에 front 값을 하나 증가하여 이 위치에 저장되어 있는 값을 반환한다. 예로서 (그림 6.7)에서 현재 큐의 상태를 보면 front는 4이며 rear는 0의 인덱스 값을 갖는다.

front 값은 삭제할 데이터가 저장된 위치보다 하나 앞쪽에 위치한다. 큐에서 데이터 삭제 연산은 front 포인터에서 이루어진다. (그림 6.7)의 현재 큐 상태에서 삭제 연산을 수행하기 위해 front 값을 하나 증가하면 5가 된다. 이 위치에 저장된 값 7을 반환하고 새로운 front의 위치는 5가 된다. (그림 6.8)은 삭제 연산을 수행한 후의 결과를 보여준다.

| queue[] | 0 | 1 | 2 | 3 | 4 | 5 | 6 | 7 | 8 |
|---|---|---|---|---|---|---|---|---|---|
| 값 | 80 | | | | | 7 | 25 | 40 | 35 |
| | rear | | | | front | | | | |

(그림 6.7) 큐의 현재 상태

| queue[] | 0 | 1 | 2 | 3 | 4 | 5 | 6 | 7 | 8 |
|---|---|---|---|---|---|---|---|---|---|
| 값 | 80 | | | | | | 25 | 40 | 35 |
| | rear | | | | | front | | | |

(그림 6.8) 큐에서 삭제 연산을 한번 수행한 상태

```
Algorithm Queue_dequeue()
Input: 삽입할 값(item)
Output: True or False
if (Queue_empty()) return error
front <- (front+1) % Queue_size
return queue[front]
```

### 알고리즘 분석

(프로젝트 6.1)에서 원형 큐의 기초 연산인 삽입과 삭제 알고리즘을 설계하였다. 원형 큐에서 큐가 비어있는지 또는 가득 차있는지를 확인하기 위해 front와 rear가 같은 가를 비교하였다. 이러한 구분을 위해 원형 큐에 들어갈 수 있는 데이터의 수는 실제 큐의 크기보다 하나 적은 개수가 된다. (알고리즘 Queue_enqueue)와 (알고리즘 Queue_dequeue) 모두 반복 문장 없이 한번만 수행되는 문장으로 구성되기 때문에 수행시간은 O(1)이 된다.

### 논의

우리는 (프로젝트 6.1)에서 큐를 구현하기 위한 자료구조로 배열을 사용하였다. 단순 배열을 사용할 경우 큐가 비어있음에도 불구하고 큐가 가득 차있는 것으로 인지되어 데이터를 삽입할 수 없는 상황이 발생한다. 이러한 문제를 해결하기 위해 원형 형태를 갖는 배열을 사용하여 큐를 구현하였다. 본 프로젝트에서 학습한 큐의 기초 연산은 향후 큐 응용문제 해결을 위한 가장 기본적인 도구로 사용될 것이다.

## ✓ 프로그램 구현 과제

**(1) (프로젝트 6.1)에서 학습한 큐의 기초 연산을 수행하는 다음 알고리즘을 프로그램 언어를 사용하여 구현한다.**

- Algorithm Queue_empty: 큐가 비어 있는지를 검사
- Algorithm Queue_full: 큐가 가득 차있는지를 검사
- Algorithm Queue_enqeue: 큐에 데이터를 삽입
- Algorithm Queue_dequeue: 큐에서 데이터를 삭제

**(2) (1)에서 구현한 프로그램을 다음 절차에 따라 실행하여 큐의 동작에 관한 결과를 확인한다.**

- 1에서 100 사이의 수를 난수로 발생하여 그 값이 짝수이면 큐에 삽입하고 홀수이면 큐에서 삭제 연산을 수행한다.
- 이런 과정을 반복적으로 수행하여 큐에서 삽입과 삭제가 일어나는 상황을 관찰한다.

## ✔ 연습과제

**[연결 리스트 큐의 구현]**

**(1)** **(프로젝트 7.1)에서 배열을 사용한 원형 큐는 간단한 장점이 있지만 정적인 메모리 공간을 사용하기 때문에 큐의 크기 변화에 유연하게 대처하는데 한계가 있다. 이러한 문제를 해결하기 위해 연결 리스트를 사용하여 큐를 구현할 수 있다.**

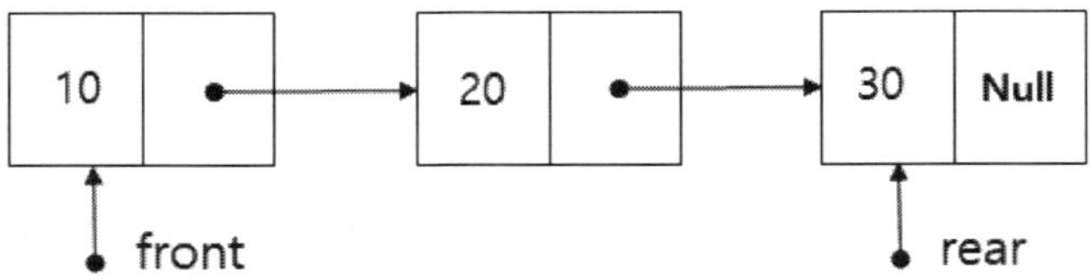


(그림 6.9) 연결 리스트를 사용한 큐의 예

(그림 6.9)는 연결 리스트 큐의 예를 보여준다. 연결 리스트에서 첫 번째 노드를 front가 가리키고 마지막 노드를 rear가 가리킨다. 연결 리스트 큐에서 삽입은 rear에서 이루어지며 (그림 6.10)은 (그림 6.9)의 상태에서 40을 삽입한 예를 보여준다. 같은 방법으로 삭제는 front에서 이루어지며 (그림 6.11)은 (그림 6.10)의 상태에서 삭제를 한 예를 보여준다.

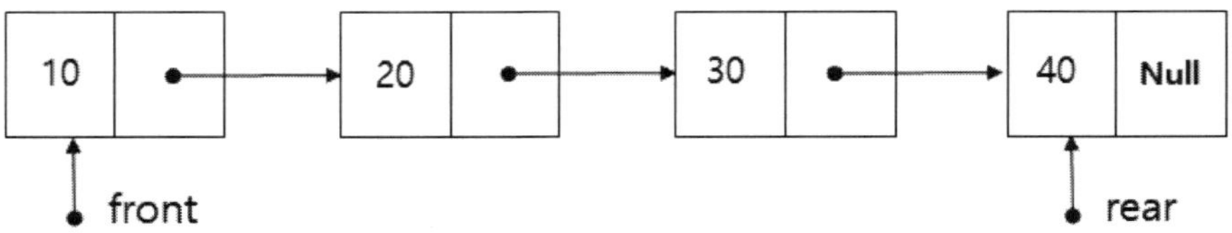


(그림 6.10) 연결 리스트 큐에 삽입 예

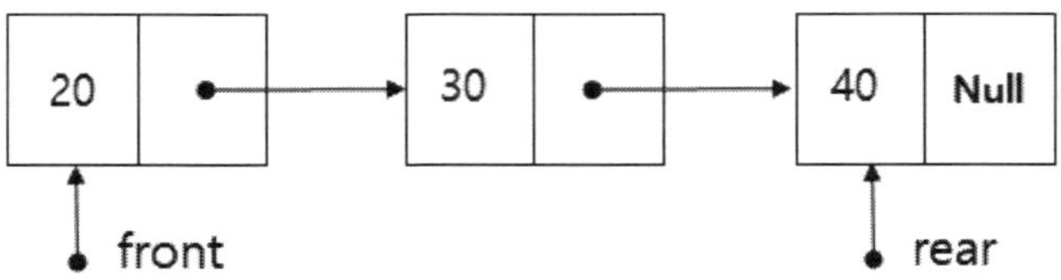


(그림 6.11) 연결 리스트 큐에서 삭제 예

**(2)** **(1)에서 설명한 연결 리스트를 사용한 큐 개념을 참조하여 아래와 같은 큐의 기본연산 알고리즘을 가상코드로 기술한다.**

- Algorithm Queue_empty: 큐가 비어 있는지를 검사
- Algorithm Queue_enqeue: 큐에 데이터를 삽입
- Algorithm Queue_dequeue: 큐에서 데이터를 삭제

**(3)** **(2)에서 기술한 가상코드 알고리즘을 프로그램 언어를 사용하여 구현하고 아래와 같은 절차에 따라 실행하여 그 결과를 확인한다.**

- 연결 리스트 큐에서 노드의 값은 양의 정수를 사용한다.
- 10, 20, 30 값을 입력하여 차례로 큐에 삽입하여 (그림 6.9)와 같은 연결 리스트 큐가 만들어지는가를 확인한다.
- 40을 추가로 입력하여 (그림 6.10)과 같은 연결 리스트 큐가 만들어지는 가를 확인한다.
- 삭제 연산을 수행하여 (그림 6.11)과 같은 연결 리스트 큐가 만들어지는 가를 확인한다. 삭제 결과로 10이 반환된다.

**(4)** **배열을 사용한 원형 큐와 연결 리스트를 사용한 큐의 장단점에 대해 논의한다.**

## Project 6.2 큐를 사용한 전위식의 계산

### 문제 정의

전위식이란 연산자가 피연산자 보다 앞쪽에 있는 수식을 의미한다. 우리는 5장에서 중위식을 후위식으로 변환하고 변환된 후위식을 스택을 사용하여 계산하는 자료구조와 알고리즘을 공부하였다. 일반적으로 컴퓨터에서 수식을 계산하기 위해 전위식의 경우 수행시간의 효율성이 떨어지기 때문에 잘 사용하지 않고 후위식을 주로 사용한다. 본 프로젝트에서 고려한 전위식의 경우 효율성 측면보다는 단지 큐를 이용하여 응용문제를 해결하는 과정으로 이해하고 학습하길 바란다. 전위식을 큐를 사용하여 계산하기 위해 아래와 같은 예로 시작한다.

전위식 : − + × 9 + 2 8 × + 4 8 6 3

### 자료구조 설계

(프로젝트 6.1)에서 기술한 것과 같이 배열을 사용한 원형 큐를 자료구조로 사용한다. 원형 큐의 자료구조는 다음과 같다. 원형 큐를 사용하기 때문에 front와 rear의 초기 값은 0으로 설정한다. 원형 큐에 대한 자료구조의 상세한 내용은 (프로젝트 6.1)의 자료구조를 참고하길 바란다.

```
define Queue_size 19
Struct { data } Queue_data
Queue_data queue[Queue_size]
```

### 알고리즘 설계

먼저 전위식에 대한 알고리즘을 설계하기 전에 원형 큐에서 전위식이 어떤 과정에 의해 계산되는 지를 살펴본다. 원형 큐를 사용하여 큐에 전위식의 최종 계산 결과인 하나의 값이 남아 있을 때까지 아래 과정을 반복한다.

- 전위식을 스캔하여 토큰 값이 피연산자일 경우 큐에 삽입한다.

■ 토큰 값이 연산자일 경우 다음 두 경우를 구분하여 처리한다.

- 큐에서 연산자 다음의 두 개의 토큰이 모두 피연산자라면 두 개의 피연산자에 연산자를 취하여 계산한 값을 큐에 삽입한다.
- 그렇지 않을 경우 토큰을 큐에 삽입한다.

(그림 6.12)는 원형 큐의 크기가 19라 가정하고 큐를 사용하여 전위식이 계산되는 과정을 보여준다. 여기서 f는 front를 의미하고 r은 rear를 의미한다. 그림에서 단계별로 큐에서 일어나는 계산 과정을 요약하면 다음과 같다.

■ 단계 (1)은 큐의 초기 상태로 전위식 '− + × 9 + 2 8 × + 4 8 6 3'이 주어진다. 초기 상태에서 front의 인덱스는 0, rear의 인덱스는 13을 갖는다.

■ 단계 (2)~(5)는 입력 토큰을 바로 큐에 삽입한다.

■ 단계 (6)은 단계 (5)에서 입력 토큰 '+' 다음에 연속적으로 두 개의 피연산자가 나오기 때문에 계산된 결과 값 10을 큐에 삽입한다. 이때 큐에서 두 번의 삭제 연산이 수행되어 front 값은 마지막 피연산자의 인덱스 값으로 변경된다.

■ 단계 (7)은 입력 토큰을 바로 큐에 삽입한다.

■ 단계 (8)은 '+' 다음에 연속적으로 두 개의 피연산자가 나오기 때문에 계산된 결과 값 12를 큐에 삽입한다.

■ 단계 (9)~(12)는 입력 토큰을 바로 큐에 삽입한다.

■ 단계 (13)은 '×' 다음에 연속적으로 두 개의 피연산자가 나오기 때문에 계산된 결과 값 90을 큐에 삽입한다.

■ 단계 (14)~(16)은 입력 토큰을 큐에 바로 삽입한다.

■ 단계 (17)은 '+' 다음에 연속적으로 두 개의 피연산자가 나오기 때문에 계산된 결과 값 162를 큐에 삽입한다.

■ 단계 (18)은 입력 토큰을 큐에 바로 삽입한다.

■ 단계 (19)는 '−' 다음에 연속적으로 두 개의 피연산자가 나오기 때문에 계산된 결과 값 159를 큐에 삽입한다. 큐에 남아 있는 마지막 값이 전위식을 계산한 최종 결과가 된다.

(1)

| queue[] | 0 | 1 | 2 | 3 | 4 | 5 | 6 | 7 | 8 | 9 | 10 | 11 | 12 | 13 | 14 | 15 | 16 | 17 | 18 |
|---|---|---|---|---|---|---|---|---|---|---|---|---|---|---|---|---|---|---|---|
| 값 |  | − | + | × | 9 | + | 2 | 8 | × | + | 4 | 8 | 6 | 3 |  |  |  |  |  |
|  | f |  |  |  |  |  |  |  |  |  |  |  |  | r |  |  |  |  |  |

(2)

| queue[] | 0 | 1 | 2 | 3 | 4 | 5 | 6 | 7 | 8 | 9 | 10 | 11 | 12 | 13 | 14 | 15 | 16 | 17 | 18 |
|---|---|---|---|---|---|---|---|---|---|---|---|---|---|---|---|---|---|---|---|
| 값 |  |  | + | × | 9 | + | 2 | 8 | × | + | 4 | 8 | 6 | 3 | − |  |  |  |  |
|  |  | f |  |  |  |  |  |  |  |  |  |  |  |  | r |  |  |  |  |

(3)

| queue[] | 0 | 1 | 2 | 3 | 4 | 5 | 6 | 7 | 8 | 9 | 10 | 11 | 12 | 13 | 14 | 15 | 16 | 17 | 18 |
|---|---|---|---|---|---|---|---|---|---|---|---|---|---|---|---|---|---|---|---|
| 값 |  |  |  | × | 9 | + | 2 | 8 | × | + | 4 | 8 | 6 | 3 | − | + |  |  |  |
|  |  |  | f |  |  |  |  |  |  |  |  |  |  |  |  | r |  |  |  |

(4)

| queue[] | 0 | 1 | 2 | 3 | 4 | 5 | 6 | 7 | 8 | 9 | 10 | 11 | 12 | 13 | 14 | 15 | 16 | 17 | 18 |
|---|---|---|---|---|---|---|---|---|---|---|---|---|---|---|---|---|---|---|---|
| 값 |  |  |  |  | 9 | + | 2 | 8 | × | + | 4 | 8 | 6 | 3 | − | + | × |  |  |
|  |  |  |  | f |  |  |  |  |  |  |  |  |  |  |  |  | r |  |  |

(5)

| queue[] | 0 | 1 | 2 | 3 | 4 | 5 | 6 | 7 | 8 | 9 | 10 | 11 | 12 | 13 | 14 | 15 | 16 | 17 | 18 |
|---|---|---|---|---|---|---|---|---|---|---|---|---|---|---|---|---|---|---|---|
| 값 |  |  |  |  |  | + | 2 | 8 | × | + | 4 | 8 | 6 | 3 | − | + | × | 9 |  |
|  |  |  |  |  | f |  |  |  |  |  |  |  |  |  |  |  |  | r |  |

(6)

| queue[] | 0 | 1 | 2 | 3 | 4 | 5 | 6 | 7 | 8 | 9 | 10 | 11 | 12 | 13 | 14 | 15 | 16 | 17 | 18 |
|---|---|---|---|---|---|---|---|---|---|---|---|---|---|---|---|---|---|---|---|
| 값 |  |  |  |  |  |  |  |  | × | + | 4 | 8 | 6 | 3 | − | + | × | 9 | 10 |
|  |  |  |  |  |  |  |  | f |  |  |  |  |  |  |  |  |  |  | r |

(7)

| queue[] | 0 | 1 | 2 | 3 | 4 | 5 | 6 | 7 | 8 | 9 | 10 | 11 | 12 | 13 | 14 | 15 | 16 | 17 | 18 |
|---|---|---|---|---|---|---|---|---|---|---|---|---|---|---|---|---|---|---|---|
| 값 | × |  |  |  |  |  |  |  |  | + | 4 | 8 | 6 | 3 | − | + | × | 9 | 10 |
|  | r |  |  |  |  |  |  |  | f |  |  |  |  |  |  |  |  |  |  |

(8)

| queue[] | 0 | 1 | 2 | 3 | 4 | 5 | 6 | 7 | 8 | 9 | 10 | 11 | 12 | 13 | 14 | 15 | 16 | 17 | 18 |
|---|---|---|---|---|---|---|---|---|---|---|---|---|---|---|---|---|---|---|---|
| 값 | × | 12 |  |  |  |  |  |  |  |  |  |  | 6 | 3 | − | + | × | 9 | 10 |
|  |  | r |  |  |  |  |  |  |  |  |  | f |  |  |  |  |  |  |  |

(9)

| queue[] | 0 | 1 | 2 | 3 | 4 | 5 | 6 | 7 | 8 | 9 | 10 | 11 | 12 | 13 | 14 | 15 | 16 | 17 | 18 |
|---|---|---|---|---|---|---|---|---|---|---|---|---|---|---|---|---|---|---|---|
| 값 | × | 12 | 6 | | | | | | | | | | | 3 | − | + | × | 9 | 10 |
| | | | r | | | | | | | | | | f | | | | | | |

(10)

| queue[] | 0 | 1 | 2 | 3 | 4 | 5 | 6 | 7 | 8 | 9 | 10 | 11 | 12 | 13 | 14 | 15 | 16 | 17 | 18 |
|---|---|---|---|---|---|---|---|---|---|---|---|---|---|---|---|---|---|---|---|
| 값 | × | 12 | 6 | 3 | | | | | | | | | | | − | + | × | 9 | 10 |
| | | | | r | | | | | | | | | | f | | | | | |

(11)

| queue[] | 0 | 1 | 2 | 3 | 4 | 5 | 6 | 7 | 8 | 9 | 10 | 11 | 12 | 13 | 14 | 15 | 16 | 17 | 18 |
|---|---|---|---|---|---|---|---|---|---|---|---|---|---|---|---|---|---|---|---|
| 값 | × | 12 | 6 | 3 | − | | | | | | | | | | | + | × | 9 | 10 |
| | | | | | r | | | | | | | | | | f | | | | |

(12)

| queue[] | 0 | 1 | 2 | 3 | 4 | 5 | 6 | 7 | 8 | 9 | 10 | 11 | 12 | 13 | 14 | 15 | 16 | 17 | 18 |
|---|---|---|---|---|---|---|---|---|---|---|---|---|---|---|---|---|---|---|---|
| 값 | × | 12 | 6 | 3 | − | + | | | | | | | | | | | × | 9 | 10 |
| | | | | | | r | | | | | | | | | | f | | | |

(13)

| queue[] | 0 | 1 | 2 | 3 | 4 | 5 | 6 | 7 | 8 | 9 | 10 | 11 | 12 | 13 | 14 | 15 | 16 | 17 | 18 |
|---|---|---|---|---|---|---|---|---|---|---|---|---|---|---|---|---|---|---|---|
| 값 | × | 12 | 6 | 3 | − | + | 90 | | | | | | | | | | | | |
| | | | | | | | r | | | | | | | | | | | | f |

(14)

| queue[] | 0 | 1 | 2 | 3 | 4 | 5 | 6 | 7 | 8 | 9 | 10 | 11 | 12 | 13 | 14 | 15 | 16 | 17 | 18 |
|---|---|---|---|---|---|---|---|---|---|---|---|---|---|---|---|---|---|---|---|
| 값 | | | | 3 | − | + | 90 | 72 | | | | | | | | | | | |
| | | | f | | | | | r | | | | | | | | | | | |

(15)

| queue[] | 0 | 1 | 2 | 3 | 4 | 5 | 6 | 7 | 8 | 9 | 10 | 11 | 12 | 13 | 14 | 15 | 16 | 17 | 18 |
|---|---|---|---|---|---|---|---|---|---|---|---|---|---|---|---|---|---|---|---|
| 값 | | | | | − | + | 90 | 72 | 3 | | | | | | | | | | |
| | | | | f | | | | | r | | | | | | | | | | |

(16)

| queue[] | 0 | 1 | 2 | 3 | 4 | 5 | 6 | 7 | 8 | 9 | 10 | 11 | 12 | 13 | 14 | 15 | 16 | 17 | 18 |
|---|---|---|---|---|---|---|---|---|---|---|---|---|---|---|---|---|---|---|---|
| 값 | | | | | | + | 90 | 72 | 3 | − | | | | | | | | | |
| | | | | | f | | | | | r | | | | | | | | | |

(17)

| queue[] | 0 | 1 | 2 | 3 | 4 | 5 | 6 | 7 | 8 | 9 | 10 | 11 | 12 | 13 | 14 | 15 | 16 | 17 | 18 |
|---|---|---|---|---|---|---|---|---|---|---|---|---|---|---|---|---|---|---|---|
| 값 | | | | | | | | | 3 | – | 162 | | | | | | | | |
| | | | | | | | | f | | | r | | | | | | | | |

(18)

| queue[] | 0 | 1 | 2 | 3 | 4 | 5 | 6 | 7 | 8 | 9 | 10 | 11 | 12 | 13 | 14 | 15 | 16 | 17 | 18 |
|---|---|---|---|---|---|---|---|---|---|---|---|---|---|---|---|---|---|---|---|
| 값 | | | | | | | | | | – | 162 | 3 | | | | | | | |
| | | | | | | | | | f | | | r | | | | | | | |

(19)

| queue[] | 0 | 1 | 2 | 3 | 4 | 5 | 6 | 7 | 8 | 9 | 10 | 11 | 12 | 13 | 14 | 15 | 16 | 17 | 18 |
|---|---|---|---|---|---|---|---|---|---|---|---|---|---|---|---|---|---|---|---|
| 값 | | | | | | | | | | | | | 159 | | | | | | |
| | | | | | | | | | | | | f | r | | | | | | |

**(그림 6.12) 배열 큐에서 전위식이 계산되는 과정**

(알고리즘 Prefix_eval)은 전위식을 계산하기 위해 (그림 6.12)의 예에서 설명한 과정을 일반화하여 가상코드로 기술한 알고리즘이다. 알고리즘의 입력은 전위식이 주어지며 출력은 전위식을 계산한 결과 값이 된다. 4번 줄은 전위식의 길이를 계산한다. 5~6번 줄은 입력으로 주어진 전위식을 큐에 삽입한다. 그러면 (그림 6.12)의 예시에서 보인 상태 (1)과 같이 큐의 front가 전위식의 첫 문자 rear가 마지막 문자를 가리키도록 큐를 초기화 한다.

7번 줄은 초기 상태에서 큐에 포함된 큐의 길이를 계산한다. 8~26번 줄은 (그림 6.12)의 예시에서 보인 상태 (2)~(19) 과정을 반복적으로 수행하며 큐의 길이가 1인 경우, 즉 전위식의 최종 결과가 계산되어 큐에 남아 있을 때 반복을 종료한다. 9번 줄은 큐를 삭제하여 스캔에 사용될 토큰을 가져온다. 11~13번 줄은 토큰이 피연산자일 경우 큐에 바로 삽입한다.

14~23번 줄은 토큰이 연산자일 경우 다음 토큰의 상황에 따라 처리하는 부분이다. 17~21번 줄은 다음 두 개의 토큰이 모두 피연산자일 경우 두 개의 피연산자에 연산자를 적용한 계산 결과를 큐에 삽입한다. 이런 경우 큐에서 두 개의 피연산자가 처리되었기 때문에 두 번의 큐 삭제가 필요하다. 23번 줄에서는 그렇지 않을 경우 토큰을 큐에 삽입한다.

24~25번 줄은 큐의 길이, 즉 큐에 저장된 데이터의 수를 계산하는 부분이다. 원형 큐를 사용하기 때문에 큐의 최대 크기인 Queue_size−1에 도달하면 다음 위치는 0이 된다. 이를 감안하여 큐의 길이가 계산되고 8~26번 줄의 반복문이 큐의 길이가 1일 때 종료된다. 마지막으로 27~28번 줄에서 큐에는 전위식을 계산한 최종 결과 값 하나만 존재하기 때문에 큐를 삭제하여 최종 결과 값을 반환한다.

```
1. Algorithm Prefix_eval(prefix_exp)
2. Input: 전위식이 저장된 배열(prefix_exp)
3. Output: 전위식을 계산한 결과 값
4. exp_len <- length(prefix_exp) // 전위식의 길이
5. for i <- 0 to exp_len-1 do
6.      Queue_enqueue(prefix_exp[i])
7. queue_len <- rear - front
8. while (queue_len != 1) do {
9.      token <- Queue_dequeue()
10.     switch (token) {
11.         case operand : {
12.             Queue_enqueue(token)
13.             break }
14.         case operator : {
15.             op1 <- queue[front+1]
16.             op2 <- queue[front+2]
17.             if (op1 = operand) and (op2 = operand)) {
18.                 Queue_dequeue()
19.                 Queue_dequeue()
20.                 result <- op1 operator op2
21.                 Queue_enqueue(result) }
22.             else
23.                 Queue_enqueue(token) }
24.     if (rear > front) queue_len <- (rear-front)
25.         else  queue_len <- (Queue_size-front-1)+(rear+1)
26. }
27. final_value <- Queue_dequeue()
28. return final_value
```

### 알고리즘 분석 및 논의

우리는 (프로젝트 6.2)에서 원형 큐를 사용하여 전위식을 계산하는 방법을 알아보고 이를 알고리즘으로 설계하였다. 여기서 설계한 전위식 알고리즘을 (프로젝트 5.2)에서 학습한 스택을 사용한 후위식 계산 알고리즘과 비교해 본다. (프로젝트 5.2)의 후위식 알고리즘은 입력으로 후위식이 주어지면 후위식을 처음부터 끝까지 한번만 스캔하면 최종 결과가 계산된다.

그러나 (프로젝트 6.2)에서 학습한 전위식 계산 알고리즘은 한번의 스캔에 종료되지 않고 여러 차례의 스캔을 반복한다. 요약하면 스택을 사용한 후위식의 계산이 큐를 사용한 전위식 계산보다 수행시간에서 더 좋은 결과를 보여준다.

## ✔ 프로그램 구현 과제

**(1)** (프로젝트 6.2)에서 기술한 원형 큐를 사용하여 전위식을 계산하기 위한 (알고리즘 Prefix_eval)을 프로그램 언어를 사용하여 구현한다. 전위식에서 피연산자는 한자리 수의 양의 정수로 구성되며 4개(+, −, /, ×)의 연산자만을 사용한다고 가정한다.

**(2)** (1)에서 구현한 프로그램을 다음 절차에 따라 실행하여 그 결과를 확인한다.

- 프로그램 시험을 위해 아래 전위식을 사용한다.

$$- + \times 9 + 2\ 8 \times + 4\ 8\ 6\ 3$$

- 전위식이 계산되는 과정에서 큐의 상태를 출력하여 (그림 6.12)와 같은 결과가 나오는지를 확인한다.
- 다른 예의 전위식을 입력으로 주어 결과를 확인한다.

## ✔ 연습과제

**(1)** (프로젝트 6.1)의 연습 과제로 연결 리스트를 사용한 큐를 구현하였다. 여기서 구현한 큐의 기초연산을 이용하여 (프로젝트 6.2)를 연결 리스트 큐를 사용하여 구현한다.

**(2)** (1)에서 구현한 프로그램을 다음 절차에 따라 실행하여 그 결과를 확인한다.

- 프로그램 시험을 위해 아래 전위식을 사용한다.

$$- + \times 9 + 2\ 8 \times + 4\ 8\ 6\ 3$$

- 연결 리스트 큐에서 일어나는 전위식의 계산 과정을 출력하여 결과를 확인한다.

Part 7

# 트리 기초

Project

## 7.1 배열을 사용한 완전이진트리 표현

### 문제 정의

트리는 계층적인 자료구조로 트리를 구성하는 노드 간에 특별한 관계가 존재한다. (그림 7.1)은 이진트리의 예를 보여준다. 이진트리에서 가장 위쪽 노드를 루트 노드라고 각 노드의 왼쪽과 오른쪽에 있는 노드를 왼쪽 또는 오른쪽 자식 노드라 한다. 이진트리는 많아야 두 개의 자식 노드를 갖는다. 이진트리는 자식 노드가 어떻게 달려 있는가에 따라 그 모양이 다양한 형태로 구성된다.

(그림 7.1)과 같이 왼쪽부터 순서적으로 채워진 모양을 갖는 이진트리를 완전이진트리라고 하고, (그림 7.2)와 같이 완전하게 채워진 트리를 포화이진트리라 한다. (그림 7.2)의 이진트리를 참조하여 아래와 같은 기초적인 연산에 대한 답을 해보도록 한다.

(1) 루트 노드의 값은? 10

(2) 30을 갖는 노드의 왼쪽과 오른쪽 자식은 값은? 왼쪽 자식 노드의 값은 60, 오른쪽 자식 노드의 값은 70

(3) 65를 갖는 노드의 부모 노드의 값은? 60

(4) 65를 갖는 노드의 모든 조상 노드들의 값은? 60, 30, 10

(5) 20을 갖는 노드의 모든 왼쪽 자식 노드들의 값은? 40, 80

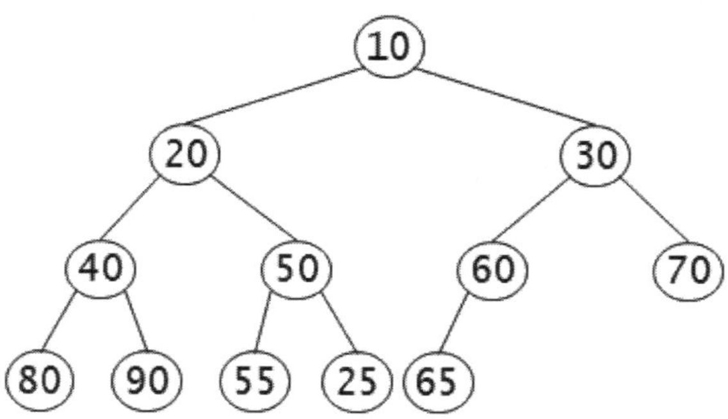


(그림 7.1) 완전이진트리의 예

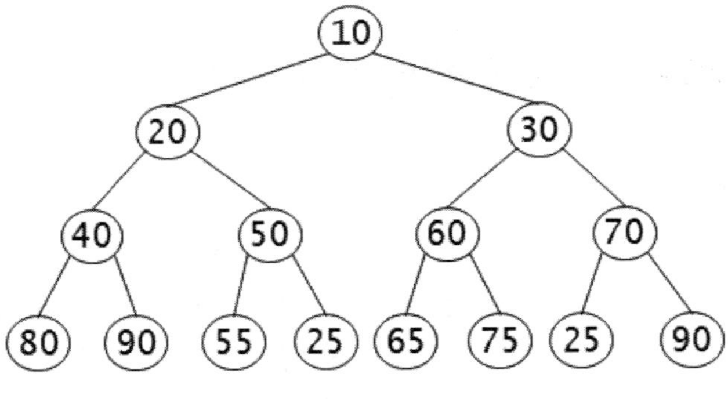


(그림 7.2) 포화이진트리의 예

(프로젝트 7.1)에서는 먼저 배열을 사용하여 완전이진트리를 표현하는 방법에 대한 자료구조를 설계한다. 다음에 설계된 자료구조를 이용하여 위의 예시에서 기술한 부모와 자식 노드의 관계를 찾아내는 기초적인 연산에 관한 알고리즘을 설계한다.

### 자료구조 설계

완전이진트리를 표현하기 위해 1차원 배열을 자료구조로 사용한다. 배열을 사용한 자료구조의 설명을 위해 (그림 7.2)의 예를 고려한다. (그림 7.2)에서 전체 노드의 개수는 15개 이며 이를 표현하기 위해 15개의 배열 공간이 필요하다. 완전이진트리에서 트리의 높이에 따라 전체 노드의 개수를 계산하는 방법은 후에 설명한다. (표 7.1)은 (그림 7.2)의 이진트리를 배열로 표현한 결과를 보여준다. (표 7.1)에서 첫 번째 줄은 배열의 인덱스 값이고 두 번째 줄은 해당 인덱스에 대한 노드의 값을 의미한다. 설명의 편의를 위해 인덱스 0을 사용하지 않는다.

(표 7.1) (그림 7.2)의 배열 표현

| 인덱스 | 0 | 1 | 2 | 3 | 4 | 5 | 6 | 7 | 8 | 9 | 10 | 11 | 12 | 13 | 14 | 15 |
|---|---|---|---|---|---|---|---|---|---|---|---|---|---|---|---|---|
| 값 | ╳ | 10 | 20 | 30 | 40 | 50 | 60 | 70 | 80 | 90 | 55 | 25 | 65 | 75 | 25 | 90 |

### 알고리즘 설계

(표 7.1)에서 예시로 표현한 자료구조를 사용하여 이진트리의 기초적인 연산에 대해서 살펴본다.

(1) 루트 노드 값은? 배열의 인덱스 1의 값이 루트 노드의 값이 된다.

(2) 배열 인덱스 i의 왼쪽 자식은? 배열 인덱스 i의 왼쪽 자식은 2 · i 위치에 있다. 예로서 배열 인덱스 3의 값은 30이며 이 노드의 왼쪽 자식은 인덱스 6의 값인 60이 된다.

(3) 배열 인덱스 i의 오른쪽 자식은? 배열 인덱스 i의 오른쪽 자식은 2 · i+1 위치에 있다. 예로서 배열 인덱스 3의 값은 30이며 이 노드의 오른쪽 자식은 인덱스 7의 값인 70이 된다.

(4) 배열 인덱스 i의 부모 노드는? 배열 인덱스 i의 부모 노드는 $\lfloor i/2 \rfloor$ 위치에 있다. 예로서 배열 인덱스 12의 값은 65이며 이 노드의 부모 노드의 값은 인덱스 6의 값인 60이 된다.

(5) 배열 인덱스 i의 모든 조상 노드는? 배열 인덱스 i의 모든 조상 노드는 루트 노드에 도달할 때까지 $\lfloor i/2 \rfloor$ 위치에 있는 값을 반복적으로 찾으면 된다. 예로서 배열 인덱스 12의 값은 65이며 이 노드의 조상 노드는 인덱스 6의 60, 인덱스 3의 30, 인덱스 1의 10이 된다.

(6) 배열 인덱스 i의 모든 왼쪽 자식 노드는? 배열 인덱스 i의 모든 왼쪽 자식 노드는 마지막 노드에 도달할 때까지 2 · i 위치에 있는 값을 반복적으로 찾으면 된다. 예로서 배열 인덱스 2의 값은 20이며 이 노드의 왼쪽 자식 노드는 인덱스 4의 40, 인덱스 8의 80이 된다.

(알고리즘 Btree_array)는 위에서 예시로 설명한 내용 중에서 (5)와 (6)의 경우를 가상코드를 사용하여 기술한 알고리즘이다.

```
Algorithm Btree_array(A, i, Max_node)
Input: 완전이진트리 배열, 배열 인덱스, 전체 노드의 수
Output: (5)~(6)의 결과
index <- i
while (index > 0) do {  // 조상 노드 출력(5)
        print A[index]
        index <- index / 2 }
index <- i
```

```
 9. while (index <= Max_node) do { // 왼쪽자식 노드 출력(6)
10.         print A[index]
11.         index <- index * 2 }
12. end
```

(알고리즘 Btree_array)에서 입력은 배열을 사용하여 표현한 완전이진트리가 주어진다. 또한 배열에서 기준이 되는 인덱스와 이진트리의 최대 노드의 수가 주어진다. 4~7번 줄은 배열 인덱스 i를 기준으로 자신을 포함한 인덱스 i의 모든 조상 노드들의 값을 찾아 출력하는 부분이다. 배열 인덱스 i의 조상 노드를 찾기 위해 루트 노드(인덱스 1)가 나올 때까지 반복적으로 index 변수를 $\lfloor i/2 \rfloor$ 로 계산하여 배열의 값을 출력한다.

8~11번 줄은 배열의 인덱스 i를 기준으로 인덱스 i의 모든 왼쪽 자식 노드들의 값을 찾아 출력하는 부분이다. 배열 인덱스 i의 왼쪽 노드를 결정하기 위해 인덱스 값에 2 · i로 계산하여 배열의 값을 출력하며 index 변수의 값이 최대 노드의 값보다 적을 때까지 반복한다.

### 알고리즘 분석

(알고리즘 Btree_array)의 수행시간을 분석을 위해 (그림 7.2)의 포화이진트리를 살펴본다. 이 트리에서 레벨 1에서 노드 수는 1개, 레벨 2에서 노드의 수는 2개, 레벨 3에서 노드의 수는 4개, 레벨 4에서 노드의 수는 8개 이다. 이를 일반화하면 레벨 i에서 노드의 수는 $2^{i-1}$개이며 이진트리의 높이가 h일 경우 최대 노드의 수는 $2^h - 1$개가 된다. 만일 이진트리에서 전체 노드의 수가 n개라 가정하면 트리의 높이는 $\log_2^{n+1}$이 된다. 따라서 이 알고리즘의 수행시간은 트리의 높이에 비례하며 O(logn)이 된다.

### 논의

우리는 (프로젝트 7.1)에서 완전이진트리 유형을 갖는 이진트리를 배열을 사용하여 자료구조를 표현하는 방법을 학습하였다. 또한 배열로 표현된 완전이진트리에서 부모와 자식 노드의 관계를 살펴보았고, 이를 이용하여 어떤 노드의 모든 조상 노드들을 찾거나 모든 왼쪽 자식 노드들을 찾는 알고리즘을 기술하였다.

(프로젝트 7.1)의 경우처럼 문제가 완전이진트리 형식으로 주어질 경우 배열을 사용하는 것이 최선의 자료구조이다. 그러나 다른 경우의 문제에서 이진트리가 완전이진트리 형태로 주어지지 않고 한쪽으로 치우진 트리가 주어질 수 있다. 이런 경우 배열을 자료구조로 사용하는 것이 적합하지 않을 수 있다. 이에 대한 대안으로 이진트리를 표현하기 위한 자료구조로 연결 리스트를 사용할 수 있다.

다음 프로젝트에서는 완전이진트리의 응용으로 힙 트리를 구성하여 최대 힙과 최소 힙을 해결하는 문제를 다룬다. 또 다른 프로젝트로 이진트리를 연결 리스트로 표현하여 이러한 표현에서 기본적인 탐색 문제에 대한 알고리즘을 설계하도록 한다.

## ✔ 프로그램 구현 과제

**(1)** **(프로젝트 7.1)에서 학습한 (알고리즘 Btree_array)를 프로그램 언어를 사용하여 구현한다.**

**(2)** **(1)에서 구현한 프로그램을 아래와 같은 절차에 따라 실행하여 그 결과를 확인한다.**

- 포화이진트리에서 높이가 h인 경우 전체 노드의 개수는 $2^h - 1$이 되며 이 값을 트리를 표현하기 위한 배열의 크기로 지정할 수 있다. 각 노드의 값은 임의로 설정하여 높이가 5인(h=5)인 포화이진트리를 생성하여 배열에 저장한다.
- 임의의 인덱스 값 i $(1 \le i \le 2^h - 1)$를 입력으로 주어 포화이진트리를 저장한 배열에서 이 인덱스 값을 갖는 노드의 모든 부모 노드를 찾아 출력한다.
- 같은 방법으로 임의의 인덱스 값 i를 갖는 노드의 모든 왼쪽 자식 노드를 찾아 출력한다.

## Project 7.2 완전이진트리를 사용한 힙 트리의 구성

### 문제 정의

(프로젝트 7.1)에서 배열을 자료구조로 사용하여 완전이진트리를 표현하고 부모 노드와 자식 노드의 관계를 알아보았다. 본 프로젝트에서는 완전이진트리를 자료구조로 사용하는 하는 힙에 대한 개념을 살펴보고 힙 트리를 구성하는 방법에 대해 학습한다. 힙에는 최대 힙(max heap)과 최소 힙(min heap)이 있으며 아래와 같은 조건을 만족해야 한다.

#### ○ 최대 힙의 정의

- 완전이진트리로 구성된다.
- 부모 노드의 키 값은 자식 노드의 키 값 보다 크거나 같다. 왼쪽자식과 오른쪽 자식의 키 값의 크기는 구분하지 않는다.

#### ○ 최소 힙의 정의

- 완전이진트리로 구성된다.
- 부모 노드의 키 값은 자식 노드의 키 값 보다 작거나 같다. 왼쪽자식과 오른쪽 자식의 키 값의 크기는 구분하지 않는다.

위에서 기술한 것과 같이 최대 힙에서 가장 큰 키 값은 루트 노드가 되고, 최소 힙에서 가장 작은 키 값은 루트 노드가 된다. 이러한 특성을 활용하여 힙을 우선순위 큐, 프린터 큐, 힙 정렬 등에 활용할 수 있다. 본 프로젝트에서는 이러한 성질을 만족하는 최대 힙 트리를 구성하고 최대 힙 트리에서 삽입과 삭제 연산을 위한 알고리즘 설계한다.

### 자료구조 설계

힙의 첫 번째 특징은 완전이진트리로 구성되는 것이다. 우리는 (프로젝트 7.1)에서 완전이진트리를 표현하기 위한 자료구조로 1차원 배열이 가장 효율적임을 학습하였다. (그림 7.3)은 최대 힙의 예를 보여준다. 각 노드는 키 값을 가지며 노드

바깥쪽 숫자는 1차원 배열에 저장될 인덱스를 의미한다. (표 7.2)는 (그림 7.3)의 최대 힙을 배열로 표현한 예를 보여준다. 부모와 자식 간의 관계를 쉽게 표현하기 위해 배열 인덱스 0은 사용하지 않는다.

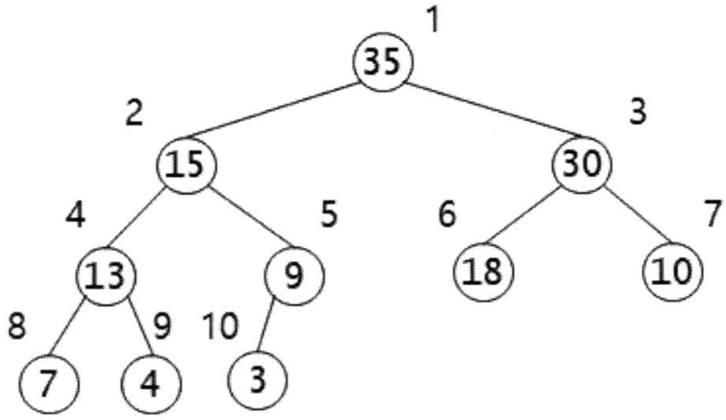


(그림 7.3) 최대 힙의 예

(표 7.2) (그림 7.3)의 최대 힙에 대한 배열 표현

| 인덱스 | 0 | 1 | 2 | 3 | 4 | 5 | 6 | 7 | 8 | 9 | 10 |
|---|---|---|---|---|---|---|---|---|---|---|---|
| 값 | | 35 | 15 | 30 | 13 | 9 | 18 | 10 | 7 | 4 | 3 |

(프로젝트 7.1)에서 설명한 것과 같이 완전이진트리는 (표 7.2)와 같이 배열로 자료를 표현하기 때문에 부모와 자식 간의 관계를 쉽게 유추할 수 있다. 배열에서 인덱스 i에 위치한 노드의 왼쪽 자식 노드는 (2 · i)에 위치하고 오른쪽 자식 노드는 (2 · i)+1에 위치한다. 또한 인덱스 i에 위치한 노드의 부모 노드는 $\lfloor i/2 \rfloor$ 에 위치한다. 이러한 기본적인 자료구조를 활용하여 다음에서 최대 힙에 대한 삽입과 삭제 알고리즘을 구현한다.

**알고리즘 설계**

## (1) 최대 힙에서 삽입 알고리즘

알고리즘을 기술하기 전에 최대 힙에서 새로운 키 값의 삽입 과정에 대해서 알아본다. 예로서 (그림 7.3)의 최대 힙에 새로운 키 값 50을 삽입한다고 가정해 본다. 힙의 첫 번째 조건인 완전이진트리의 성질을 만족해야 하기 때문에 새로운 노드는 마지막 레벨의 가장 왼쪽부터 채워진다. 다음에 힙의 두 번째 조건인 부모 노드의 키 값은 자식 노드보다 크거나 같아야 하기 때문에 이러한 성질을 만족하도록 이 트리를 재조정해야 한다.

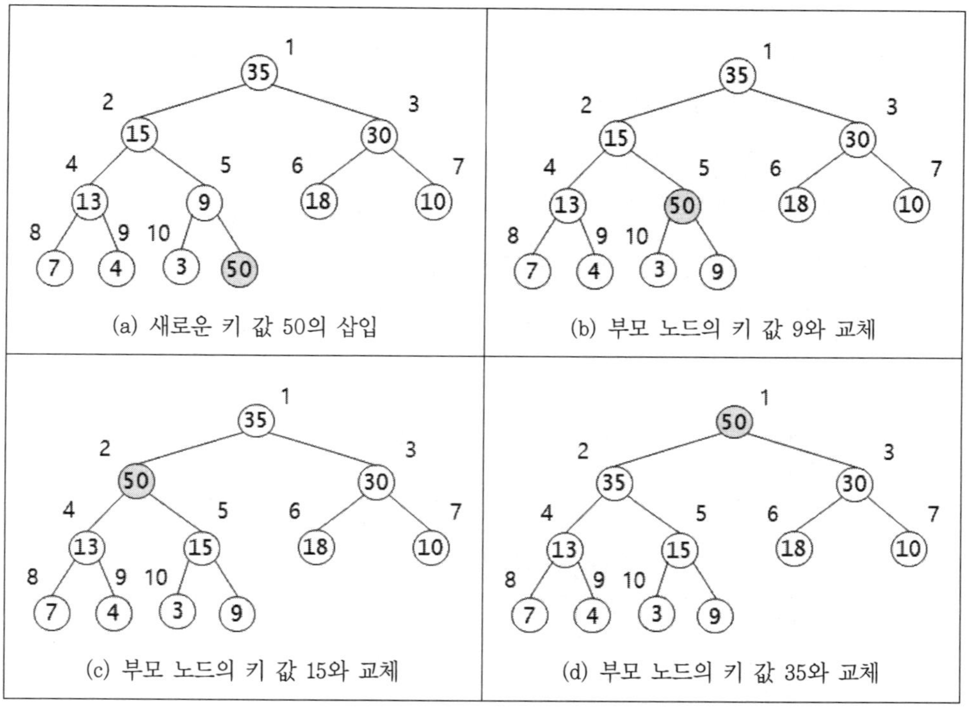

(a) 새로운 키 값 50의 삽입 (b) 부모 노드의 키 값 9와 교체 (c) 부모 노드의 키 값 15와 교체 (d) 부모 노드의 키 값 35와 교체

**(그림 7.4)** (그림 7.3)의 최대 힙에 새로운 키 값 50의 삽입 과정

(그림 7.4)는 (그림 7.3)의 최대 힙에 새로운 키 값 50을 삽입하는 과정을 보여준다. 그림에서 세부적인 과정은 다음과 같다.

(a) 최대 힙은 완전이진트리 조건을 만족해야 하기 때문에 새로운 키 값 50은 이진트리의 마지막 레벨에서 가장 왼쪽부터 채워져야 한다.

(b) 새로 삽입한 키 값 50이 부모 노드의 키 값 9보다 크기 때문에 두 값을 교체한다.

(c) 새로 삽입한 키 값 50이 부모 노드의 키 값 15보다 크기 때문에 두 값을 교체한다.

(d) 새로 삽입한 키 값 50이 부모 노드의 키 값 35보다 크기 때문에 두 값을 교체한다.

(그림 7.4)에서 힙에서 삽입이 이루어지는 과정을 완전이진트리 형식의 그림으로 보여주었으나 실제로 이러한 삽입 과정은 배열로 저장한 자료구조에서 일어난

다. 아래는 배열로 표현된 자료구조에서 최대 힙에 대한 삽입이 일어나는 과정을 보여준다.

(a) 새로운 키 값 50을 인덱스 11에 추가한다.

(b) 인덱스 11의 부모 노드는 인덱스 5(11/2)에 위치하며 새로운 키 값 50과 부모 노드의 키 값 9를 비교하여 부모 노드의 키 값이 작기 때문에 교체한다.

(c) 인덱스 5의 부모 노드는 인덱스 2(5/2)에 위치하며 키 값 50과 15를 비교하여 부모 노드의 키 값이 작기 때문에 교체한다.

(d) 인덱스 2의 부모 노드는 인덱스 1(2/2)에 위치하며 키 값 50과 35를 비교하여 부모 노드의 키 값이 작기 때문에 교체한다.

(a) 새로운 키 값 50을 인덱스 11에 삽입

| 인덱스 | 0 | 1 | 2 | 3 | 4 | 5 | 6 | 7 | 8 | 9 | 10 | 11 |
|---|---|---|---|---|---|---|---|---|---|---|---|---|
| 값 | X | 35 | 15 | 30 | 13 | 9 | 18 | 10 | 7 | 4 | 3 | 50 |

(b) 새로운 키 값 50을 부모 노드의 값 9와 교체

| 인덱스 | 0 | 1 | 2 | 3 | 4 | 5 | 6 | 7 | 8 | 9 | 10 | 11 |
|---|---|---|---|---|---|---|---|---|---|---|---|---|
| 값 | X | 35 | 15 | 30 | 13 | 50 | 18 | 10 | 7 | 4 | 3 | 9 |

(c) 새로운 키 값 50을 부모 노드의 값 15와 교체

| 인덱스 | 0 | 1 | 2 | 3 | 4 | 5 | 6 | 7 | 8 | 9 | 10 | 11 |
|---|---|---|---|---|---|---|---|---|---|---|---|---|
| 값 | X | 35 | 50 | 30 | 13 | 15 | 18 | 10 | 7 | 4 | 3 | 9 |

(d) 새로운 키 값 50을 부모 노드의 값 35와 교체

| 인덱스 | 0 | 1 | 2 | 3 | 4 | 5 | 6 | 7 | 8 | 9 | 10 | 11 |
|---|---|---|---|---|---|---|---|---|---|---|---|---|
| 값 | X | 50 | 35 | 30 | 13 | 15 | 18 | 10 | 7 | 4 | 3 | 9 |

**(그림 7.5) 배열로 표현된 최대 힙에서 새로운 키 값 50의 삽입 과정**

(그림 7.5)에서 배열로 표현된 자료구조를 사용하여 최대 힙에서 새로운 키 값이 삽입되는 과정을 살펴보았다. (알고리즘 Max_heap_insert)는 이러한 과정을 가상 코드로 기술한 알고리즘이다.

```
1. Algorithm Max_heap_insert(heap, key, h_size)
2. Input: 힙 배열(heap), 삽입할 키 값(key), 힙 크기(h_size)
3. Output: key 값을 삽입한 힙 배열(heap)
4. h_size <- h_size + 1
5. index <- h_size
6. heap[index] <- key
7. while ((index != 1) and key > heap[index/2]) do {
8.     heap[index] <- heap[index/2]
9.     index <- index / 2
10. }
11. heap[index] <- key
12. return heap
```

알고리즘에서 입력은 최대 힙을 표현한 1차원 배열(heap), 삽입할 키 값(key), 현재 힙 크기(h_size)가 주어지고 출력은 새로운 키 값을 삽입한 힙 배열이 된다. 4번 줄은 새로운 키 값이 삽입되기 때문에 힙의 크기를 하나 증가한다. 5~6번 줄은 하나 증가된 힙 배열의 마지막 위치에 삽입할 키 값을 저장한다. 7~10번 줄은 힙 배열의 마지막 위치에 삽입한 키 값을 부모 노드를 찾아 거슬러 올라가며 이 값이 부모 노드의 키 값 보다 클 경우 부모 노의 키 값을 자식 노드로 이동한다.

7번 줄에서 while 반복문은 루트 노드(인덱스가 1인 경우)일 경우나 또는 부모 노드의 키 값이 클 경우 종료된다. 11번 줄에서 종료된 위치, 즉 키 값보다 부모 노드의 키 값이 클 경우나 루트 노드에 도달한 경우 해당 위치에 key 값을 삽입한다. 최대 힙은 완전이진트리를 갖는 배열로 표현되기 때문에 9번 줄과 같이 현재 인덱스를 2로 나누면 부모 노드를 찾아 갈 수 있다. 마지막으로 12번 줄에서 새로운 키 값이 삽입된 힙 배열을 반환한다.

### (2) 최대 힙에서 삭제 알고리즘

이제 최대 힙에서 키 값을 삭제하는 방법에 대해 알아본다. 최대 힙에서 가장 큰 값은 루트 노드에 있다. 힙에서 삭제는 항상 루트 노드에서 이루어진다. 따라서 최대 힙에서는 가장 큰 값이 삭제되고 최소 힙에서는 가장 작은 값이 삭제된다. 힙에서 삭제 알고리즘을 기술하기 전에 (그림 7.3)에서 보인 최대 힙의 예를 통하여 삭제 과정의 개요를 정리한다. (그림 7.6)은 최대 힙에서 삭제 예를 보여주며 삭제 절차는 다음과 같다.

(a) 힙에서 삭제 연산을 수행하면 루트 노드의 키 값 35가 삭제된다.

(b) 마지막에 위치한 노드의 키 값 3을 루트로 이동하고 마지막 노드는 삭제한다.

(c) 루트 노드에서 더 큰 값을 갖는 자식 노드의 키 값과 비교한다. 루트의 키 값 3은 30보다 작기 때문에 두 값을 교체한다.

(d) 같은 방법으로 더 큰 값을 갖는 자식 노드의 키 값 18과 3을 비교하여 두 값을 교체한다. 이 과정을 완료하면 삭제 후에 최대 힙이 구성된다.

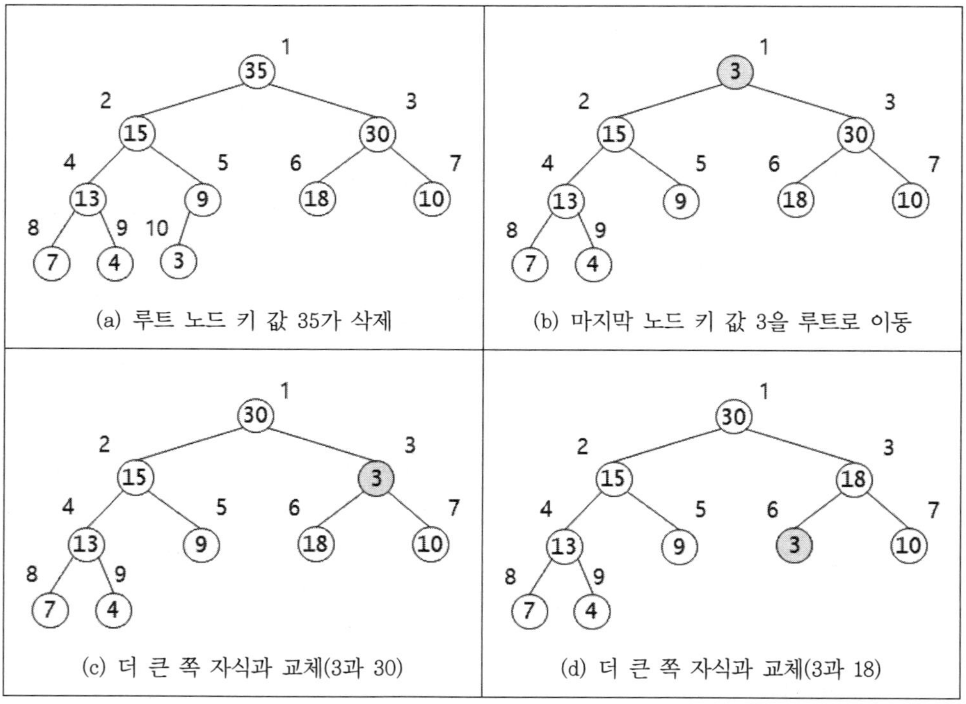

(그림 7.6) 최대 힙에서 삭제 연산 후에 힙이 재구성되는 과정

(그림 7.6)은 힙에서 삭제가 이루어지는 과정을 완전이진트리 형식을 갖는 그림으로 보여준다. 힙은 배열로 저장되어 있기 때문에 실제 이러한 과정은 배열에서 이루어진다. (그림 7.7)은 삭제 연산 후 배열에서 힙이 재구성되는 과정을 보여준다.

(a) 삭제 연산을 수행하면 인덱스 1(루트 노드)에 위치한 키 값 35가 삭제된다.

(b) 인덱스 10의 마지막 키 값 3을 인덱스 1(루트 노드)로 이동하고 마지막 인덱스를 삭제한다.

(c) 인덱스 1의 왼쪽 자식 인덱스는 2, 오른쪽 자식 인덱스는 3이다. 여기서 오른쪽 자식이 더 큰 키 값 30을 갖기 때문에 인덱스 1과 인덱스 3의 키 값 3과 30을 교체한다.

(d) 같은 방법으로 키 값 3을 왼쪽 자식(인덱스 6)과 오른쪽 자식(인덱스 7)중에서 더 크 키 값 18과 교체한다.

(a) 삭제 연산 수행 : 35가 삭제

| 인덱스 | 0 | 1 | 2 | 3 | 4 | 5 | 6 | 7 | 8 | 9 | 10 |
|---|---|---|---|---|---|---|---|---|---|---|---|
| 값 | | 35 | 15 | 30 | 13 | 9 | 18 | 10 | 7 | 4 | 3 |

(b) 마지막 노드의 키 값 3을 루트로 이동하고 노드를 삭제

| 인덱스 | 0 | 1 | 2 | 3 | 4 | 5 | 6 | 7 | 8 | 9 |
|---|---|---|---|---|---|---|---|---|---|---|
| 값 | | 3 | 15 | 30 | 13 | 9 | 18 | 10 | 7 | 4 |

(c) 자식 노드 중에서 더 큰 키 값 30과 키 값 3을 교체

| 인덱스 | 0 | 1 | 2 | 3 | 4 | 5 | 6 | 7 | 8 | 9 |
|---|---|---|---|---|---|---|---|---|---|---|
| 값 | | 30 | 15 | 3 | 13 | 9 | 18 | 10 | 7 | 4 |

(d) 자식 노드 중에서 더 큰 키 값 18과 키 값 3을 교체

| 인덱스 | 0 | 1 | 2 | 3 | 4 | 5 | 6 | 7 | 8 | 9 |
|---|---|---|---|---|---|---|---|---|---|---|
| 값 | | 30 | 15 | 18 | 13 | 9 | 3 | 10 | 7 | 4 |

**(그림 7.7) 힙에서 삭제 연산 후에 힙이 재구성되는 과정**

(그림 7.7)에서 배열로 표현된 자료구조를 사용하여 최대 힙에서 삭제 연산이 수행되는 과정을 알아보았다. (알고리즘 Max_heap_delete)는 이러한 과정을 가상코드로 기술한 알고리즘이다.

```
Algorithm Max_heap_delete(heap, h_size)
Input: 힙 배열(heap), 힙 크기(h_size)
```

```
3. Output: 삭제된 값
4. deleted_key <- heap[1]
5. temp <- heap[h_size]
6. h_size <- h_size - 1
7. parent <- 1
8. index <- 2
9. while (index <= h_size) do {
10.    if ((index < h_size) and (heap[index+1] > heap[index])
11.                index <- index + 1
12.    if (temp >= heap[index]) break
13.    heap[parent] <- heap[index]
14.    parent <- index
15.    index <- 2 * index
16. }
17. heap[parent] <- temp
18. return deleted_key
```

알고리즘의 입력은 힙이 저장된 1차원 배열(heap)과 힙의 크기(h_size)이고 출력은 삭제 연산 후에 루트 노드의 값을 반환한다. 힙에서 삭제 연산을 수행하면 항상 루트 노드의 키 값이 삭제되기 때문에 4번 줄은 삭제된 키 값을 deleted_key 변수에 보관한다. 삭제 연산을 수행하면 마지막에 위치한 키 값이 루트로 이동한다. 5번 줄은 이러한 과정 수행을 위해 배열에서 마지막 위치의 키 값을 임시 변수 temp에 일시적으로 저장한다. 6번 줄에서 삭제 연산을 수행하여 힙 크기를 하나 줄인다.

배열에서 루트 노드에 해당하는 인덱스는 1이기 때문에 7번 줄에서 parent 값을 1로 설정한다. 8번 줄에서 더 큰 쪽의 자식 노드를 따라 내려가기 위해 루트 노드(인덱스 1)의 왼쪽 자식인 인덱스 2를 index 변수로 초기화 한다. 9~16번 줄에서 temp 변수에 저장된 마지막 노드의 키 값을 더 큰 키 값을 갖는 자식 노드를 따라가면서 비교한다. 만일 자식 노드의 키 값이 더 클 경우 이 값을 부모 노드로 이동한다.

10~11번 줄에서 두 개의 자식 노드 중에서 더 큰 키 값을 갖는 자식 노드를 선택한다. 12번 줄에서 자식 노드의 키 값이 temp 보다 더 작을 경우 더 이상 내려가지

않고 반복을 종료한다. 13번 줄은 자식 노드의 키 값이 더 클 경우 부모 노드로 이동한다. 14~15번 줄은 다음 레벨의 반복을 위해 parent를 현재의 index로 대체하고 index 값에 2를 곱한다. 17번 줄은 마지막 노드의 키 값을 갖는 temp를 반복이 종료된 시점의 인덱스 위치에 삽입한다. 18번 줄은 삭제 연산을 수행하여 삭제한 키 값을 반환한다.

### 알고리즘 분석

(프로젝트 7.2)에서 최대 힙에서 삽입과 삭제 연산을 수행하는 두 개의 알고리즘을 제시하였다. 힙은 완전이진트리의 조건을 충족해야하기 때문에 자료구조로 배열을 사용한다. (알고리즘 Max_heap_insert)는 최대 힙에 새로운 키 값을 삽입하는 알고리즘으로 키 값은 완전이진트리의 마지막 위치에 삽입되고, 이 값을 사용하여 부모 노드를 따라 거슬러 올라가며 최대 힙을 재조정한다. 이러한 과정은 완전이진트리의 단말 노드에서 시작하여 많아야 루트 노드까지 반복된다. 따라서 n개의 키 값으로 구성된 최대 힙에서 새로운 키 값의 삽입을 위한 수행시간은 O(logn)이 된다.

(알고리즘 Max_heap_delete)는 최대 힙에서 삭제 연산을 수행하는 알고리즘이다. 최대 힙에서 가장 큰 키 값은 루트 노드에 있고 삭제 연산은 항상 루트 노드에서만 이루어진다. 루트 노드가 삭제되면 최대 힙의 성질을 만족하기 위해 힙이 재구성되어야 한다. 힙의 재구성을 위해 완전이진트리에서 마지막 노드의 키 값을 루트로 이동하고 더 큰 키 값을 갖는 자식 노드를 따라 내려가면서 키 값을 교환한다. 이러한 과정은 완전이진트리의 루트 노드에서 시작하여 많아야 단말 노드까지 반복된다. 따라서 삽입 알고리즘의 수행시간과 같은 개념으로 삭제 알고리즘의 수행시간 역시 O(logn)이 된다.

### 논의

우리는 (프로젝트 7.2)에서 힙의 개념과 이를 구현하기 위한 자료구조를 학습하였다. 또한 최대 힙에서 새로운 키 값을 삽입하는 알고리즘과 삭제하는 알고리즘을 설계하였다. 힙은 우선순위 큐, 정렬, 시뮬레이션 등 다양한 분야에 응용될 수 있다. 다음은 힙의 응용 예이다.

### 〈프린터 스풀러(Spooler) 응용〉

프린터 한대로 여러 사람이 공유한다고 가정해 본다. 프린터를 단순한 큐 방식으로 관리한다면 출력을 요구한 순서에 따라 인쇄를 시작한다. 이러한 서비스는 공정한 측면은 있지만 앞서 요구한 사람의 인쇄 량이 많을 경우 뒤쪽 사람은 한 쪽을 인쇄하기 위해 무한정 기다려야 한다. 이러한 문제를 해결하기 위해 단순 큐를 사용하지 않고 최소 힙을 응용하여 우선순위 큐를 구현할 수 있다. 최소 힙의 경우 가장 작은 값이 루트 노드에 있고 삭제 연산은 항상 루트 노드에서만 이루어진다. 따라서 사용자의 인쇄 요청을 최소 힙으로 관리하면 작은 양의 인쇄를 요청한 사람을 우선적으로 처리할 수 있다.

### 〈정렬 응용〉

정렬은 순서화되지 않은 리스트가 주어지면 키 값 순으로 오름차순 또는 내림차순으로 정리하여 순서화된 리스트를 만든 것이다. 최대 힙에서 가장 큰 값은 루트 노드에 있고 삭제 연산은 루트 노드에서만 이루어진다. 이러한 최대 힙의 특성을 활용하여 반복적으로 삭제 연산을 수행하면 키 값을 내림차순으로 정렬할 수 있다. 최소 힙의 경우 가장 작은 값이 루트 노드에 있기 때문에 같은 방법으로 반복적으로 삭제 연산을 수행하면 키 값을 오름차순으로 정렬할 수 있다.

### 〈시뮬레이션 응용〉

한 식당에서 하루 이용객을 극대화하기 위한 시뮬레이션을 실행한다고 가정해 본다. 일반적으로 먼저 도착한 손님을 먼저 서비스 하나 이 식당은 대형 좌석을 갖는 식당으로 도착한 시간과 인원수에 우선순위를 둔다. 이러한 시뮬레이션을 수행하기 위해 도착 시간과 인원수의 합을 키 값으로 사용하여 최대 힙을 구성할 수 있다. 그러면 최대 힙에서 삭제 연산을 수행하여 우선순위에 따라 이용객 극대화를 위한 시뮬레이션이 가능하다.

## ✓ 프로그램 구현 과제

**(1)** (프로젝트 7.2)에서 힙에 관한 기본 개념을 설명하고 최대 힙에서 삽입과 삭제 알고리즘을 설계하였다. 이들 알고리즘을 프로그램 언어를 사용하여 구현한다.

- Algorithm Max_heap_insert: 주어진 키 값을 최대 힙에 삽입
- Algorithm Max_heap_delete: 최대 힙에서 삭제 연산 수행

**(2)** 아래의 키 값이 순서적으로 입력될 때 최대 힙을 구성한다. 주어진 키 값을 사용하여 삽입 알고리즘을 반복 호출한다.

[35 15 30 13 9 18 10 7 4 3]

**(3)** (2)에서 생성된 최대 힙에 키 값 50과 75를 순서대로 삽입하여 최대 힙을 구성한다. 키 값 50과 70에 대해 삽입 알고리즘을 호출한다.

**(4)** (3)에서 생성된 최대 힙에서 삭제 연산을 두 번 실행하여 반환된 키 값을 출력한다. 삭제 알고리즘을 2회 호출하여 반환되는 결과를 확인한다.

**(5)** (2)에서 (4)의 과정을 실행하면서 삽입과 삭제 시에 최대 힙이 만들어지는 과정에서 힙 트리를 자료구조로 저장한 배열을 출력하여 그 결과를 확인하고 논의한다.

**(6)** (2)에서 생성한 최대 힙에서 삭제 알고리즘을 데이터 개수만큼 반복하여 호출하면 어떤 결과가 출력되는 가를 확인하여 본다.

## Project 7.3 연결 리스트를 사용한 이진트리 표현

### 문제 정의

우리는 (프로젝트 7.1)에서 배열을 사용하여 완전이진트리를 표현하는 방법을 학습하였다. (프로젝트 7.3)에서는 연결 리스트를 사용하여 이진트리를 표현하는 방법을 알아보도록 한다. 일반적으로 이진트리는 완전이진트리 형태와 그렇지 않은 트리로 구분된다. 완전이진트리 형태의 경우 배열로 표현하는 것이 효율적임을 이미 학습하였다. 본 프로젝트에서는 아래와 같이 연결 리스트를 사용한 이진트리에 대한 자료구조 및 알고리즘을 설계한다.

(1) 이진트리를 연결 리스트로 표현하기 위한 자료구조를 설계한다.

(2) 연결 리스트로 표현된 이진트리를 순회하는 알고리즘을 설계한다. 이진트리를 순회하는 방법은 전위순회, 중회순회, 후위순회 방법 등이 있다.

(3) 연결 리스트로 표현된 이진트리에서 트리의 노드의 수를 계산하는 알고리즘을 작성한다.

(4) 연결 리스트로 표현된 이진트리에서 리프 노드의 수를 계산하는 알고리즘을 작성한다.

### 자료구조 설계

이진트리에서 자식 노드는 많아야 두 개이며 자식 노드는 왼쪽 또는 오른쪽 자식으로 구분된다. (그림 7.8)은 연결 리스트의 사용을 위한 이진트리의 노드 구조를 보여준다. 노드는 3개의 필드(데이터, 왼쪽자식 포인터, 오른쪽 자식 포인터)로 구성된다. 데이터 필드는 응용 영역에 따라 달리 정의할 수 있다.

| left_child | data | right_child |
|---|---|---|

**(그림 7.8)** 이진트리의 노드 구조

(그림 7.8)에서 표현한 연결 리스트를 사용한 이진트리의 노드 구조를 가상코드로 기술하면 다음과 같다. (그림 7.9)는 연결 리스트로 표현한 이진트리의 예를 보여준다.

```
Struct {
        left_child
        data
        right_child } Bt_node
```

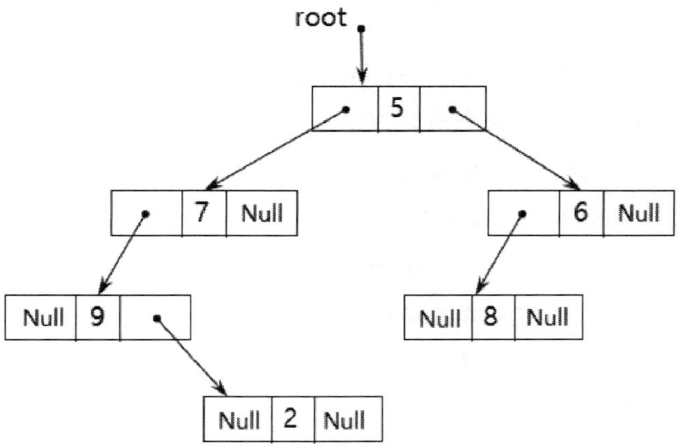


(그림 7.9) 연결 리스트로 표현한 이진트리 예

### 알고리즘 설계

(알고리즘 Preorder_traversal)은 전위 순회를 가상코드로 기술한 알고리즘을 보여준다. 전위 순회는 V(Visit), L(Left), R(Right) 순서에 따라 노드를 방문한다. 즉 루트 노드에서 방문(출력)을 시작하여 왼쪽 자식 노드를 따라 방문하며 더 이상 왼쪽 자식이 없을 경우 되돌아와서 오른쪽 자식 노드를 방문한다. 이러한 절차를 모든 노드를 방문할 때까지 반복한다.

```
Algorithm Preorder_traversal(node)
Input: 연결 리스트로 표현된 이진트리의 루트 노드
Output: 전위 순회 결과
if (node != Null) {
        print node.data
        Preorder_traversal(node.left_child)
        Preorder_traversal(node.right_child) }
end
```

(알고리즘 Inorder_traversal)은 중위 순회를 가상코드로 기술한 알고리즘을 보여준다. 중위 순회는 L(Left), V(Visit), R(Right) 순서에 따라 노드를 방문한다. 즉 루트 노드에서 시작하여 왼쪽 자식 노드를 따라 이동하여 더 이상 왼쪽 자식 없을 경우 그 노드를 방문한다. 노드의 방문이 완료되면 다시 오른쪽 자식으로 이동하여 같은 절차를 반복한다. 이러한 절차를 모든 노드를 방문할 때까지 반복한다.

```
Algorithm Inorder_traversal(node)
Input: 연결 리스트로 표현된 이진트리의 루트 노드
Output: 중위 순회 결과
if (node != Null) {
        Inorder_traversal(node.left_child)
        print node.data
        Inorder_traversal(node.right_child) }
end
```

(알고리즘 Postorder_traversal)은 후위 순회를 가상코드로 기술한 알고리즘을 보여준다. 후위 순회는 L(Left), R(Right), V(Visit) 순서에 따라 노드를 방문한다. 즉 루트 노드에서 시작하여 왼쪽 자식 노드를 따라 이동하여 더 이상 왼쪽 자식이 없을 경우 오른쪽 자식 노드로 이동한다. 왼쪽과 오른쪽 자식을 모두 거친 노드만을 방문한다. 이러한 절차를 모든 노드를 방문할 때까지 반복한다.

```
Algorithm Postorder_traversal(node)
Input: 연결 리스트로 표현된 이진트리의 루트 노드
Output: 후위 순회 결과
if (node != Null) {
        Postorder_traversal(node.left_child)
        Postorder_traversal(node.right_child)
        print node.data }
end
```

(그림 7.10)에서 예시로 주어진 이진트리를 위에서 살펴본 전위, 중위, 후위 순회 알고리즘을 적용한 결과는 다음과 같다.

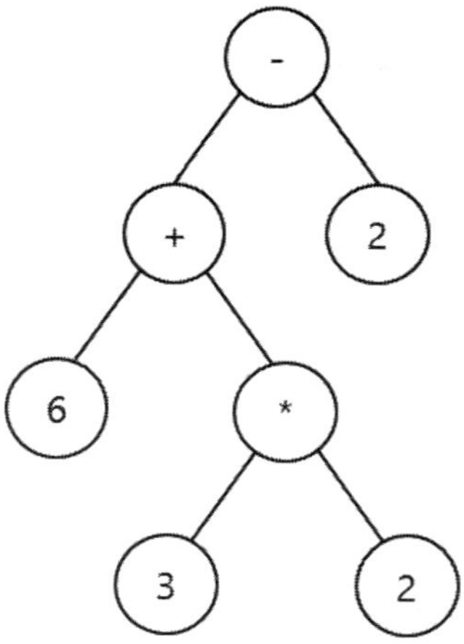


전위 순회 결과: −+6*322

중위 순회 결과: 6+3*2−2

후위 순회 결과: 632*+2−

(그림 7.10) 이진트리의 예

(알고리즘 Node_count)는 주어진 이진트리에 존재하는 노드의 개수를 계산하여 반환하는 가상코드로 기술한 알고리즘이다. 이진트리의 노드의 개수를 계산하기 위해 전위 순회, 중위 순회, 후위 순회 방법을 사용할 수 있다. (알고리즘 Node_count)는 전위 순회 방법을 이용하여 노드의 개수를 계산하는 알고리즘의 예를 보여준다.

```
Algorithm Node_count(node)
Input: 연결 리스트로 표현된 이진트리의 루트 노드
Output: 전체 노드의 개수
count <- 0
if (node != Null) {
        count <- count + 1
        Node_count(node.left_child)
        Node_count(node.right_child) }
return count
```

(알고리즘 Leaf_count)는 주어진 이진트리에 존재하는 리프(단말) 노드의 개수를 계산하여 반환하는 가상코드 알고리즘이다. 이진트리의 노드의 개수를 계산하기 위해 전위 순회, 중위 순회, 후위 순회 방법을 사용할 수 있다. (알고리즘 Leaf_count)는 중위 순회 방법을 이용하여 리프 노드의 개수를 계산하는 알고리즘의 예를 보여준다.

```
Algorithm Leaf_count(node)
Input: 연결 리스트로 표현된 이진트리의 루트 노드
Output: 리프 노드의 개수
count <- 0
if (node != Null) {
        Leaf_count(node.left_child)
        if (node.left_child = Null and node.right_child = Null)
                count <- count + 1
        Leaf_count(node.right_child) }
return count
```

**알고리즘 분석**

본 프로젝트에서는 연결 리스트로 구성된 이진트리에서 기초적인 연산을 위한 5개의 알고리즘을 기술하였다. 연결 리스트로 구성된 이진트리에서 가장 기본적인 연산은 전위, 중위, 후위 순회 알고리즘이다. 또한 이러한 기본적인 연산을 이용하여 이진트리에서 전체 노드의 개수를 계산하는 알고리즘과 단말 노드의 개수를 계산하는 알고리즘을 설계하였다. 이진트리의 순회에서 모든 노드는 최소한 한번 방문해야 하기 때문에 전체 노드의 개수가 n이라 하면 본 프로젝트에서 제시한 알고리즘의 수행시간은 모두 O(n)이 된다.

공간적인 측면을 살펴보면 모든 알고리즘이 자기 자신을 호출하는 재귀(순환) 개념을 사용한다. 알고리즘에서 기술된 문장으로만 볼 때 고정 공간만 사용하는 것 같이 보이지만 내부적으로 순환 호출로 인해 스택 공간을 사용한다. 따라서 스택 공간은 이진트리의 높이에 비례하기 때문에 높이가 h라면 수행공간은 O(h)가 된다.

**논의**

우리는 (프로젝트 7.3)에서 연결 리스트를 사용하여 이진트리를 표현하고 이 트리를 순회하는 방법에 관하여 학습하였다. 이진트리를 연결 리스트로 표현하는 것은 배열에 비해 메모리 공간을 많이 차지하나 완전이진트리와 같이 균형 있는 트리가 아닌 경우에는 효율적이다. 이진트리에서 각 노드를 방문하기 위해 전위, 중위, 후위 순회 등의 알고리즘이 있으며 이들 알고리즘이 이진트리 문제를 해결하기 위해 가장 기본적인 도구로 사용된다.

## ✔ 프로그램 구현 과제

**(1)** **(프로젝트 7.3)에서 학습한 이진트리에 관한 다음 알고리즘을 프로그램 언어를 사용하여 구현한다.**

- Algorithm Preorder_traversal: 이진트리의 전위 순회
- Algorithm Inorder_traversal: 이진트리의 중위 순회
- Algorithm Postorder_traversal: 이진트리의 후위 순회
- Algorithm Node_count: 이진트리의 노드의 개수를 카운트
- Algorithm Leaf_count: 이진트리의 단말 노드의 개수를 카운트

**(2)** **(1)에서 구현한 프로그램을 다음과 같은 절차에 따라 실행하여 그 결과를 확인한다.**

- 연결 리스트를 사용하여 (그림 7.10)의 이진트리를 생성한다.
- 생성된 이진트리를 입력으로 주어 전위, 중위, 후위 순회 알고리즘을 수행하여 결과를 출력한다.
- 생성된 이진트리를 입력으로 주어 전체 노드의 개수와 단말 노드의 개수를 카운트한다.

## ✔ 연습과제 1

**(1)** (프로젝트 7.3)에서 이진트리의 각 노드를 방문하기 위해 전위, 중위, 후위 순회 알고리즘을 순환 방식으로 구현하였다. 순환 방식은 반복적인 부분을 자기 자신을 호출하여 해결하는 방법이다. 순환 함수의 호출을 위해 내부적으로 스택을 사용한다.

**(2)** 세 가지 순회 방법 중에서 중위 순회 알고리즘을 순환 방식이 아닌 반복적 방법을 사용하여 프로그램을 작성한다. 이 알고리즘을 구현하기 위해 5장에서 배운 스택을 직접 활용한다. 프로그램 실행을 통하여 중위 순회 과정에서 스택이 변화되는 과정을 확인한다.

## ✔ 연습과제 2

**(1)** (프로젝트 7.3)에서 작성한 이진트리의 순회에 관한 전위, 중위, 후위 순회 알고리즘은 순환 함수를 사용하기 때문에 깊이 우선 방식으로 노드를 순회한다. 이와 반대되는 개념이 이진트리를 너비 우선으로 순회하는 방법이다. 예로서 (그림 7.10)의 이진트리를 너비 우선으로 순회하면 출력되는 결과는 "−+26*32"이 된다.

**(2)** 이진트리를 너비 우선으로 순회하기 위한 알고리즘의 자료구조로는 스택보다 큐가 더 적합하다. 너비 우선 순회 알고리즘은 다음과 같은 개념을 사용하여 구현할 수 있다.

- 이진트리의 루트 노드를 방문하여 출력한다. 루트 노드의 자식 노드를 큐에 삽입한다.
- 큐에서 삭제 연산을 수행하고 삭제된 노드를 방문하여 출력한다. 방문된 노드의 자식 노드를 큐에 삽입한다. 이러한 절차를 큐가 비어있을 때까지 반복한다.
- 이러한 과정에 따라 출력된 결과가 너비 우선 순회가 된다.

**(3)** (1)과 (2)에서 설명한 내용을 참고하여 너비 우선 방식으로 이진트리를 순회하기 위한 알고리즘을 가상코드로 기술한다. 또한 설계된 알고리즘의 수행시간을 분석한다.

**(4)** (3)에서 가상코드로 기술한 너비 우선 순회 알고리즘을 프로그램 언어를 사용하여 구현한다. (그림 7.10)과 같은 예시 이진트리를 사용하여 프로그램을 실행 후 그 결과를 확인한다. 또한 너비 우선 방문 과정에서 큐가 변화되는 상황을 확인한다.

Part 8

# 트리 응용

Project

## 8.1 이진탐색트리의 연산 및 관리

### 문제 정의

이진탐색트리(Binary Search Tree: BST)는 데이터 검색에 매우 유용한 자료구조로 아래와 같은 특성을 갖는다.

- 모든 노드는 유일한 키 값을 갖는다.
- 한 노드의 키 값은 왼쪽 서브트리에서 모든 노드의 키 값들 보다 커야한다.
- 한 노드의 키 값은 오른쪽 서브트리에서 모든 노드의 키 값들 보다 작아야 한다.
- 각 서브트리에서 모든 노드의 키 값은 위의 조건을 충족해야 한다.

(그림 8.1)은 이진탐색트리의 예를 보여준다. 이 트리에서 모든 노드의 키 값은 왼쪽 서브트리에서 키 값들 보다 크고 오른쪽 서브트리에서 키 값들 보다 작기 때문에 이진탐색트리의 조건을 충족한다. 반면에 (그림 8.2)에서 보인 이진트리는 이진탐색트리가 아니다. 이진탐색트리가 가지는 성질 때문에 이진탐색트리를 중위 순회를 하면 키 값이 오름차순으로 정렬된다. 예로서 (그림 8.1)의 이진탐색트리를 중위 순회하면 그 결과는“6, 35, 37, 40, 45, 50, 70”이 된다.

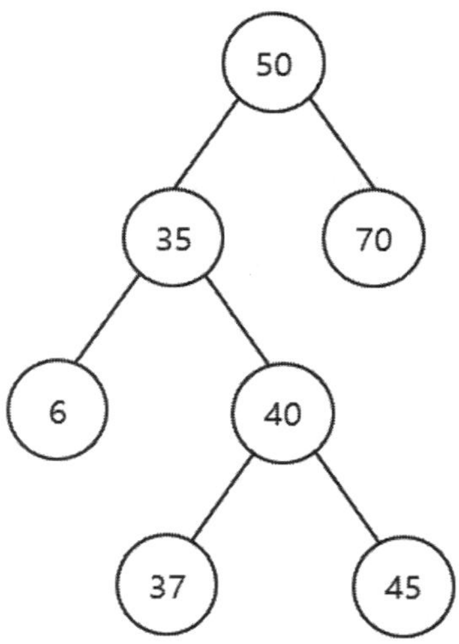


(그림 8.1) 이진탐색트리의 예

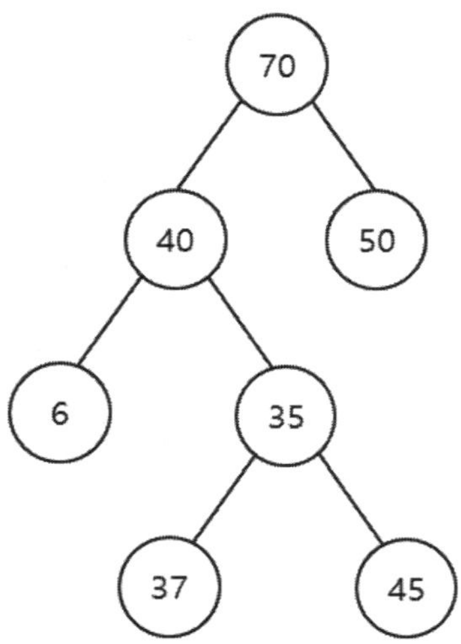


(그림 8.2) 이진트리의 예

본 프로젝트에서는 연결 리스트를 자료구조로 사용하는 이진탐색트리에서 문제 해결에 가장 기본적인 도구로 사용되는 아래와 같은 알고리즘을 구현하고 성능을 평가한다.

(1) 이진탐색트리에서 가장 작은 값을 찾는다.

(2) 이진탐색트리에서 가장 큰 값을 찾는다.

(3) 이진탐색트리에서 주어진 키 값을 탐색한다.

(4) 이진탐색트리에서 새로운 키 값을 삽입한다.

(5) 이진탐색트리에서 주어진 키 값을 삭제한다.

### 자료구조 설계

이진탐색트리를 표현하기 위한 자료구조로 연결 리스트를 사용한다. 7장에서 연결 리스트를 사용하여 이진트리를 표현하는 자료구조를 알아보았다. 7장에서 기술한 이진트리의 표현과 유사하게 연결 리스트를 사용하여 이진탐색트리를 표현한다. (그림 8.3)은 이진탐색트리의 노드 구조를 보여준다. 더 상세한 내용은 7장을 참고하길 바란다.

(그림 8.3)에서 보인 노드 구조는 3개의 필드를 갖는다. 데이터 필드는 키 값이 저장되는 공간이며 나머지 두개의 필드는 이진탐색트리에서 왼쪽과 오른쪽 자식을 가리키는 포인터이다. 일반적인 응용에서 데이터 필드는 유일한 키 값을 포함하는 하나의 레코드 개념으로 확장되어 사용된다.

| left_child | data | right_child |
|---|---|---|

**(그림 8.3)** 이진탐색트리의 노드 구조

(그림 8.3)에서 정의한 것과 같은 노드를 갖는 이진탐색트리의 각 노드의 구조체를 가상코드로 기술하면 다음과 같다.

```
Struct {
        left_child
        data
        right_child } Bt_node
```

**알고리즘 설계 및 분석**

## (1) 이진탐색트리에서 가장 작은 값을 찾는다.

이진탐색트리에서 한 노드의 키 값은 왼쪽 서브트리의 키 값들 보다 크고 오른쪽 서브트리의 키 값들 보다 작아야 한다. 이러한 이진탐색트리의 특성으로 루트 노드에서 시작하여 왼쪽 자식을 반복적으로 따라가면 마지막 노드(왼쪽 자식을 갖지 않은 노드)가 가장 작은 키 값을 갖는 노드가 된다. 예로서 (그림 8.1)의 이진탐색트리에서 루트 노드 50에서 시작하여 왼쪽 자식 노드를 반복적으로 따라가면 마지막 노드의 키 값은 6이 된다. 이 값이 가장 작은 값이 된다. (알고리즘은 BST_min)은 이진탐색트리에서 가장 작은 값을 찾는 과정을 가상코드로 기술한 알고리즘이다.

```
Algorithm BST_min(root)
Input: 이진탐색트리의 루트 노드(root)
Output: 가장 작은 키 값
temp <- root
while (temp.left_child != Null) do
        temp <- temp.left_child
return temp.data
```

(알고리즘 BST_min)은 가장 작은 값을 찾기 위해 루트 노드에서 시작하여 반복적으로 왼쪽 자식 포인터를 따라 내려가며 해당 노드의 자식 포인터가 Null일 때 종료한다. 이 알고리즘은 이진탐색트리의 왼쪽 자식을 따라 순회하기 때문에 많아야 트리의 높이 h만큼 반복 수행된다. 따라서 이 알고리즘의 수행시간은 O(h)가 된다. 이진탐색트리에서 노드의 개수가 n개라 하면 최악의 경우(경사 이진트리) 높이는 n이 되며, 최선의 경우(완전이진트리 형태) 높이는 logn이 된다.

## (2) 이진탐색트리에서 가장 큰 값을 찾는다.

이진탐색트리의 특성을 반영하여 가장 큰 값을 찾기 위해서 루트 노드에서 시작하여 오른쪽 자식을 반복적으로 따라간다. 이때 더 이상 오른쪽 자식을 갖지 않은 노드가 마지막 노드가 되며 이 노드의 키 값이 가장 큰 값이 된다. 예로서 (그림 8.1)의 이진탐색트리에서 루트 노드 50에서 시작하여 오른쪽 자식 노드를 반복적으로 따라가면 마지막 노드의 키 값이 70이 된다. 이 값이 가장 큰 값이 된다.

(알고리즘 BST_max)는 이러한 절차를 가상코드로 기술한 알고리즘이다.

```
Algorithm BST_max(root)
Input: 이진탐색트리의 루트 노드(root)
Output: 가장 큰 키 값
temp <- root
while (temp.right_child != Null) do
        temp <- temp.right_child
return temp.data
```

(알고리즘 BST_max)는 가장 큰 값을 찾기 위해 루트 노드에서 시작하여 반복적으로 오른쪽 자식의 포인터를 따라 내려가 자식 포인터가 Null일 때 종료한다. 그러면 마지막 노드가 가장 큰 키 값을 갖는다. 이 알고리즘의 수행시간 역시 (알고리즘 BST_min)에서 분석한 것과 같이 이진탐색트리의 높이 h에 비례하여 O(h)가 된다.

### (3) 이진탐색트리에서 주어진 키 값을 탐색한다.

이진탐색트리에서 주어진 키 값을 탐색하기 위해 먼저 루트 노드의 키 값과 비교한다. 만일 주어진 키 값이 루트 노드의 키 값보다 작을 경우 왼쪽 자식으로 이동하고 클 경우 오른쪽 자식으로 이동한다. 왼쪽 또는 오른쪽 자식으로 이동 후 그 노드를 루트로 하여 이러한 과정을 반복 수행한다. 키 값의 비교 과정에서 주어진 키 값과 해당 노드의 키 값이 같을 경우 그 노드를 반환한다. 이러한 반복 수행을 통하여 주어진 키 값과 같은 노드가 발견되지 않을 경우 Null을 반환한다.

예로서 (그림 8.4)의 이진탐색트리에서 탐색하고자 하는 키 값이 40이라 가정한다. 먼저 키 값 40을 루트 노드의 키 값 50과 비교하여 40이 작기 때문에 왼쪽 자식 노드로 이동한다. 다시 40을 왼쪽 자식의 키 값 35와 비교하여 40이 크기 때문에 오른쪽 자식 노드로 이동한다. 마지막으로 오른쪽 자식에서 키 값이 탐색하고자 하는 키 값과 일치한다. 이 예에서 40을 탐색하기 위해 세 번의 비교를 수행한다.

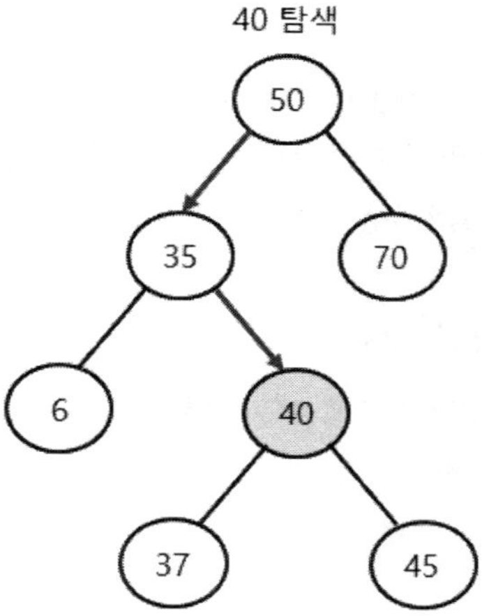


**(그림 8.4) 이진탐색트리에서 탐색 예**

만일 (그림 8.4)의 이진탐색트리에서 존재하지 않은 키 값 47을 탐색한다고 가정하면 키 값 50, 35, 40, 45와 차례대로 총 4번을 비교한다. 이런 경우 탐색 결과가 존재하지 않기 때문에 Null을 반환한다. (알고리즘 BST_search)는 이러한 탐색 절차를 순환적 방법을 사용하여 가상코드로 기술한 알고리즘이다. (알고리즘 BST_search_it)은 순환적 방법이 아닌 반복적인 방법을 사용하여 가상코드로 기술한 알고리즘이다.

### 〈재귀적 호출 방법〉

```
Algorithm BST_search(root, key)
Input: 이진탐색트리의 루트 노드(root), 탐색 키 값(key)
Output: 키 값과 일치하는 노드
if (root = Null) return Null
if (key = root.data) return node
if (key < root.data)
        return BST_search(root.left_child, key)
  else
        return BST_search(root.right_child, key)
end
```

**〈반복적 방법〉**

```
Algorithm BST_search_it(root, key)
Input: 이진탐색트리의 루트 노드(root), 탐색 키 값(key)
Output: 키 값과 일치하는 노드
node <- root
while (node != Null) do {
  if (key = node.data) return node
  if (key < node.data)
          node <- node.left_child
     else
          node <- node.right_child
}
return Null
```

이진탐색트리에서 주어진 키 값을 탐색하기 위해 두 개의 알고리즘을 제시하였다. 첫 번째 알고리즘은 순환적 방법을 사용하여 기술한 알고리즘이며 두 번째 알고리즘은 반복적인 방법을 사용하여 기술한 알고리즘이다. 첫 번째 알고리즘은 더 자연스럽고 단순해 보이는 장점이 있다. 반면에 첫 번째 알고리즘은 순환적 호출로 인해 내부적으로 스택을 사용하여 두 번째 알고리즘에 비해 더 많은 공간을 필요로 한다.

두 알고리즘 모두 주어진 키 값을 찾기 위해 루트 노드에서 시작하여 키 값의 크기에 따라 왼쪽 또는 오른쪽 서브트리로 이동한다. 이러한 이동 횟수는 이진탐색트리의 높이 h를 초과하지 않는다. 따라서 두개의 탐색 알고리즘의 수행시간은 모두 O(h)가 된다.

## (4) 이진탐색트리에서 새로운 키 값을 삽입한다.

먼저 이진탐색트리에 새로운 키 값을 삽입하는 과정에 대해 알아본다. (그림 8.5)에서 왼쪽의 이진탐색트리에 새로운 키 값 15를 삽입한다고 가정해 본다. 키 값 15를 삽입한 후에 이진탐색트리의 특성을 만족하기 위한 삽입 위치를 찾아야 한다. 삽입할 키 값이 들어갈 위치를 결정하기 위해서는 (3)에서 학습한 탐색 알고리즘을 활용한다.

(그림 8.5)의 예에서 키 값의 비교는 루트 노드에서 시작한다. 루트 노드의 키 값 50과 삽입할 키 값 15를 비교한다. 삽입할 키 값 15가 50보다 작기 때문에 왼쪽 자식 노드로 이동하여 다시 키 값 35와 비교한다. 삽입할 키 값 15가 35보다 더 작기 때문에 다시 왼쪽 자식 노드로 이동한다. 마지막으로 키 값 6보다 삽입할 키 값 15가 더 크기 때문에 키 값 15는 이 노드의 오른쪽 자식에 삽입되어야 한다. (그림 8.5)에서 오른쪽 그림은 키 값 15가 삽입된 후의 이진탐색트리를 보여준다.

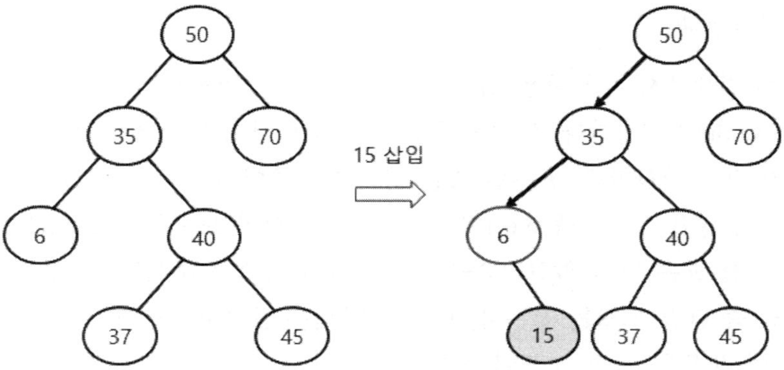


**(그림 8.5) 이진탐색트리에서 삽입 예**

```
Algorithm BST_insert(root, key)
Input: 이진탐색트리의 루트 노드(root), 삽입할 키 값(key)
Output: 새로운 키 값이 삽입된 이진탐색트리의 루트 노드
node <- root
new_node <- malloc(sizeof(node))
new_node.data <- key
if (node = Null) {
          root <- new_node
          return root }
while (node != Null) do {
  parent <- node
  if (key < node.data) node <- node.left_child
      else node <- node.right_child }
if (key < parent.data) parent.left_child <- new_node
      else parent.right_child <- new_node
return root
```

(알고리즘 BST_insert)는 (그림 8.5)에서 설명한 삽입 과정을 가상코드로 기술한 알고리즘이다. 알고리즘에서 입력으로 이진탐색트리의 루트 노드의 포인터와 삽입할 키 값이 주어진다. 출력은 새로운 키 값이 삽입된 이진탐색트리의 루트 노드가 된다. 이진탐색트리에서 새로운 키 값의 삽입은 항상 단말 노드에서 이루어진다. 따라서 키 값이 입력으로 주어지면 탐색 알고리즘을 수행하여 이 값이 삽입될 단말 노드를 찾아야 한다. 그러면 삽입할 키 값을 갖는 노드는 단말 노드의 키 값과 비교하여 더 작을 경우 왼쪽 자식으로 더 클 경우 오른쪽 자식으로 연결된다.

알고리즘에서 4번 줄은 입력으로 주어진 이진탐색트리의 root 포인터를 임시 변수 node에 저장한다. 5~6번 줄은 새로 삽입할 노드를 생성하고 그 노드에 삽입할 키 값을 저장한다. 7~9번 줄은 입력으로 주어진 이진탐색트리가 한 개의 노드도 갖지 않을 경우, 즉 Null일 경우 새로 생성된 노드를 루트 노드로 설정한다. 10~13번 줄은 탐색 알고리즘을 적용하여 입력으로 주어진 키 값이 삽입될 부모 노드, 즉 단말 노드를 찾는다. 여기서 탐색을 종료한 마지막 parent 노드가 새로 삽입될 노드의 부모 노드가 된다.

14~15번 줄은 주어진 키 값의 삽입을 위해 이 값이 부모 노드, 즉 parent 노드의 키 값 보다 작을 경우 새로 생성한 노드를 왼쪽 자식에 연결하고 그렇지 않을 경우 새로 생성한 노드를 오른쪽 자식에 연결한다. 마지막으로 16번 줄은 새로 삽입된 노드를 포함하는 이진탐색트리의 루트 노드의 포인터를 반환한다.

(알고리즘 BST_insert)에서 수행시간에 가장 영향을 주는 부분은 10~13번 줄의 반복 문장이다. 이 반복 문장을 수행하여 주어진 키 값이 삽입될 부모를 찾는다. 즉, 새로 삽입될 노드의 부모 노드를 찾기 위해 이진탐색트리의 루트 노드에서 시작하여 단말 노드(자식이 Null)가 나올 때까지 키 값을 비교한다. 이러한 과정을 완료하면 마지막 단말 노드가 삽입될 노드의 부모 노드가 된다. 따라서 이 반복 문장은 이진탐색트리의 높이 h에 비례하여 수행되기 때문에 알고리즘의 수행시간은 O(h)가 된다.

### (5) 이진탐색트리에서 주어진 키 값을 삭제한다.

이진탐색트리에서 주어진 키 값을 갖는 노드를 삭제하는 알고리즘에 관하여 알아본다. (4)에서 설명한 삽입 알고리즘의 경우 새로운 노드의 삽입은 항상 단말 노드에서 이루어지기 때문에 알고리즘 설계가 비교적 간단하였다. 그러나 삭제의 경우 단말 노드뿐만 아니라 중간 노드까지 삭제 대상이 되기 때문에 간단하지 않으며 발생 가능한 경우를 고려해야 한다. 이진탐색트리에서 주어진 키 값을 갖는 노드를 삭제할 경우 발생 가능한 경우는 아래와 같이 3개로 구분할 수 있다.

- (경우1) 삭제 노드가 단말 노드일 경우
- (경우2) 삭제 노드가 한 개의 자식 노드만을 가질 경우
- (경우3) 삭제 노드가 두 개의 자식 노드를 가질 경우

먼저 (경우1)을 고려해 본다. (그림 8.6)은 이진탐색트리에서 키 값 45를 갖는 노드를 삭제하는 예를 보인다. 이런 경우에서 키 값 45를 갖는 노드는 단말 노드이기 때문에 단지 부모 노드의 포인터를 Null로 바꾸어 주면 된다. 그림의 예에서 부모는 40을 갖는 노드이며 45를 갖는 노드가 삭제되기 때문에 이 노드의 오른쪽 자식 포인터를 Null로 변경하면 된다.

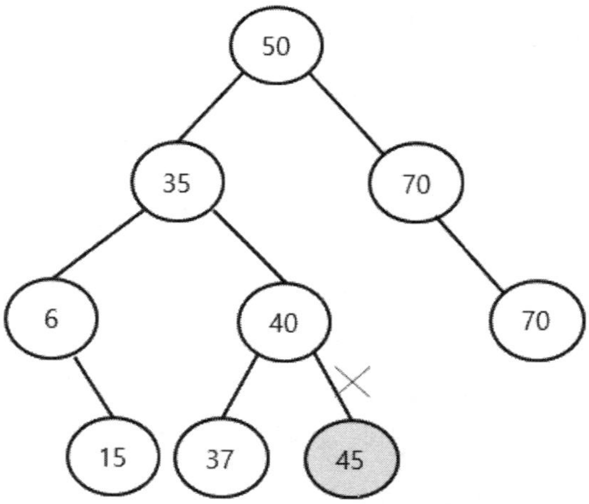


**(그림 8.6)** 키 값 45를 갖는 노드 삭제

(경우2)는 이진탐색트리에서 한 개의 자식을 갖는 노드를 삭제한다. 이 경우 삭제된 노드의 자식이 트리에서 분할되기 때문에 삭제 노드의 부모 노드에 연결해 주어야 한다. (그림 8.7)에서 (a)는 키 값 6을 갖는 노드를 삭제하는 예를 보여주며, (b)는 키 값 70을 갖는 노드를 삭제하는 예를 보여준다. (a)에서 키 값 6을 갖는 노드를 삭제하면 오른쪽에 있는 한 개의 자식 노드(15)가 트리에서 분할되기

때문에 이 노드를 키 값 6을 갖는 노드의 부모 노드(35)의 왼쪽 자식으로 연결해 주어야 한다.

그림 (b)의 경우에서 키 값 70을 갖는 노드를 삭제하면 오른쪽 자식이 분할되기 때문에 키 값 50을 갖는 부모 노드의 오른쪽 자식을 키 값 80을 갖는 노드로 연결해 주어야 한다. 이와 같이 삭제 노드의 한 개의 자식이 왼쪽 또는 오른쪽에도 존재할 수 있기 때문에 이러한 부분을 고려하여 알고리즘을 기술해야 한다.

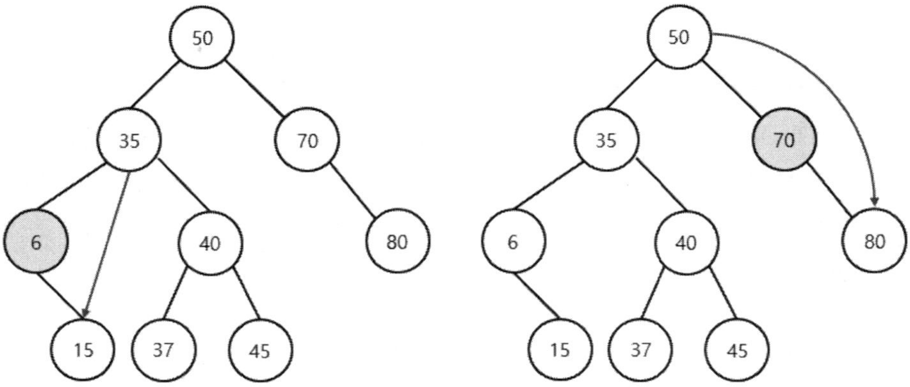


(a) 키 값 6을 갖는 노드 삭제 (b) 키 값 70을 갖는 노드 삭제

**(그림 8.7)** 한 개의 자식 노드를 갖는 키 값의 삭제 예

(경우3)은 삭제 노드가 두 개의 자식 노드를 갖는 경우이다. 이런 경우 노드가 삭제되면 두 개의 서브트리로 분할되기 때문에 하나의 이진탐색트리로 다시 통합해 주어야 한다. (그림 8.8)은 키 값 35를 갖는 노드를 삭제한 경우의 예를 보인다. 그림 (a)에서 보인 것과 같이 키 값 35를 갖는 노드를 삭제하면 보인 것과 같이 두 개의 서브트리로 분할된다. 그림 (b)는 키 값 35를 갖는 노드를 삭제한 후에 재구성한 이진탐색트리를 보여준다.

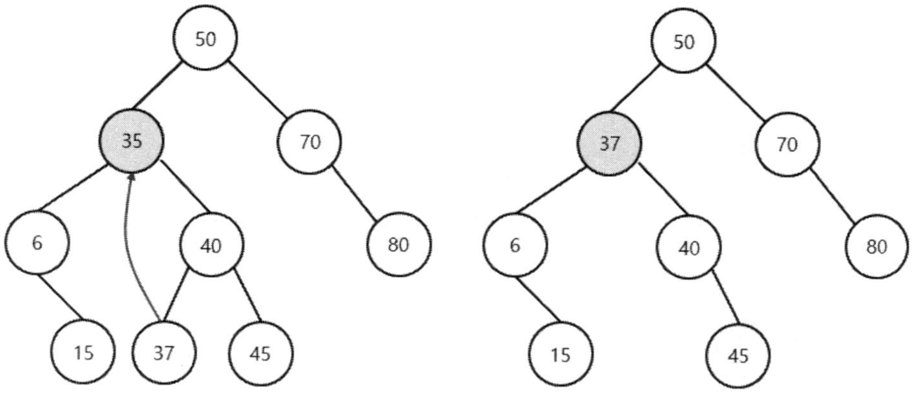


(a) 키 값 35를 갖는 노드의 삭제 (b) 키 값 35 삭제 후 이진탐색트리

**(그림 8.8)** 두 개의 자식 노드를 갖는 키 값의 삭제 예

두 개의 자식 노드를 삭제한 후에 이진탐색트리를 다시 구성하기 위해 서브트리의 키 값을 대치하는 방법은 두 가지가 있다. 첫 번째 방법은 왼쪽 서브트리에서 가장 큰 키 값을 찾아 삭제 노드의 키 값으로 대치한다. (그림 8.8)에서 왼쪽 서브트리에서 가장 큰 키 값은 15이며 이 값을 삭제 노드(35)의 키 값으로 대치한다. 두 번째 방법은 오른쪽 서브트리에서 가장 작은 키 값을 찾아 삭제 노드의 키 값으로 대치한다. 오른쪽 서브트리에서 가장 작은 키 값은 37이며 이 값을 삭제 노드의 키 값으로 대치한다. (그림 8.8)의 (b)는 오른쪽 서브트리에서 가장 작은 키 값을 찾아 삭제 노드의 키 값으로 대치한 예를 보여준다.

알고리즘 구현 관점에서 왼쪽 또는 오른쪽 서브트리에서 가장 큰 값 또는 가장 작은 값을 어떻게 찾을 것인가? 첫 번째 경우로 왼쪽 서브트리의 루트 노드에서 시작하여 Null이 나올 때까지 오른쪽 자식을 따라 이동하면 마지막 노드가 가장 큰 값이 된다. 두 번째 경우로 오른쪽 서브트리의 루트 노드에서 시작하여 Null이 나올 때까지 왼쪽 자식을 따라 이동하면 마지막 노드가 가장 작은 값이 된다. 본 프로젝트에서는 삭제 노드의 키 값을 대치하기 위해 두 번째 방법인 오른쪽 서브트리에서 가장 작은 값을 사용한다.

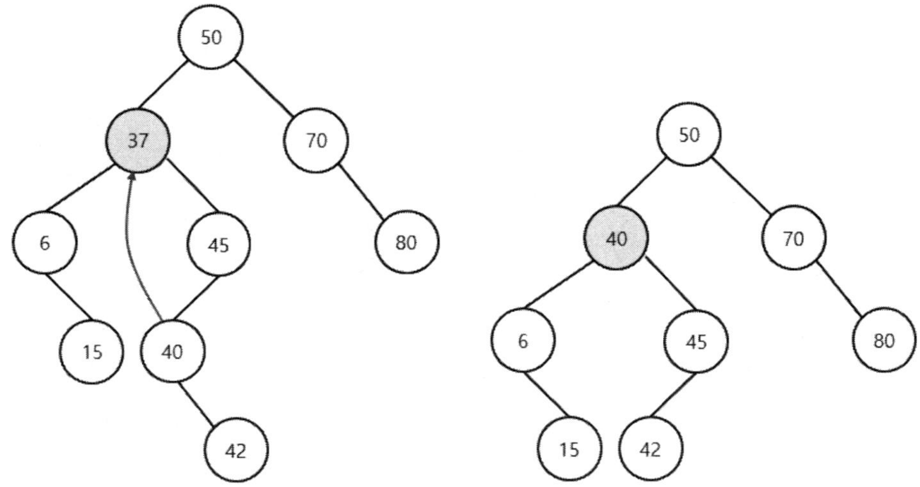


(a) 키 값 37을 갖는 노드의 삭제 (b) 키 값 37을 삭제 후 이진탐색트리

**(그림 8.9) 두 개의 자식 노드를 갖는 키 값의 삭제 예**

(그림 8.9)는 키 값 37을 갖는 노드를 삭제할 경우 오른쪽 서브트리에서 가장 작은 값을 삭제 노드의 키 값으로 이동한다. 이때 오른쪽 서브트리에서 가장 작은 키 값 40을 갖는 노드가 단말 노드가 아니다. 이 값을 삭제 노드의 키 값으로 이동하면 이 자리가 공백이 되기 때문에 삭제 노드의 부모 노드의 포인터를 이동된 키 값을 갖는 노드의 자식 노드로 연결해 주어야 한다. (그림 8.9)에서 키 값 40을 갖는 노드가 삭제 노드(37)로 이동하면 키 값 40을 갖는 노드의 부모 노드(45)의 왼쪽 자식을 키 값 40을 갖는 노드의 자식 노드(42)로 연결해 주어야 한다.

지금까지 이진탐색트리에서 주어진 키 값과 같은 노드를 삭제하는 방법에 대해 알아보았다. 주어진 키 값을 갖는 노드의 삭제를 위해 먼저 이진탐색트리에서 그 키 값과 같은 노드를 탐색해야 한다. 다음에 키 값과 일치하는 노드의 삭제를 위해 위에서 살펴본 세 가지 경우를 고려하여 해당 노드를 삭제 후 이진탐색트리를 다시 구성해야 한다. (알고리즘 BST_delete)는 이러한 과정을 가상코드로 기술한 알고리즘이다.

```
Algorithm BST_delete(root, key)
Input: 이진탐색트리의 루트 노드(root), 삭제할 키 값(key)
Output: 삭제가 완료된 이진탐색트리의 루트 노드
curr <- root  // 현재 노드
```

```
parent <- Null // 부모 노드
while (curr != Null and curr.data != key) do {
   parent <- curr
   if (key < curr.data) then
            curr <- curr.left_child
      else
            curr <- curr.right_child
}
if (curr = Null) return error // 키 값이 발견되지 않음
// 경우1의 구현: 삭제 노드가 단말 노드
if ((curr.left_child = Null) and (curr.right_child = Null)) {
   if (curr != root) {
          if (parent.left_child = curr)
             parent.left_child <- Null
          else
             parent.right_child <- Null
          }
   else
               root <- Null
   free(curr)  }
// 경우2의 구현: 삭제 노드가 한 개의 자식 노드를 갖는 경우
else if ((curr.left_child = Null) or (curr.right_child = Null)) {
     if (curr.left_chilld = Null)
          child <- curr.right_child
     else
          child <- curr.left_child
     if (curr != root) {
          if (curr = parent.left_child)
               parent.left_child <- child
          else
               parent.right_child <- child
     }
     else
```

```
36.            root <- child
37.       free(curr) }
 // 경우3의 구현: 삭제 노드가 두 개의 자식 노드를 갖는 경우
38. else {  // 오른쪽 서브트리에서 가장 작은 값을 찾음
39.       successor <- curr.right_child
40.       while (successor.left_child != Null) do
41.            successor <- successor.left_child
42.       k_value <- successor.data
43.       BST_delete(root, successor.data)
44.       curr.data <- k_value }
45. return root
```

(알고리즘 BST_delete)에서 입력은 이진탐색트리의 루트 노드에 대한 포인터와 삭제할 키 값이 주어진다. 출력은 키 값을 갖는 노드가 삭제된 후에 재구성이 완료된 이진탐색트리의 루트 노드이다. 알고리즘의 4~5번 줄에서 노드를 탐색하는 과정에서 현재 노드는 curr로 부모 노드는 parent로 기억하기 위한 변수를 초기화한다. 6~12번 줄은 삭제할 키 값을 이진탐색트리에서 탐색하여 삭제 노드는 curr 변수에 저장하고 그 부모 노드는 parent 변수에 저장한다. 13번 줄은 삭제할 키 값이 발견되지 않을 경우 오류 처리를 한다.

다음은 삭제 노드의 자식 노드의 수에 따라 세 가지 경우로 구분되어 수행되는 문장으로 기술된다. 첫 번째 경우로 삭제 노드가 자식 노드를 갖지 않은 경우이다. 14~23번 줄은 첫 번째 경우를 처리하는 부분으로 삭제 노드가 부모 노드의 왼쪽 또는 오른쪽 자식 인가를 판단하여 해당 링크 필드를 Null로 설정한다. 24~37번 줄은 두 번째 경우를 처리하는 부분으로 삭제 노드가 한 개의 자식 노드를 갖는 경우이다. 이 경우는 삭제 노드의 자식 노드를 child 변수에 임시로 기억하여 삭제 노드가 부모 노드의 왼쪽 또는 오른쪽 인가를 판단하여 부모 노드의 해당 필드를 child로 설정한다.

38~44번 줄은 세 번째 경우를 처리하는 부분으로 삭제 노드가 두 개의 자식을 갖는 경우이다. 이런 경우 노드를 삭제하면 두 개의 서브트리로 분할된다. 두 개의 서브트리를 하나로 재결합하기 위해서 왼쪽 서브트리에서 가장 큰 값 또는 오른쪽 서브트리에서 가장 작은 값을 삭제 노드에 대체해야 한다. 두 방법 중에서 오른쪽 서브트리에서 가장 작은 값을 삭제 노드에 대체하며 40~41번 줄의 문장이 오른쪽

서브트리에서 가장 작은 값을 찾는다. 42~43번 줄에서 세 번째 경우를 순환적으로 호출하여 처리하며 44번 줄에서 삭제 노드의 키 값으로 대체한다. 마지막으로 45번 줄에서 주어진 키 값을 삭제한 후 이진탐색트리의 루트 노드를 반환한다.

### 알고리즘 분석

(알고리즘 BST_delete)에서 수행시간에 가장 크게 영향을 주는 부분은 6~12번 줄에서 키 값을 탐색하는 부분과 43번 줄에서 두 개의 자식 노드를 갖는 경우 삭제를 위해 순환적으로 호출하는 부분이다. 키 값을 탐색하는 과정은 이진탐색트리에서 트리의 높이 h에 비례한다. 또는 순환적으로 호출하는 부분 역시 트리의 높이 h를 초과하지 않는다. 따라서 이 알고리즘의 수행시간은 O(h)가 된다.

### 논의

(프로젝트 8.1)에서 이진탐색트리의 특성을 이해하고 이 트리에서 주어진 키 값의 탐색, 삽입, 삭제 등의 알고리즘을 설계하였다. 이진탐색트리는 데이터 탐색 분야의 응용에 아주 효율성이 좋은 자료구조이다. n개의 데이터가 주어지면 순차탐색의 경우 수행시간은 O(n)이 된다. 만일 n개의 데이터가 완전이진트리를 갖는 이진탐색트리로 구성되어 있다면 탐색을 위한 수행시간은 O(logn)이 된다. 그러나 이진탐색트리에서 삽입과 삭제가 빈번하게 이루어질 경우 트리의 높이에 따라 균형된 노드를 갖지 않고 한쪽으로 치우친 트리가 만들어 질 수 있다.

이런 상황에서 최악의 경우 한쪽으로 일방적으로 치우친 경사트리가 만들어 질 수 있으며 이런 경우 수행시간은 O(n)이 된다. 이진탐색트리를 사용하는 목적은 주어진 키 값의 탐색, 삽입, 삭제 등의 연산에서 최고의 성능을 발휘 하도록 하는 것이다. 이진탐색트리가 완전하게 균형을 유지한다면 이들 연산을 위한 수행시간은 O(logn)이 된다. 따라서 이진탐색트리의 응용에서 최고의 성능을 발휘하기 위해서는 이진탐색트리를 주기적으로 균형 잡힌 트리로 재구성해 주어야 한다.

## ✓ 프로그램 구현 과제

**(1)** **(프로젝트 8.1)에서 이진탐색트리의 기본적인 연산에 관한 알고리즘을 설계하였다. 이들 알고리즘 중에서 아래 3개의 알고리즘을 프로그램 언어를 사용하여 구현한다. 이진탐색트리에서 각 노드의 키 값은 정수형 자료를 사용한다.**

- Algorithm BST_search: 이진탐색트리에서 주어진 키 값의 탐색
- Algorithm BST_insert: 이진탐색트리에서 주어진 키 값의 삽입
- Algorithm BST_delete: 이진탐색트리에서 주어진 키 값의 삭제

**(2)** **(1)에서 구현한 알고리즘을 다음과 같은 절차를 수행하여 그 결과를 확인한다.**

- (그림 8.9)의 (a)와 같은 이진탐색트리를 생성하여 알고리즘의 입력으로 사용한다.
- 키 값 40을 탐색하여 비교 횟수를 확인한다.
- 키 값 65를 삽입한 후에 수행된 결과를 확인한다.
- 키 값 37를 삭제한 후에 수행된 결과를 확인한다.
- 키 값 45를 삭제한 후에 수행된 결과를 확인한다.
- 키 값 80을 삭제한 후에 수행된 결과를 확인한다.

**(3)** **이진탐색트리에서 키 값을 출력하는 방법은 전위, 중위, 후위 순회 방법 등이 있다. 이중에서 중위 순회 방법을 사용하여 키 값을 출력하도록 한다. 이진탐색트리를 중위 순회로 방문하면 키 값이 오름차순으로 정렬되어 출력된다. 이러한 결과를 확인하여 중위 순회로 방문할 경우 왜 오름차순으로 정렬되어 출력되는지를 논의한다.**

## Project 8.2 이진탐색트리의 응용

### 문제 정의

이진탐색트리의 간단한 응용을 위해 텍스트 파일(info.txt)에 아래와 같이 학생들의 개인정보인 학번, 성명, 전화번호가 저장되어 있다고 한다. 텍스트 파일에는 최소한 10개 이상의 데이터가 저장되어 있다.

〈info.txt〉
20200011 손흥민 010-111-1111
20200018 이강인 010-222-2222
20190020 이승우 010-333-3333
..................................
..................................

본 프로젝트에서는 (프로젝트 8.1)에서 학습한 이진탐색트리에 관한 탐색, 삽입, 삭제 등의 알고리즘을 이용하여 아래와 같은 기능을 수행하는 알고리즘을 설계한다.

(1) 텍스트 파일로부터 학번, 이름, 전화번호를 입력하여 이진탐색트리를 구성한다. 이진탐색트리에서 학번을 각 노드의 키 값으로 사용한다.

(2) 학생의 개인 정보 관리를 위해 이진탐색트리에서 아래와 같은 기능이 구현되어야 한다.

- 새로 추가될 학생의 개인 정보를 입력받아 이를 이진탐색트리에 삽입한다.
- 학생의 학번을 입력 받아 이진탐색트리에서 그 학생의 개인 정보를 삭제한다.
- 학생의 학번을 입력 받아 이진탐색트리에서 그 학생이 있는 지를 탐색하여 학생의 개인 정보를 출력한다.
- 이진탐색트리에 있는 모든 학생의 개인 정보를 학번 순에 따라 오름차순으로 정렬하여 출력한다.

(3) (2)에서 학번을 키 값으로 사용하여 삽입과 삭제를 수행하면 이진탐색트리의 결과는 메모리상에만 존재한다. 이런 경우 프로그램이 종료되면 현재 상태의 이진탐색트리의 정보가 사라지게 된다. 이런 문제를 해결하기 위해 프로그램

의 종료 시점에 이진탐색트리의 모든 노드의 데이터를 다시 텍스트 파일에 저장해야 한다.

**자료구조 설계**

(프로젝트 8.1)에서 설명한 자료구조를 그대로 사용하나 데이터 필드를 학생의 개인 정보인 (학번, 이름, 전화번호)로 변경한다. 아래는 가상코드로 기술한 구조체의 예를 보여준다. 실제 프로그램 언어를 사용하여 구현할 경우 학번은 정수형 또는 문자형, 이름은 문자형, 전화번호는 문자형을 지정하면 된다.

```
Struct {
        left_child
        (no, name, tel)
        right_child } Node
```

**알고리즘 설계**

이진탐색트리에서 주어진 키 값의 탐색, 삽입, 삭제 등에 관한 알고리즘은 이미 (프로젝트 8.1)에서 학습하였다. 따라서 (프로젝트 8.2)에서는 주어진 문제를 해결하기 위해 (프로젝트 8.1)에서 기술한 알고리즘을 그대로 사용한다. 단 실제 구현 시에 학생 개인 정보를 갖는 구조체가 그룹으로 정의되어 있기 때문에 이를 반영해야 한다. (알고리즘 Personal_info)는 학생의 개인 정보를 관리하기 위한 가상코드로 기술한 알고리즘을 보여준다.

```
1. Algorithm Personal_info()
// 입력과 출력은 메뉴 방식으로 사용
// 텍스트 파일로부터 데이터를 입력하여 이진탐색트리 생성
// 초기에 root는 Null로 설정
2. open text file
3. while (!end of file) do {
4.        read node.no, node.name, node.tel
5.        root <- BST_insert(root, node)
6. }
// 메뉴 구성
```

```
7. while (true) do {
8.   print 1. 삽입, 2. 삭제, 3. 검색, 4. 출력. 5. 종료
9.   input menu
10.  switch (menu) {
11.    case 1 : { // 개인 정보 삽입
12.            input node.no, node.name, node.tel
13.            root <- BST_insert(root, node)
14.            break }
15.    case 2 : { // 개인 정보 삭제
16.            input key_no
17.            root <- BST_delete(root, key_no)
18.            break }
19.    case 3 : { // 개인 정보 검색
20.            input key_no
21.            res <- BST_search(root, key_no)
22.            print res.no, res.name, res.tel
23.            break }
24.    case 4 : { // 이진탐색트리를 텍스트 파일에 저장
25.            open output file
26.            Inorder_traversal_print(root)
27.            break }
28.    case 5 : {
29.            return }
30.    }
31. }
32. end
```

(알고리즘 Personal_info)는 학생 개인 정보의 관리를 위해 기 학습한 탐색, 삽입, 삭제 등의 알고리즘을 통합하여 메뉴 방식으로 모아 놓은 알고리즘이다. 알고리즘에서 2~6번 줄은 텍스트 파일에서 학생의 개인 정보인 학번, 성명, 전화번호를 입력하여 node의 구조체 변수에 저장한다. 다음에 학번을 키 값으로 하여 삽입 알고리즘을 호출하여 이진탐색트리를 생성한다. 이러한 과정을 텍스트 파일에 더 이상 읽을 자료가 없을 때까지 반복하며 최종적으로 생성된 이진탐색트리의 루트

노드를 root 변수가 가리키도록 한다. 7~31번 줄은 학생의 개인 정보 관리를 위해 이진탐색트리의 삽입, 삭제, 검색, 출력을 메뉴 형식으로 구성한 부분이다. 각 메뉴의 선택에 따라 각각의 블록은 다음과 같이 수행된다.

case 1의 블록은 새로운 학생의 정보를 입력 받아 현재의 이진탐색트리에 삽입하는 부분으로 삽입 알고리즘은 노드 구조체의 키 값인 학번을 사용한다. case 2의 블록은 학번을 입력 받아 이진탐색트리에서 이 학번을 갖는 노드를 삭제하는 부분이다. case 3의 블록은 학번을 입력 받아 이 학생의 정보를 이진탐색트리에서 탐색하여 개인 정보를 출력하는 부분이다. case 4의 블록은 메모리상에 있는 이진탐색트리를 중위 순회 방식으로 방문하여 텍스트 파일에 저장하는 부분이다. 이진탐색트리를 중위 순회로 방문하기 때문에 텍스트 파일에 학생의 개인 정보가 학번순으로 오름차순으로 정렬되어 저장된다. 마지막으로 case 5는 메뉴를 종료하는 부분이다.

(프로젝트 8.2)는 이미 (프로젝트 8.1)에서 학습한 알고리즘을 그대로 활용하여 구현할 수 있다. 그러나 이 알고리즘에서 노드의 구조체가 학생의 개인 정보인 그룹 항목으로 달라졌기 때문에 (프로젝트 8.1)의 알고리즘을 아래와 같이 변경해서 사용해야 한다.

- BST_insert(root, node): 키 값을 node.no로 수정하여 사용
- BST_delete(root, key_no): key_no와 node.no를 비교
- BST_search(root, key_no): key_no와 node.no를 비교
- Inorder_traversal_print(root): 7장의 Inorder_traversal 알고리즘을 사용하여 출력 결과가 파일에 저장되도록 수정

### 알고리즘 분석

(알고리즘 Personal_info)는 메뉴 방식으로 작동하도록 하였기 때문에 알고리즘 전체에 대한 수행시간을 분석하는 것은 별 의미가 없다. 알고리즘에 포함된 이진탐색트리에서 탐색, 삽입, 삭제 등과 같은 개별 알고리즘의 수행시간은 모두 O(logn)이며 이미 (프로젝트 8.1)에서 학습한 내용과 동일하다. 개별 알고리즘의 수행시간에 관한 더 상세한 내용은 (프로젝트 8.1)을 참고하길 바란다. 또한 이진트리의 중위 순회 알고리즘의 수행시간은 O(n)이며 더 상세한 내용은 7장을 참고하길 바란다.

**논의**

우리는 (프로젝트 8.2)에서 이진탐색트리의 응용으로 텍스트 파일에서 학생의 개인 정보를 입력하여 이를 관리하는 알고리즘을 가상코드로 기술하였다. 이진탐색트리에서 삽입, 삭제, 검색 등과 같은 핵심적인 알고리즘은 이미 (프로젝트 8.1)에 학습한 내용이기 때문에 알고리즘 구현에 큰 어려움이 없었으리라 생각한다. 단, 중위 순회에 따라 이진탐색트리의 방문 결과를 다시 텍스트 파일에 저장한 부분에 대해서는 좀 더 생각할 부분이 있다. 중위 순회에 따라 노드의 방문 결과를 출력하면 학생의 개인 정보가 학번 순으로 정렬되어 텍스트 파일에 저장된다.

만일 다음 실행에서 학번 순으로 정렬된 텍스트 파일을 읽어 다시 이진탐색트리를 생성하면 어떻게 될까? 이진탐색트리는 높이가 균형을 유지해야 최고 성능을 발휘하는데 이런 상황은 한쪽으로 치우친 경사 이진탐색트리를 만들 가능성이 있다. 따라서 텍스트 파일에서 정렬된 자료를 순서적으로 입력하여 이진탐색트리를 구성하지 않고 이진탐색트리의 균형을 유지하는 측면에서 입력 데이터의 순서를 두어야 한다. 이 문제는 프로그램 구현 과제에서 실제 실행을 통하여 확인하고 개선해 보길 바란다.

## ✓ 프로그램 구현 과제

**(1) (프로젝트 8.2)에서 이진탐색트리를 이용하여 학생들의 개인 정보를 관리하기 위해 다음과 같은 알고리즘을 사용한다. 이 알고리즘들을 프로그램 언어를 사용하여 구현한다.**

- Algorithm Personal_info: 개인 정보 관리의 메뉴 구성
- BST_insert: 학번을 키 값으로 하여 개인 정보 삽입
- BST_delete: 학번과 일치하는 개인 정보 삭제
- BST_search: 학번과 일치하는 개인 정보 탐색
- Inorder_traversal_print: 이진탐색트리를 중위 순회로 방문하여 텍스트 파일에 저장

**(2) (1)에서 구현한 프로그램의 시험을 위해 아래 기술 내용을 참고하여 프로그램을 실행하고 그 결과를 확인한다.**

- 텍스트 파일에 저장된 학생의 개인 정보(학번, 성명, 전화번호)는 최소한 10명 이상으로 한다.
- 프로그램을 실행하여 학생의 개인 정보의 삽입과 삭제를 최소한 5회 이상 반복한다. 삽입과 삭제를 위해 키 값으로 학생의 학번이 사용된다.
- 프로그램 실행 중에 삽입과 삭제를 반복하면 최초에 생성된 이진탐색트리가 변경된다. 프로그램 종료 전에 현재 이진탐색트리의 모든 학생 정보를 텍스트 파일에 저장한다. 이진탐색트리를 텍스트 파일에 저장하기 위해 중위 순회 방법을 적용할 수 있다. 중위 순회 방법으로 이진탐색트리를 방문하면 텍스트 파일에 학번 순에 따라 개인 정보가 오름차순으로 저장된다.

**(3) (2)에서 기술한 내용에 따라 프로그램을 실행한 후 출력 파일의 결과를 확인한다. 출력된 텍스트 파일에는 학생의 개인 정보가 학번 순에 따라 오름차순으로 정렬되어 있을 것이다. 이제 정렬된 텍스트 파일을 입력 파일로 하여 다시 프로그램을 실행하고 삽입과 삭제를 몇 차례 반복 수행한다. 여기서 만들어진 이진탐색트리가 (2)에 만들어진 이진탐색트리와 어떤 차이점이 있는가를 논의해 본다. 만일 문제가 있다면 이진탐색트리의 균형을 유지하기 위해 어떤 방법을 사용하여 개선해야 하는지를 논의한다.**

Part 9

# 그래프 기초

Project

# 9.1 그래프 자료구조 및 탐색 알고리즘

## 문제 정의

그래프는 8장에서 배운 트리와 더불어 컴퓨터로 응용문제를 해결하기 위해 널리 사용되는 자료구조 중의 하나이다. 컴퓨터 네트워크 망의 진단, 내비게이션의 지도 안내, 프로젝트 진도 관리 등은 그래프 응용의 한 예이다. 그래프로 모델링한 응용문제를 컴퓨터로 해결하기 위해서는 그래프를 표현하는 효과적인 자료구조가 있어야 한다. 그래프를 표현하기 위한 대표적인 자료구조는 인접행렬(adjacency matrix)과 인접리스트(adjacency list) 방법이 있다. (프로젝트 9.1)에서는 먼저 그래프를 두 자료구조를 사용하여 표현하는 방법을 알아보고 그래프 문제 해결에 가장 기본적인 도구인 탐색 알고리즘에 대해 알아본다. 본 프로젝트에서 해결하는 주요 내용은 다음과 같다.

(1) 그래프를 인접행렬로 표현하고 각 정점의 차수를 계산한다.

(2) 인접행렬로 표현된 그래프를 인접리스트로 변환한다.

(3) 인접리스트로 표현된 그래프를 순회하여 각 정점을 방문한다.

## 자료구조 설계

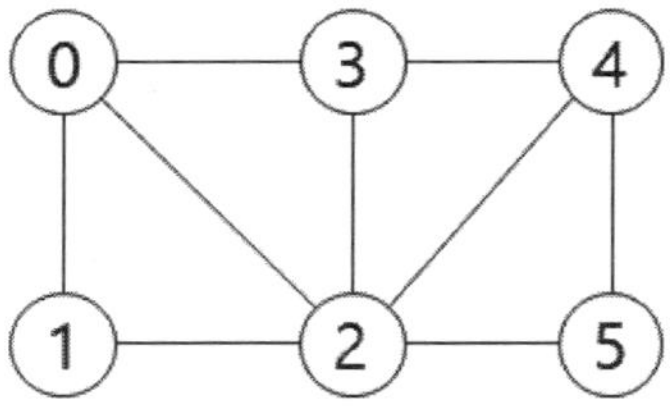


|   | 0 | 1 | 2 | 3 | 4 | 5 |
|---|---|---|---|---|---|---|
| 0 | 0 | 1 | 1 | 1 | 0 | 0 |
| 1 | 1 | 0 | 1 | 0 | 0 | 0 |
| 2 | 1 | 1 | 0 | 1 | 1 | 1 |
| 3 | 1 | 0 | 1 | 0 | 1 | 0 |
| 4 | 0 | 0 | 1 | 1 | 0 | 1 |
| 5 | 0 | 0 | 1 | 0 | 1 | 0 |

(그림 9.1) 무방향 그래프의 인접행렬 표현 예

인접행렬 표현 방법은 n개의 정점(또는 노드)을 갖는 그래프가 주어질 경우 2차원 n×n 행렬로 표현된다. 행렬에서 각 원소는 0 또는 1로 표현된다. 만일 정점

i와 정점 j간의 간선 (i, j)가 존재하면 행렬의 i번째 행과 j번째 열의 원소 값을 1로 표현하고 그렇지 않으면 0으로 표현한다.

(그림 9.1)에서 왼쪽 그래프는 방향을 갖지 않은 간선들로 표현되어 있기 때문에 무방향 그래프라 하며, 오른쪽은 이 그래프를 인접행렬로 표현한 예를 보여준다. 무방향 그래프를 인접행렬로 표현하면 대각선을 중심으로 대칭적인 특성을 갖는다.

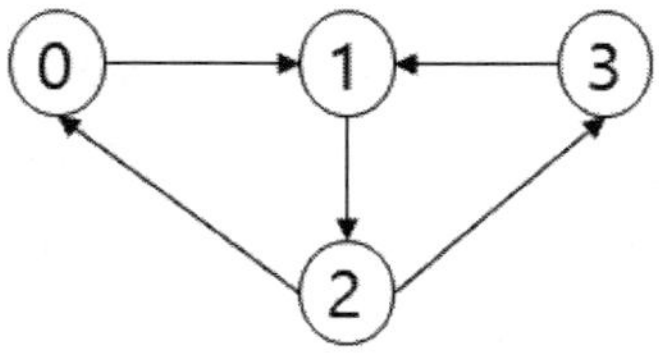


| | 0 | 1 | 2 | 3 |
|---|---|---|---|---|
| 0 | 0 | 1 | 0 | 0 |
| 1 | 0 | 0 | 1 | 0 |
| 2 | 1 | 0 | 0 | 1 |
| 3 | 0 | 1 | 0 | 0 |

**(그림 9.2)** 방향 그래프의 인접행렬 표현 예

(그림 9.2)에서 왼쪽 그래프는 방향 그래프의 예를 보여준다. 방향 그래프란 그래프의 간선이 방향을 갖는 그래프를 의미한다. 오른쪽 표는 왼쪽의 방향 그래프를 인접행렬로 표현한 예를 보여준다. 무방향 그래프와 다르게 방향 그래프를 인접행렬로 표현할 경우 대각선을 중심으로 대칭적인 성질을 갖지 않는다.

무방향 그래프와 방향 그래프의 인접행렬 표현을 예로 보인 것과 같이 n개의 정점을 갖는 그래프가 주어지면 인접행렬은 n×n 크기를 갖는 2차원 배열(adj_mat)로 표현된다. 2차원 배열에서 그래프의 정점 i와 정점 j간의 간선의 존재 여부에 따라 아래와 같은 행렬의 원소 값을 갖는다.

```
if (정점 i와 정점 j간의 간선 존재) adj_mat[i, j] <- 1
  else adj_mat[i, j] <- 0
```

그래프에서 정점의 차수는 해당 정점에 연결된 간선의 수를 의미한다. 무방향 그래프의 경우 방향이 없기 때문에 차수는 단순히 정점에 연결된 간선의 수로 계산한다. 예로서 (그림 9.1)에서 정점 2의 차수는 5이며 정점 0의 차수는 3이 된다. 방향 그래프의 경우 간선의 형태에 따라 진입차수와 진출차수로 구분한다. 예로서 (그림 9.2)에서 정점 1의 진입차수는 들어오는 간선의 수로 2가 되며 진출차수는 나가는 간선의 수로 1이 된다.

다음에 그래프를 배열과 다른 자료구조인 연결 리스트로 표현하는 방법을 알아본다. 그래프를 연결 리스트를 사용하여 표현하는 방법을 인접리스트라 한다. 그래프에서 간선이 아주 많은 밀집 그래프의 경우는 인접행렬로 표현하는 것이 효율적이지만, 간선의 수가 많지 않은 그래프의 경우는 인접리스트로 표현하는 것이 공간 관리 측면에서 더 효율적이다. 그래프를 인접리스트로 표현하기 위해 아래와 같이 가상코드로 노드 구조를 정의한다.

```
define No_of_Vertex 5
struct G_node
      { vertex
        link } G_node
G_node List[No_of_Vertex]
```

위에서 표현한 노드 구조에서 vertex는 그래프의 정점을 의미하고 link는 연결 리스트를 사용하여 다음 노드를 가리키는 포인터를 의미한다. (그림 9.3)은 (그림 9.1)의 그래프를 인접리스트로 표현한 예를 보여준다. 그림에서 List[i]는 G_node 형식의 구조체로 정점 i에 연결된 정점들을 연결 리스트로 표현한 헤더 포인터를 의미한다. 예로서 정점 2에는 5개의 정점(0, 1, 3, 4, 5)들이 연결되어 있으며 List[4]는 정점 4에 연결된 3개의 정점들을 연결 리스트로 표현한 헤더 포인터를 의미한다.

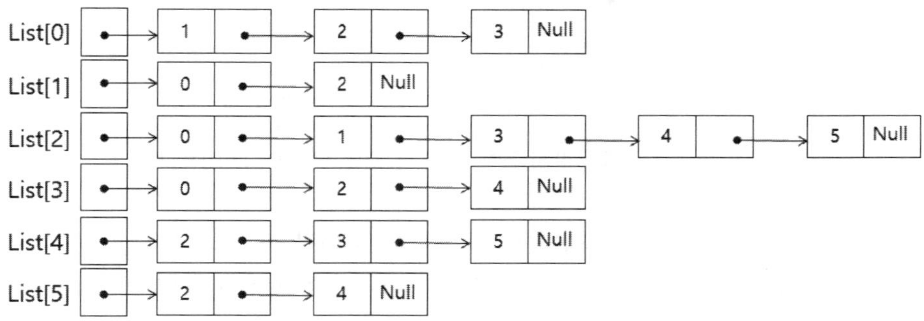


**(그림 9.3)** (그림 9.1)의 인접리스트 표현 예

(그림 9.4)는 (그림 9.2)의 방향 그래프를 인접리스트로 표현한 예를 보여준다. 무방향 그래프의 경우 간선에 방향이 없기 때문에 정점 i와 정점 j 간의 간선이

존재하면 List[i]에 정점 j가 포함되고 또한 List[j]에 정점 i가 포함된다. 반대로 방향 그래프의 경우에서 List[i]에는 정점 i에서 나가는 간선들만 포함된다.

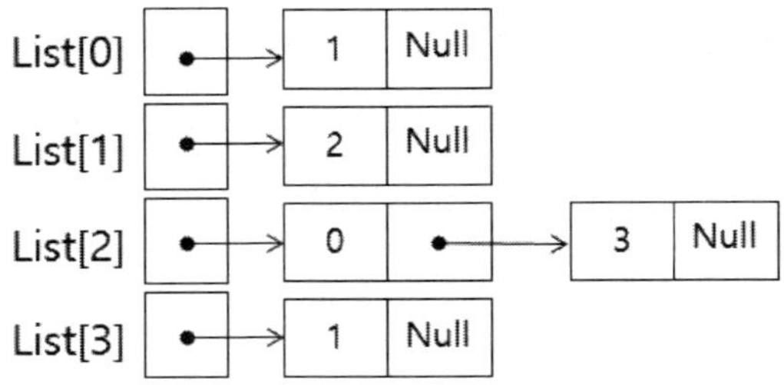


(그림 9.4) (그림 9.2)의 인접리스트 표현 예

알고리즘 설계

### (1) 그래프를 인접행렬로 표현하고 각 정점의 차수를 계산한다.

(그림 9.5)는 7개의 정점을 갖는 무방향 그래프의 예를 보여준다. 그래프에서 전체 간선의 개수는 10개이며 (표 9.1)은 이 그래프를 7×7 크기를 갖는 2차원 배열로 표현한 인접행렬을 보여준다.

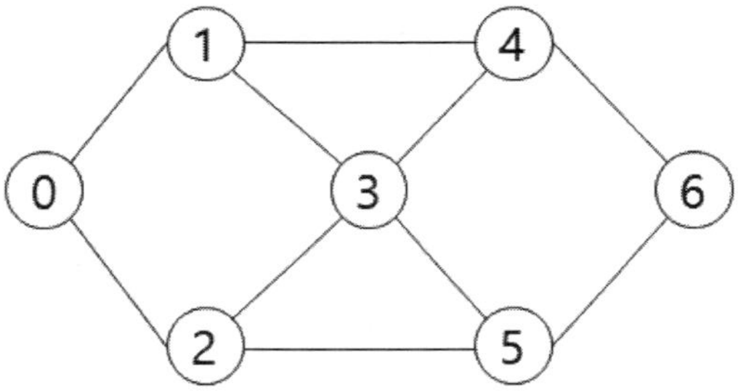


(그림 9.5) 7개의 정점을 갖는 무방향 그래프의 예

주어진 그래프를 인접행렬로 표현하는 방법은 프로그램에서 직접 행렬의 원소 값을 설정할 수 있고 그래프의 간선의 정보를 입력받아 행렬의 원소 값을 설정할 수도 있다. 이 프로젝트에서는 그래프의 간선 정보를 입력받아 인접행렬을 만들도록 한다. 예로서 (그림 9.5)의 그래프에서 간선의 정보가 (0,1), (0,2), (1,3), (1,4), (2,3), (2,5), (3,4), (3,5), (4,6), (5,6) 순으로 텍스트 파일에 저장되어 있다고 가정한다. (알고리즘 Adj_create)는 텍스트 파일에 저장된 그래프의 간선들의 정보를 입력하여 인접행렬을 구성하는 가상코드로 기술한 알고리즘이다.

(표 9.1) (그림 9.5) 그래프의 인접행렬 표현

|   | 0 | 1 | 2 | 3 | 4 | 5 | 6 |
|---|---|---|---|---|---|---|---|
| 0 | 0 | 1 | 1 | 0 | 0 | 0 | 0 |
| 1 | 1 | 0 | 0 | 1 | 1 | 0 | 0 |
| 2 | 1 | 0 | 0 | 1 | 0 | 1 | 0 |
| 3 | 0 | 1 | 1 | 0 | 1 | 1 | 0 |
| 4 | 0 | 1 | 0 | 1 | 0 | 0 | 1 |
| 5 | 0 | 0 | 1 | 1 | 0 | 0 | 1 |
| 6 | 0 | 0 | 0 | 0 | 1 | 1 | 0 |

```
1. Algorithm ADJ_create(g_file, n)
2. Input: 무방향 그래프 간선들이 저장된 파일(g_file), 정점의 개수(n)
3. Output: 주어진 그래프의 인접행렬
4. 인접행렬 Adj_mat 배열을 생성하고 0으로 초기화
5. open g_file
6. while(!end_of_file) do {
7.     read i, j
8.     Adj_mat[i, j] <- 1
9.     Adj_mat[j, i] <- 1 }
10. close g_file
11. return Adj_mat
```

(알고리즘 Adj_create)에서 입력은 텍스트 파일에 저장된 그래프의 간선들의 정보와 정점의 개수이고 출력은 이를 사용하여 만들어진 인접행렬이 된다. 4번 줄은 인접행렬을 표현하기 위해 n×n 크기를 갖는 2차원 배열을 생성하고 배열의 모든 값을 0으로 초기화한다. 5번 줄은 그래프의 간선들이 저장된 텍스트 파일을 사용하기 위한 준비단계이다. 6~9번 줄은 텍스트 파일에서 그래프의 간선 정보 (i, j)를 입력하여 무방향 그래프이기 때문에 인접행렬 Adj_mat[i, j]와 Adj_mat[j, i]를 1로 설정하는 부분이다. 마지막으로 11번 줄은 주어진 그래프의 인접행렬을 반환한다.

다음에 인접행렬로 표현된 무방향 그래프에서 각 정점의 차수를 계산하는 방법에 대해서 알아본다. 인접행렬에서 각 정점에 연결된 정점들은 1, 그렇지 않은 정점들은 0으로 표현되어 있기 때문에 차수는 쉽게 계산할 수 있다. 예로서 정점 i의 차수는 인접행렬에서 i번째 행 또는 열의 합을 계산하면 된다. (알고리즘 Adj_degree)는 인접행렬로 주어진 그래프의 차수를 계산하는 가상코드로 기술한 알고리즘이다.

```
 1. Algorithm Adj_degree(Adj_mat, n)
 2. Input: 무방향 그래프의 인접행렬(Adj_mat), 정점의 개수(n)
 3. Output: 각 정점의 차수
 4. for i <- 0 to n-1 do {
 5.   degree <- 0
 6.   for j <- 0 to n-1 do
 7.     degree <- degree + Adj_mat[i, j]
 8.   print i, degree
 9. }
10. end
```

(알고리즘 Adj_degree)에서 입력은 무방향 그래프의 인접행렬이 주어지며 출력은 각 정점에 대한 차수가 된다. 4~9번 줄의 반복문은 그래프의 정점 0에서 n-1까지 차수를 계산하기 위해 반복하며, 6~7번 줄은 정점 i의 차수를 계산하기 위해 인접행렬에서 i번째 행의 합을 계산하는 부분이다. 8번 줄은 계산된 정점 i의 차수를 출력한다.

입력으로 주어진 그래프가 무방향 그래프가 아니라 방향 그래프일 경우는 차수를 두 개로 구분해야 한다. 하나는 정점에 들어오는 차수인 진입차수이고 다른 하나는 정점에서 나가는 차수인 진출차수이다. 이럴 경우 정점 i의 진출차수는 i번째 행의 합이 되고 진입차수는 i번째 열의 합이 된다. 방향 그래프의 인접행렬이 주어질 경우 정점 i의 진입차수 및 진출차수는 아래와 같이 계산할 수 있다.

**〈정점 i의 진입차수〉**

```
degree <- 0
for j <- 0 to n-1 do
    degree <- degree + Adj_mat[j, i]
```

```
〈정점 i의 진출차수〉
  degree 〈- 0
  for j 〈- 0 to n-1 do
      degree 〈- degree + Adj_mat[i, j]
```

## (2) 인접행렬로 표현된 그래프를 인접리스트로 변환한다.

(프로젝트 9.1)에서 두 번째로 주어진 문제는 그래프가 인접행렬로 표현 되어 주어질 경우 이를 인접리스트로 변환한다. 우리는 이미 자료구조 설계에서 인접리스트를 표현하기 위한 방법을 알아보았다. 인접행렬을 인접리스트로 변환하기 위해 Adj_mat[i, j]가 1인 경우 헤더 포인터 배열인 List[i]에 정점 j를 추가하면 된다. 또한 무방향 그래프의 경우 대칭적인 성질을 갖기 때문에 List[j]에 정점 i를 추가하면 된다. (알고리즘 Adj_insert)는 인접행렬 Adj_mat[i, j]가 1인 경우 List[i]에 정점 j를 추가하는 과정을 가상코드로 기술한 알고리즘이다.

```
1. Algorithm Adj_insert(List, i, j)
2. Input: 인접리스트의 헤더 포인터 배열(List), 간선 (i, j)
3. Output: List[i]에 정점 j를 삽입
4. node 〈- malloc(sizeof(G_node))
5. node.vertex 〈- j
6. node.link 〈- List[i]
7. List[i] 〈- node
8. return List
```

(알고리즘 Adj_insert)에서 입력은 인접리스트의 헤더 포인터 배열인 List와 간선 (i, j)를 의미하는 정점 i와 정점 j가 주어진다. List[i]는 정점 i에 인접한 정점(간선을 갖는 정점)들을 관리하는 연결 리스트의 헤더 포인터를 의미하며 초기 값은 Null로 주어진다. 4~5번 줄은 인접리스트에 새로 삽입할 노드를 생성하고 그 노드의 vertex 값으로 j를 설정한다. 6~7번 줄은 정점 j를 갖는 새로 생성된 노드를 List[i]에 추가하는 과정이다.

정점 i의 인접리스트를 표현하는 List[i]에 정점 j를 갖는 새로운 노드를 리스트의 마지막에 삽입하면 매번 마지막 노드를 찾기 위해 불필요한 시간을 소모하게 된다. 이러한 문제를 개선하기 위해 새로 삽입된 노드를 List[i]의 인접리스트에서 맨 앞쪽에 삽입한다. 6번 줄에서 새로 생성된 노드의 링크 포인터를 List[i]의 처음 노드로 지정하고, 7번 줄에서 List[i]가 가리키는 처음 노드가 새로 생성된 노드가 되도록 한다. 마지막으로 변경된 인접리스트의 헤더 포인터 배열 List를 반환한다.

이제 (알고리즘 Adj_insert)를 이용하여 그래프의 인접행렬을 인접리스트로 변환하는 방법을 알아본다. 인접행렬 Adj_mat[i, j]가 1인 경우 정점 i와 정점 j 간의 간선이 존재하기 때문에 이때 (알고리즘 Adj_insert)를 호출하면 된다. 그러면 (알고리즘 Adj_insert)가 정점 i의 인접리스트에 정점 j를 삽입한다. (알고리즘 Adjmat2list)는 이러한 과정에 따라 인접행렬을 인접리스트로 변환하는 가상코드로 기술한 알고리즘을 보여준다.

```
1. Algorithm Adjmat2list(Adj_mat, n)
2. Input: 그래프의 인접행렬(Adj_mat), 정점의 개수(n)
3. Output: 인접행렬을 인접리스트로 변환한 결과
4. List 헤더 포인터 배열을 Null로 초기화
5. for i <- 0 to n-1 do {
6.   for j <- 0 to n-1 do
7.      if (Adj_mat[i, j] = 1)
8.              List <- Adj_insert(List, i, j)
9. }
10. return List
```

(알고리즘 Adjmat2list)에서 입력은 그래프의 인접행렬과 정점의 개수가 주어진다. 알고리즘의 출력은 입력으로 주어진 인접행렬을 인접리스트로 변환한 결과이다. 그래프의 헤더 포인터 배열인 List는 이미 자료구조 설계에서 설명한 것과 같이 각 정점에 대한 인접리스트를 관리한다. 4번 줄에서 헤더 포인터 배열 List를 모두 Null로 초기화한다. 5~9번 줄에서는 정점 i와 정점 j 간의 간선이 존재하면 (알고리즘 Adj_insert)를 반복적으로 호출하여 정점 i의 인접리스트를 관리하는 List[i]에 정점 j를 삽입한다. 마지막으로 인접행렬을 인접리스트로 변환한 결과인 포인터 배열 List를 반환한다.

## (3) 인접리스트로 표현된 그래프를 순회하여 정점을 방문한다.

본 프로젝트의 (2)에서 인접행렬을 인접리스트로 변환하는 알고리즘을 학습하였다. 여기서는 인접리스트로 표현된 그래프를 입력받아 이 그래프를 순회(탐색)하는 방법에 대해서 알아보도록 한다. 그래프의 탐색에는 깊이우선탐색(DFS: Depth First Search) 방법과 너비우선탐색(BFS: Bread First Search) 방법이 있다.

DFS 방법은 임의의 정점에서 시작하여 인접한 정점을 계속 따라 내려가면서 깊이 우선 방식으로 그래프의 정점들을 탐색한다. BFS 방법은 임의의 정점에서 시작하여 그 정점에서 인접한 모든 정점을 방문한 후에 다음 정점을 방문하는 너비 우선 방식에 따라 그래프의 정점들을 탐색한다. DFS 방법은 깊이 우선 방식으로 정점들을 방문하기 때문에 스택을 사용하는 순환함수로 구현하는 것이 편리하다. 반대로 BFS 방법은 너비 우선 방식으로 정점들을 방문하기 때문에 큐를 사용하여 구현하는 것이 더 적합하다.

예로서 (그림 9.5)의 그래프에서 시작 정점을 0이라 가정하고 DFS 방식으로 탐색해 본다. DFS가 수행되는 과정을 설명하기 위해 방문된 정점을 표시하기 위한 visited 배열과 깊이 우선 탐색의 변화 과정을 보이기 위한 stack 배열을 사용한다. visited 배열은 초기 값이 0으로 주어진다. 아래는 DFS 탐색을 수행하는 과정을 순서적으로 보여준다.

〈시작 정점 0을 방문하고 인접한 정점을 스택에 저장〉

| | 0 | 1 | 2 | 3 | 4 | 5 | 6 |
|---|---|---|---|---|---|---|---|
| visited[] | 1 | 0 | 0 | 0 | 0 | 0 | 0 |
| stack[] | 1 | 2 | | | | | |

〈스택의 top이 가리키는 정점 2를 방문하고 인접한 정점을 스택에 저장〉

| | 0 | 1 | 2 | 3 | 4 | 5 | 6 |
|---|---|---|---|---|---|---|---|
| visited[] | 1 | 0 | 1 | 0 | 0 | 0 | 0 |
| stack[] | 1 | 3 | 5 | | | | |

〈스택의 top이 가리키는 정점 5를 방문하고 인접한 정점을 스택에 저장〉

| | 0 | 1 | 2 | 3 | 4 | 5 | 6 |
|---|---|---|---|---|---|---|---|
| visited[] | 1 | 0 | 1 | 0 | 0 | 1 | 0 |
| stack[] | 1 | 3 | 6 | | | | |

〈스택의 top이 가리키는 정점 6을 방문하고 인접한 정점을 스택에 저장〉

| | 0 | 1 | 2 | 3 | 4 | 5 | 6 |
|---|---|---|---|---|---|---|---|
| visited[] | 1 | 0 | 1 | 0 | 0 | 1 | 1 |
| stack[] | 1 | 3 | 4 | | | | |

〈스택의 top이 가리키는 정점 4를 방문하고 인접한 정점을 스택에 저장〉

| | 0 | 1 | 2 | 3 | 4 | 5 | 6 |
|---|---|---|---|---|---|---|---|
| visited[] | 1 | 0 | 1 | 0 | 1 | 1 | 1 |
| stack[] | 1 | 3 | | | | | |

〈스택의 top이 가리키는 정점 3을 방문하고 인접한 정점을 스택에 저장〉

| | 0 | 1 | 2 | 3 | 4 | 5 | 6 |
|---|---|---|---|---|---|---|---|
| visited[] | 1 | 0 | 1 | 1 | 1 | 1 | 1 |
| stack[] | 1 | | | | | | |

〈스택의 top이 가리키는 정점 1을 방문하고 인접한 정점을 스택에 저장〉

| | 0 | 1 | 2 | 3 | 4 | 5 | 6 |
|---|---|---|---|---|---|---|---|
| visited[] | 1 | 1 | 1 | 1 | 1 | 1 | 1 |
| stack[] | | | | | | | |

스택의 top이 가리키는 정점을 방문하고 이 정점과 인접한 정점을 스택에 삽입 시에 이미 스택에 있는 정점과 방문된 정점은 제외된다. 위에서 예시로 보인 것과 같이 (그림 9.5)의 깊이 우선 탐색(DFS) 결과는 0, 2, 5, 6, 4, 3, 1이 된다. 이러한 방문 순서는 그래프의 인접리스트 구성에 따라 다르게 나올 수 있다. (알고리즘 Graph_dfs)는 지금까지 설명한 과정을 가상코드로 기술한 알고리즘이다.

(알고리즘 Graph_dfs)에서 입력은 인접리스트로 표현된 그래프의 포인터 배열과 시작 정점이 주어진다. 출력은 깊이 우선 방식에 따라 방문하여 출력된 정점들이 된다. 4번 줄에서 인접리스트의 반복 수행을 위해 사용되는 w는 최초 수행 시에만 List[v]로 설정된다. 실제 프로그램 언어로 구현할 때 이 부분은 w 변수의 타입 지정 시에 List[v]로 초기화할 수 있다.

5번 줄에서 visited 배열은 해당 정점이 방문 되었는지를 판단하기 위해 사용하는 배열이다. visited 배열은 그래프의 정점 개수만큼의 크기를 가지며 초기에 모두 0으로 설정되어 있다고 가정한다. 정점 v가 방문되면 visited[v]가 1로 설정되며 모든 정점들이 방문을 완료하면 이 배열의 값은 모두 1로 변경된다. 6번 줄은 방문된 정점을 출력한다. 7~12번 줄은 인접리스트에서 시작 정점 v에 인접한 정점을 다시 순환적으로 호출한다. 또한 다음 인접한 정점을 순환적으로 반복 호출하여 깊이 우선 방식으로 모든 정점들을 방문하여 출력한다.

```
1. Algorithm Graph_dfs(List, v)
2. Input: 그래프의 인접리스트(List), 시작 정점 v
3. Output: DFS 방식으로 방문한 그래프의 정점들
4. w를 List[v]로 초기화 // 최초 실행 시만 수행
5. visited[v] <- 1
6. print v
7. while (w != Null) do {
8.     temp <- w.vertex
9.     if (visited[temp] = 0)
10.          Graph_dfs(List, temp)
11.     w <- w.link
12. }
13. end
```

예로서 (그림 9.3)에서 시작 정점이 0이라 가정하면 먼저 시작 정점 0을 방문하여 출력하고 인접리스트에서 0에서 인접한 첫 번째 정점 1을 다시 순환 호출한다. 같은 방식으로 정점 1의 인접리스트에서 첫 번째 정점은 0이며 이 정점은 이미 방문되었기 때문에 다음으로 이동하여 정점 2를 순환 호출한다. 정점 2의 인접리스트에서 0과 1은 이미 방문되었기 때문에 정점 3을 순환 호출한다. 정점 3의 인접리스트에서 0과 2는 방문되었기 때문에 정점 4를 순환 호출한다. 정점 4의 인접리스트에서 2와 3은 이미 방문되었기 때문에 정점 5를 순환 호출한다. 이러한 과정을 통하여 모든 정점이 방문된 후에 깊이 우선 탐색을 완료한다.

다음에는 너비 우선 탐색 방법에 대해서 알아본다. 너비 우선 탐색은 트리에서 레벨에 따라 정점을 순회하는 알고리즘과 유사하다. 시작 정점이 주어지면 그 정점에 인접한 모든 정점들을 방문하고 다음에 그 정점 중에 하나를 선택하여 인접한 모든 정점들을 방문한다. 이러한 과정을 더 이상 방문할 정점이 없을 때까지 반복

수행한다. 너비 우선 탐색은 시작 정점을 기준으로 레벨에 따라 정점들을 방문하기 때문에 큐를 사용하여 구현하는 것이 매우 용이하다.

예로서 (그림 9.5)의 그래프에서 시작 정점을 0이라 가정하고 너비 우선 방식으로 탐색해 본다. 다음에서 visited 배열은 너비 우선 탐색에서 방문된 정점을 표시하고 queue 배열은 너비 우선 탐색 동안 큐의 변화를 보여준다. visited 배열은 초기에 0으로 설정된다. 아래는 (그림 9.5)의 너비 우선 탐색을 수행하는 과정을 순서적으로 보여준다. 여기서 원형 큐를 사용하며 f는 큐의 front, r는 rear 포인터를 의미한다.

〈시작 정점 0을 큐에 삽입〉

| | 0 | 1 | 2 | 3 | 4 | 5 | 6 |
|---|---|---|---|---|---|---|---|
| visited[] | 1 | 0 | 0 | 0 | 0 | 0 | 0 |
| queue[] | | 0 | | | | | |
| | f | r | | | | | |

〈큐에서 삭제 연산 후 반환 정점 0을 출력하고 인접한 정점을 큐에 삽입〉

| | 0 | 1 | 2 | 3 | 4 | 5 | 6 |
|---|---|---|---|---|---|---|---|
| visited[] | 1 | 1 | 1 | 0 | 0 | 0 | 0 |
| queue[] | | | 1 | 2 | | | |
| | | f | | r | | | |

〈큐에서 삭제 연산 후 반환 정점 1을 출력하고 인접한 정점을 큐에 삽입〉

| | 0 | 1 | 2 | 3 | 4 | 5 | 6 |
|---|---|---|---|---|---|---|---|
| visited[] | 1 | 1 | 1 | 1 | 1 | 0 | 0 |
| queue[] | | | | 2 | 3 | 4 | |
| | | | f | | | r | |

〈큐에서 삭제 연산 후 반환 정점 2를 출력하고 인접한 정점을 큐에 삽입〉

| | 0 | 1 | 2 | 3 | 4 | 5 | 6 |
|---|---|---|---|---|---|---|---|
| visited[] | 1 | 1 | 1 | 1 | 1 | 1 | 0 |
| queue[] | | | | | 3 | 4 | 5 |
| | | | | f | | | r |

〈큐에서 삭제 연산 후 반환 정점 3을 출력하고 인접한 정점을 큐에 삽입〉

| | 0 | 1 | 2 | 3 | 4 | 5 | 6 |
|---|---|---|---|---|---|---|---|
| visited[] | 1 | 1 | 1 | 1 | 1 | 1 | 0 |
| queue[] | | | | | | 4 | 5 |
| | | | | | f | | r |

〈큐에서 삭제 연산 후 반환 정점 4를 출력하고 인접한 정점을 큐에 삽입〉

| | 0 | 1 | 2 | 3 | 4 | 5 | 6 |
|---|---|---|---|---|---|---|---|
| visited[] | 1 | 1 | 1 | 1 | 1 | 1 | 1 |
| queue[] | 6 | | | | | | 5 |
| | r | | | | | f | |

〈큐에서 삭제 연산 후 반환 정점 5를 출력하고 인접한 정점을 큐에 삽입〉

| | 0 | 1 | 2 | 3 | 4 | 5 | 6 |
|---|---|---|---|---|---|---|---|
| visited[] | 1 | 1 | 1 | 1 | 1 | 1 | 1 |
| queue[] | 6 | | | | | | |
| | r | | | | | | f |

〈큐에서 삭제 연산 후 반환 정점 6을 출력하고 인접한 정점을 큐에 삽입〉

| | 0 | 1 | 2 | 3 | 4 | 5 | 6 |
|---|---|---|---|---|---|---|---|
| visited[] | 1 | 1 | 1 | 1 | 1 | 1 | 1 |
| queue[] | | | | | | | |
| | f/r | | | | | | |

큐에서 삭제 연산을 수행하여 반환 정점을 출력하고 그 정점에 인접한 정점을 큐에 삽입 시에 visited 배열을 1로 변경한다. 위에서 보인 과정에 따라 (그림 9.5)의 너비 우선 탐색 결과는 0, 1, 2, 3, 4, 5, 6이 된다. (알고리즘 Graph_bfs)는 지금까지 설명한 과정을 큐를 사용하여 구현한 알고리즘이다. 알고리즘에서 사용된 큐의 삽입과 삭제 연산은 6장의 (프로젝트 6.1)에서 기술한 알고리즘을 사용한다.

알고리즘의 입력은 인접리스트로 표현된 그래프이며 너비 우선 탐색을 위한 시작 정점 v가 주어진다. 출력은 너비 우선 방식에 따라 출력된 정점들이 된다. 알고리즘에서 visited 배열은 초기에 모두 0으로 초기화되어 있다고 가정하고 알고리즘 수행 시 해당 정점이 방문되면 1로 설정된다. 큐를 사용하여 너비 우선 탐색 알고리즘을 구현하기 때문에 4번 줄에서 먼저 큐를 초기화한다.

알고리즘에서 5~6번 줄은 시작 정점 v를 방문하여 출력하고 7번 줄에서 최초에 이 정점을 큐에 삽입하여 시작한다. 8~17번 줄은 큐가 비어 있을 때까지 너비 우선 탐색을 반복하여 방문된 정점을 출력한다. 9~10번 줄은 큐에서 삭제 연산을 통하여 반환된 값을 새로 방문될 정점으로 선택한다. 11~16번 줄에서 새로 방문될 정점에 인접한 정점들 중에서 아직 방문되지 않은 정점들을 큐에 삽입한다. 이러한 과정을 큐가 비어 있을 때까지 반복 수행하면 인접리스트로 주어진 그래프의 너비 우선 탐색 결과가 출력된다.

```
 1. Algorithm Graph_bfs(List, v)
 2. Input: 그래프의 인접리스트(List), 시작 정점 v
 3. Output: BFS 방식으로 방문한 그래프의 정점들
 4. init Queue
 5. visited[v] <- 1
 6. print v
 7. Queue_enqueue(v)
 8. loop (!Queue_empty()) do {
 9.    v <- Queue_dequeue()
10.    w <- List[v]
11.    while (w != Null) do {
12.        if (visited[w.vertex] = 0) {
13.             visited[w.vertext] <- 1
14.             print w.vertex
15.             Queue_enqueue(w.vertex) }
16.        w <- w.link }
17. }
18. end
```

### 알고리즘 분석

우리는 그래프를 표현하는 자료구조로 인접행렬과 인접리스트의 두 가지 방법을 알아보았다. n개의 정점과 e개의 간선을 갖는 무방향 그래프가 주어질 경우 이들 두 표현에 대한 수행시간을 생각해 본다. 먼저 그래프가 인접행렬로 표현되어 있다면 인접행렬의 크기는 $n^2$이 되기 때문에 수행시간은 최소 $O(n^2)$이 된다. 반면에

그래프가 인접리스트로 표현되어 있다면 인접리스트는 n개의 헤더와 2e개 노드로 구성되기 때문에 수행시간은 최소 $O(n+e)$가 된다.

이러한 배경을 기초로 본 프로젝트에서 학습한 두 개의 그래프 탐색 알고리즘에 대한 수행시간을 분석해 본다. (알고리즘 Graph_dfs)에서 실제 컴포넌트 개수만큼 깊이 우선 탐색 알고리즘을 호출하지만 전체적으로 n개 정점을 초과하여 방문하지 않는다. 따라서 깊이 우선 방식을 사용하는 (알고리즘 Graph_dfs)는 인접리스트를 사용하였기 때문에 수행시간은 $O(n+e)$가 된다. 또한 너비 우선 방식을 사용하는 (알고리즘 Graph_bfs) 역시 인접리스트를 사용하였기 때문에 수행시간은 $O(n+e)$가 된다.

### 논의

우리는 (프로젝트 9.1)을 수행하면서 그래프를 표현하는 자료구조인 인접행렬과 인접리스트 표현 방법을 학습하였다. 또한 인접행렬을 인접리스트로 변환하는 알고리즘과 그래프 탐색에 관한 알고리즘을 설계하였다. 어떤 응용문제를 그래프로 모델링하여 해결하고자 경우 그 그래프를 인접행렬 또는 인접리스트로 표현할 것인지는 프로그램 개발자의 선택이다. 이러한 선택의 주요 기준은 그래프의 밀집도, 수행시간, 구현의 편리성 등이 될 수 있다.

그래프를 인접행렬로 표현하면 인접리스트 보다 수행시간은 더 걸린다. 반면에 그래프의 밀집도가 높은 경우(완전 그래프 유형) 인접리스트로 표현하면 더 많은 공간을 필요로 한다. 이런 경우 알고리즘의 수행시간 보다 알고리즘이 필요로 하는 공간을 더 중요 시 한다면 인접행렬을 자료구조로 선택할 수 있다.

## ✔ 프로그램 구현 과제

**(1)** **(프로젝트 9.1)에서 학습한 그래프에 관한 아래의 알고리즘을 프로그램 언어를 사용하여 구현한다.**

- Algorithm ADJ_create: 텍스트 파일로부터 간선 정보를 읽어 인접행렬을 구성
- Algorithm Adj_degree: 인접행렬에서 각 정점의 차수 계산
- Algorithm Adj_insert: 인접리스트의 구성
- Algorithm Adjmat2list: 인접행렬을 인접리스트 변환
- Algorithm Graph_dfs: 인접리스트를 사용한 깊이 우선 탐색
- Algorithm Graph_bfs: 인접리스트를 사용한 너비 우선 탐색

**(2)** **(1)에서 구현한 알고리즘을 다음과 같은 절차에 따라 수행하고 그 결과를 확인한다.**

- (그림 9.5)의 예시 그래프의 간선 정보를 텍스트 파일에 저장한다.
- 텍스트 파일에서 간선 정보를 읽어 인접행렬을 구성한다.
- 인접행렬을 사용하여 각 정점의 차수를 계산한다.
- 인접행렬을 인접리스트로 변환한다.
- 변환된 인접리스트를 사용하여 깊이 우선 탐색을 수행한다.
- 변환된 인접리스트를 사용하여 너비 우선 탐색을 수행한다.

**(3)** **(프로젝트 9.1)에서 제시된 알고리즘들은 무방향 그래프를 사용하여 기술되었다. 방향 그래프가 주어질 경우 이들 알고리즘이 그대로 사용될 수 있는지에 대한 적합성을 검토해 본다.**

Project

# 9.2 그래프의 연결 확인 및 연결 요소

## 문제 정의

우리는 (프로젝트 9.1)에서 그래프 표현에 관한 자료구조를 알아보았고 그래프 문제의 해결에 가장 기본적인 도구로 사용되는 탐색 알고리즘을 학습하였다. 본 프로젝트에서는 (프로젝트 9.1)에서 학습한 기본적인 도구를 이용하여 주어진 그래프에 대한 연결성 여부를 확인하는 문제를 다룬다.

예로서 컴퓨터 네트워크 망을 모의 실험한다고 가정해 보자. 만일 컴퓨터 네트워크 망에서 모든 노드가 연결되어 있다면 한 노드에서 다른 노드에 연결하여 접속할 수 있다. 그러나 컴퓨터 네트워크 망에서 일부 노드의 단절로 연결되지 않을 경우는 부분적으로 분할될 수 있다. 이런 상황을 확인하기 위해 컴퓨터 네트워크 망이 연결되어 있는지 또는 연결되어 있지 않다면 분할된 네트워크는 몇 개인지를 확인하는 것이 매우 중요하다.

본 프로젝트에서는 그래프가 주어질 경우 아래와 같이 그래프의 연결성 여부를 확인하는 알고리즘을 설계한다.

(1) 주어진 그래프가 연결되어 있는가?

(2) 주어진 그래프가 연결되어 있지 않다면 연결 컴포넌트의 개수와 각 정점이 어느 컴포넌트에 포함하는 지를 확인한다.

## 자료구조 설계

본 프로젝트에서는 그래프를 인접리스트로 표현한다. 그래프의 인접리스트 표현에 관한 세부적인 설명은 (프로젝트 9.1)을 참고하길 바란다. 그래프의 인접리스트 표현을 위해 아래와 같이 노드의 구조체를 정의한다.

```
define No_of_Vertex 7
struct G_node
       { vertex
         link } G_node
G_node List[No_of_Vertex]
```

위에서 표현한 노드 구조에서 vertex는 그래프의 정점을 의미하고 link는 연결 리스트를 사용하여 다음 노드를 가리키는 포인터를 의미한다. List는 그래프의 정점 개수 n의 크기를 갖는 포인터 배열이며 List[i]는 정점 i에 인접한 정점들을 연결 리스트로 표현한 헤더 포인터를 의미한다.

### 알고리즘 설계

본 프로젝트를 수행하기에 앞서 먼저 그래프의 연결성 문제를 검토해 본다. (그림 9.6)에서 예시로 주어진 그래프를 참조하여 아래와 같은 두 가지 질문에 답해 보도록 한다.

(1) 이 그래프는 연결되어 있는가? 연결되어 있지 않다.

(2) 이 그래프가 연결되어 있지 않다면

- 몇 개의 컴포넌트를 갖는가? 세 개의 연결된 컴포넌트를 갖는다.
- 각 정점은 어느 컴포넌트에 포함되는가?

  컴포넌트 1 : (0, 1, 2, 3)
  컴포넌트 2 : (4, 5)
  컴포넌트 3 : (6)

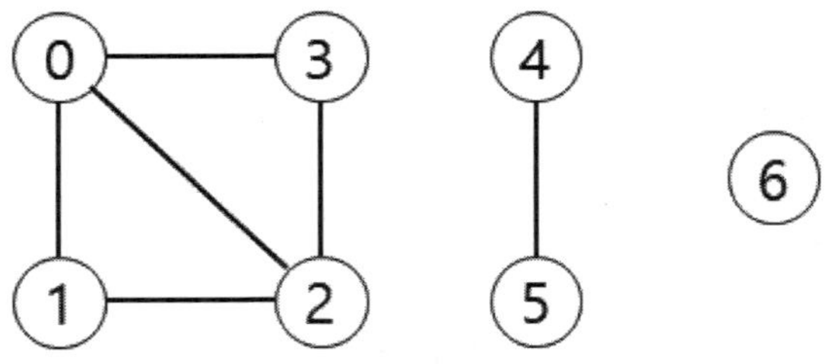


**(그림 9.6) 연결되지 않은 그래프 예**

이제 그래프의 연결성 문제 해결을 위한 방법을 알아본다. 우리는 (프로젝트 9.1)에서 그래프 탐색을 위한 깊이 우선 알고리즘(Graph_dfs)과 너비 우선 알고리즘(Graph_bfs)을 학습하였다. 또한 프로그램 구현 과제에서 실제 프로그램 실행을 통하여 그 결과를 확인하였다. 그래프의 연결성 여부 확인을 위해 두 가지의 그래프 탐색 알고리즘을 선택하여 사용할 수 있다. 본 프로젝트에서는 깊이 우선 알고리즘을 사용하여 그래프의 연결성 문제를 해결하도록 한다.

(그림 9.6)에서 시작 정점을 0으로 하여 깊이 우선 알고리즘인 Graph_dfs를 적용한다. 그래프에서 깊이 우선 탐색에 의해 방문하지 않은 정점이 있을 경우 다음 시작 정점을 선택하여 같은 절차를 반복한다. 다음은 (그림 9.6)의 그래프에서 모든 정점을 방문하기 위해 시작 정점을 0, 4, 6으로 하여 깊이 우선 탐색한 결과를 보여준다.

- Graph_dfs(0): 정점 0, 1, 2, 3을 출력한다.
- Graph_dfs(4): 정점 4, 5를 출력한다.
- Graph_dfs(6): 정점 6을 출력한다.

위에서 예시로 주어진 상황을 고려하여 그래프의 연결성 문제를 확인하는 절차를 아래와 같이 구체적으로 정리할 수 있다.

(1) 주어진 그래프가 연결되었는가?
시작 정점 v를 사용하여 깊이 우선 탐색 알고리즘 Graph_dfs(v)를 적용하여 그래프의 모든 정점이 방문되면 주어진 그래프는 연결되어 있다.

(2) 주어진 그래프가 연결되어 있지 않다면 연결된 컴포넌트의 개수는 몇 개이고 각 정점은 어느 컴포넌트에 포함되는가?

먼저 연결된 컴포넌트의 개수를 계산하기 위해 (프로젝트 9.1)에서 설명한 깊이 우선 알고리즘인 Graph_dfs에 count 변수를 추가한다. 새로운 컴포넌트에서 Graph_dfs 알고리즘이 호출될 때마다 count 값을 1씩 증가한다. (그림 9.6)의 예에서 Graph_dfs(0), Graph_dfs(4), Graph_dfs(6)에서 count 값이 1씩 증가되면 전체 컴포넌트의 개수는 3이 된다. 다음에 그래프에서 각 정점이 어느 컴포넌트에 포함되는가를 알아보도록 한다. 이를 위해 Graph_dfs 알고리즘에서 별도의 메모리 공간을 사용하지 않고 visited 배열을 이용한다.

알고리즘 Graph_dfs에서 visited 배열은 초기에 모두 0으로 설정되어 있고 알고리즘 수행 시에 해당 정점이 방문될 경우 1로 변경된다. 알고리즘 수행 중 visited 배열에서 해당 정점이 0이면 아직 방문하지 않는 정점으로 그렇지 않으면 방문한 정점으로 판단한다. 따라서 알고리즘 수행에 따라 한 정점을 방문 시 visited 배열에 1을 저장하는 대신에 count 값을 저장한다. 그러면 visited 배열에 각 정점이 어느 컴포넌트에 포함되는 지에 관한 정보가 저장된다.

(표 9.2)는 (그림 9.6)의 그래프에 컴포넌트를 의미하는 count 값을 visited 배열에 적용한 예를 보여준다. (표 9.2)의 visited 배열에서 정점 visited[0] ~ visited[3]의 값은 1, visited[4]와 visited[5]의 값은 2, visited[6]의 값은 3이 된다. 이러한 결과를 통하여 정점 (0, 1, 2, 3)은 컴포넌트 1, 정점 (4, 5)는 컴포넌트 2, 정점 6은 컴포넌트 3에 있음을 확인할 수 있다.

(표 9.2) visited 배열에 컴포넌트 값을 저장한 예

| visited[] | 0 | 1 | 2 | 3 | 4 | 5 | 6 |
|---|---|---|---|---|---|---|---|
| 값 | 1 | 1 | 1 | 1 | 2 | 2 | 3 |

이제 지금까지 설명한 내용을 반영하여 그래프가 연결되어 있는지를 확인하고 연결되어 있지 않을 경우 그래프의 컴포넌트를 찾는 알고리즘을 설계한다. (알고리즘 Graph_dfs_connected)는 (프로젝트 9.1)에서 기술한 깊이 우선 알고리즘인 (알고리즘 Graph_dfs)를 다소 변경한 알고리즘이다. 알고리즘의 5번 줄에서 정점 v가 방문될 경우 1로 설정하는 대신에 컴포넌트 수를 의미하는 count 값을 할당한다. count 값은 이 알고리즘을 호출할 때 인수를 통하여 받는다. 알고리즘의 나머지 부분은 알고리즘 Graph_dfs에 설명한 내용과 동일하여 부가적인 설명은 생략한다.

```
 1. Algorithm Graph_dfs_connected(List, v, count)
 2. Input: 그래프의 인접리스트(List), 시작 정점 v, 컴포넌트 수(count)
 3. Output: DFS 방식으로 방문한 그래프의 정점들
 4. w를 List[v]로 초기화 // 최초 실행 시만 수행
 5. visited[v] <- count
 6. print v
 7. while (w != Null) do {
 8.     temp <- w.vertex
 9.     if (visited[temp] = 0) then
10.           Graph_dfs(List, temp, count)
11.     w <- w.link
12. }
13. end
```

(알고리즘 Graph_connected)는 (알고리즘 Graph_dfs_connected)를 사용하여 그래프의 연결 컴포넌트를 계산하는 알고리즘이다. 알고리즘에서 입력은 인접리스트로 표현된 그래프와 정점의 전체 개수가 주어진다. 출력은 입력 그래프의 컴포넌트 개수와 각 정점이 어느 컴포넌트에 포함되어 있는지를 알려준다.

```
 1. Algorithm Graph_connected(List, n)
 2. Input: 그래프의 인접리스트(List), 정점 개수(n)
 3. Output: 그래프의 연결성(컴포넌트 개수, 정점의 소속 컴포넌트)
 4. count <- 0
 5. for i <- 0 to n-1 do {
 6.     if (visited[i] = 0) {
 7.          count <- count + 1
 8.          Graph_dfs_connected(List, i, count) }
 9. }
10. print count
11. for i <- 0 to n-1 do
12.      print i, visited[i]
13. end
```

알고리즘에서 컴포넌트 수를 계산하기 위해 4번 줄에서 count 변수를 0으로 초기화 한다. 5~9번 줄은 정점 0을 시작 정점으로 하여 정점 n-1까지 반복적으로 (알고리즘 Graph_dfs_connected)를 호출한다. 먼저 시작 정점 0을 가지고 (알고리즘 Graph_dfs_connected)가 수행되어 그래프에서 이 정점과 연결되어 있는 모든 정점을 방문한다. 또한 visited 배열의 해당 위치에 이때 방문된 정점들을 count 값으로 설정한다. 이러한 과정은 시작 정점 1, 2, ..., n-1를 가지고 반복되며 visited 배열에서 해당 위치가 0인 경우만 깊이 우선 알고리즘이 호출된다.

7번 줄에서 시작 정점이 바뀌어 깊이 우선 알고리즘이 호출될 때마다 컴포넌트의 개수를 의미하는 count 값이 1씩 증가된다. 5~9번 줄의 반복 과정이 완료되면 입력으로 주어진 그래프의 컴포넌트의 개수는 count 값이 된다. 또한 정점 v가 어느 컴포넌트에서 포함되어 있는지는 visited[v] 배열에 저장된다. 10번 줄에서 주어진 그래프의 컴포넌트 개수를 출력하고 11~12번 줄에서 각 정점이 어느 컴포넌트에 포함되어 있는지를 출력한다.

### 알고리즘 분석

(프로젝트 9.2)에서 그래프의 연결성 여부를 확인하고 컴포넌트 개수를 계산하기 위한 알고리즘을 세부적으로 설명하였다. 이제 이 알고리즘의 수행시간을 알아본다. 위에서 기술한 것과 같이 알고리즘은 두 개로 구성된다. 하나는 그래프의 시작 정점이 주어질 경우 깊이 우선 탐색을 하는 (알고리즘 Graph_dfs_connected)이고, 다른 하나는 깊이 우선 탐색 알고리즘을 반복적으로 호출하는 (알고리즘 Graph_connected)이다.

주어진 그래프의 정점의 개수가 n이고 간선의 개수가 e라 가정한다. 그러면 첫 번째 알고리즘의 수행시간은 O(정점의 개수+간선의 개수)가 되며, 두 번째 알고리즘은 첫 번째 알고리즘을 반복적으로 그래프의 정점 개수인 n만큼 반복한다. 실제로 그래프의 컴포넌트가 다수 개가 존재하더라고 탐색 과정에서 정점의 수 n이 간선의 수 e의 합을 초과하지 않는다. 따라서 (알고리즘 Graph_connected)의 수행시간은 O(n+e)가 된다.

### 논의

우리는 (프로젝트 9.2)에서 그래프가 주어지면 이 그래프가 연결되었는지를 확인하고 연결되어있지 않을 경우 컴포넌트 개수와 각 정점이 어느 컴포넌트에 포함되는지를 확인하는 알고리즘을 학습하였다. 이 알고리즘의 설계를 위해 (프로젝트 9.1)에서 학습한 깊이 우선 탐색을 적용하였다. 만일 너비 우선 탐색 방법을 적용한다면 유사한 절차에 따라 문제를 해결할 수 있다. (프로젝트 9.2)에서 무방향 그래프의 경우를 고려하여 알고리즘을 설명하였다. 방향 그래프에 대해서도 이 알고리즘이 그대로 적용될 수 있는지를 프로그램 구현 과제를 통하여 확인하여 보길 바란다.

## ✔ 프로그램 구현 과제

**(1)** **(프로젝트 9.2)에서 학습한 그래프 연결 문제에 관한 아래의 알고리즘을 프로그램 언어를 사용하여 구현한다.**

- Algorithm Graph_dfs_connected: 그래프의 컴포넌트를 찾기 위한 깊이 우선 탐색 알고리즘
- Algorithm Graph_connected: 그래프의 컴포넌트를 찾기 위한 메인 알고리즘

**(2)** **(1)에서 구현한 알고리즘을 다음 절차에 따라 실행하여 그 결과를 확인한다.**

- (그림 9.5)와 같은 예시 그래프를 만들어 인접리스트로 표현한다.
- visited 배열의 결과를 출력하여 주어진 그래프의 연결 컴포넌트의 개수와 각 정점이 어느 컴포넌트에 포함되는지를 확인한다.
- 다른 그래프의 예시를 인접리스트로 만들어 같은 절차를 반복한다.

**(3)** **(프로젝트 9.2)에서 제시된 알고리즘은 무방향 그래프의 예를 중심으로 기술되었다. 만일 방향 그래프가 주어질 경우 이 알고리즘이 그대로 사용될 수 있는지 프로그램 실행을 통하여 적합성을 확인해 본다.**

Part 10

# 그래프 응용

Project

# 10.1 그래프의 최소비용 신장트리의 구성

## 문제 정의

그래프와 트리의 차이점은 사이클을 포함 하는가 그렇지 않은가로 구분할 수 있다. 일반적으로 그래프는 사이클을 포함하나 트리의 경우는 사이클을 포함하지 않는다. 신장트리(spanning tree)는 한 그래프에서 모든 정점을 포함하는 트리를 의미한다. 그래프에서 간선에 값이 부여된 그래프를 가중치 그래프라 한다. 가중치 그래프에서 간선들의 합이 최소가 되게 구성하는 신장트리를 최소비용 신장트리(MST: Minimum Spanning Tree)라 한다.

예로서 컴퓨터 네트워크 망이 가중치 그래프로 주어진다고 가정해 본다. 각 정점은 하나의 컴퓨터를 표현하고 간선은 컴퓨터들을 연결하는 케이블의 비용이라고 한다. 우리의 목표는 이러한 컴퓨터 네트워크 망에서 케이블의 비용을 최소하면서 어떤 두 컴퓨터 간에 통신 경로가 존재할 수 있도록 컴퓨터 네트워크 망을 재구성하는 것이다. 최소비용 신장트리는 이러한 문제의 해결에 적합한 자료구조 중의 하나이다.

최소비용 신장트리를 구성하는 대표적인 알고리즘으로는 Kruskal 방법과 Prim 방법이 있다. 본 프로젝트에서는 가중치 그래프가 주어질 경우 Prim 방법을 사용하여 최소비용 신장트리를 구성하는 자료구조와 알고리즘을 설계한다.

## 자료구조 설계

그래프를 표현하는 대표적인 자료구조로 인접행렬과 인접리스트 방법이 있다. 본 프로젝트에서는 주어진 그래프를 인접행렬 방법을 사용하여 표현하고 이를 기반으로 최소비용 신장트리를 구성한다. (그림 10.1)은 본 프로젝트의 예로 사용될 가중치 그래프이다. 이 그래프를 사용하여 최소비용을 갖는 신장트리를 구성한다. (그림 10.2)는 (그림 10.1)의 그래프를 가중치 값을 갖는 인접행렬로 표현한 예를 보여준다. 행렬에서 weight[i, j]의 값은 정점 i와 정점 j의 간선의 가중치 값을 의미하며 이들 두 정점 간에 간선이 존재하지 않을 경우 ∞로 표시한다. 실제 프로그램 구현 시에 ∞ 값은 자료 형의 최대 가능한 값으로 설정하면 된다.

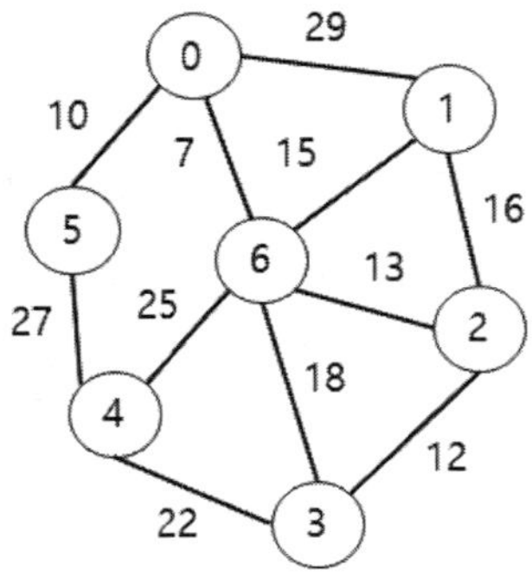


(그림 10.1) 가중치 그래프의 예

| | 0 | 1 | 2 | 3 | 4 | 5 | 6 |
|---|---|---|---|---|---|---|---|
| 0 | 0 | 29 | ∞ | ∞ | ∞ | 10 | 7 |
| 1 | 29 | 0 | 16 | ∞ | ∞ | ∞ | 15 |
| 2 | ∞ | 16 | 0 | 12 | ∞ | ∞ | 13 |
| 3 | ∞ | ∞ | 12 | 0 | 22 | ∞ | 18 |
| 4 | ∞ | ∞ | ∞ | 22 | 0 | 27 | 25 |
| 5 | 10 | ∞ | ∞ | ∞ | 27 | 0 | ∞ |
| 6 | 7 | 15 | 13 | 18 | 25 | ∞ | 0 |

(그림 10.2) (그림 10.1)의 인접행렬 표현

### 알고리즘 설계

본 프로젝트의 문제 정의에서 개략적으로 기술한 것과 같이 가중치 그래프가 주어질 경우 최소비용 신장트리는 아래와 같은 조건을 만족해야 한다.

- 그래프에 존재하는 모든 정점을 포함하여야 한다.
- 신장트리에 포함되는 간선의 가중치 합이 최소가 되어야 한다.
- 신장트리에서 두 정점 간의 경로가 존재하여야 한다.

이제 가중치 그래프가 인접행렬로 주어질 경우 이러한 조건을 만족하는 최소비용 신장트리를 구성하는 방법에 대해서 알아본다. 본 프로젝트에서 최소비용 신장트리의 구성을 위해 Prim 방법을 사용하며 이 방법의 기본적인 아이디어는 아래와 같다.

- 시작 정점을 선택한다. 시작 정점에 인접한 간선들 중에서 가장 작은 가중치 값을 갖는 간선을 선택한다.
- 시작 정점과 선택된 정점을 하나의 집합으로 하여 이 집합에 인접한 간선들 중에서 다시 가장 작은 가중치 값을 갖는 간선을 선택한다.
- 이러한 과정을 모든 정점이 포함될 때까지 반복한다. 즉, 그래프의 정점의 개수가 n이라 하면 최종적으로 n개의 정점을 포함하고 이 정점들을 n-1개의 간선으로 연결하는 최소비용 신장트리를 구성한다.

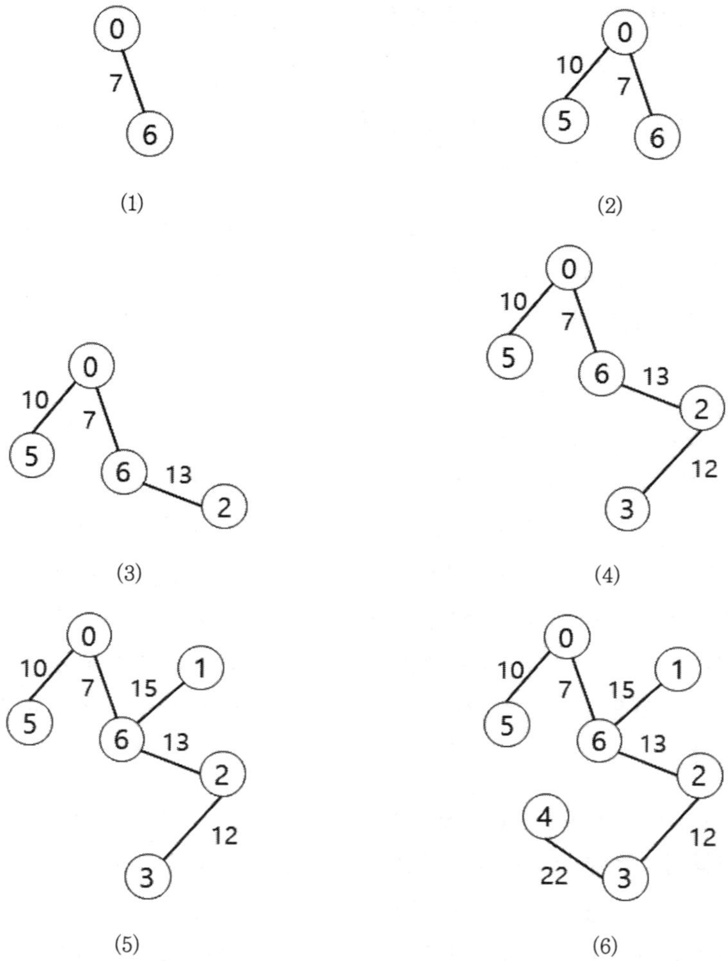


**(그림 10.3)** (그림 10.1)의 최소비용 신장트리의 구성과정 예

(그림 10.3)은 위에서 기술한 Prim 방법에 따라 (그림 10.1)에서 주어진 가중치 그래프의 최소비용 신장트리를 구성하는 과정의 예를 보여준다. 시작 정점을 0이라 가정하면 다음과 같은 절차에 따라 최소비용 신장트리를 구성한다.

(1) 시작 정점 0에 인접한 간선 중에서 가장 작은 값(7)을 갖는 정점 6을 선택한다.

(2) 선택된 정점 {0, 6}에 인접한 간선 중에서 가장 작은 값(10)을 갖는 정점 5를 선택한다.

(3) 선택된 정점 {0, 6, 5}에 인접한 간선 중에서 가장 작은 값(13)을 갖는 정점 2를 선택한다.

(4) 선택된 정점 {0, 6, 5, 2}에 인접한 간선 중에서 가장 작은 값(12)을 갖는 정점 3을 선택한다.

(5) 선택된 정점 {0, 6, 5, 2, 3}에 인접한 간선 중에서 가장 작은 값(15)을 갖는 정점 1을 선택한다.

(6) 선택된 정점 {0, 6, 5, 2, 3, 1}에 인접한 간선 중에서 이미 선택된 정점을 제외하고 가장 작은 값(22)을 갖는 정점 4를 선택한다. 모든 정점이 선택되어 최소비용 신장트리가 구성되며 신장트리의 간선 비용의 합은 79가 된다.

(알고리즘 MST_prim)은 지금까지 설명한 절차에 따라 최소비용 신장트리를 찾기 위한 가상코드로 기술한 알고리즘이다. n개의 정점을 갖는 그래프가 주어질 경우 n×n 크기를 갖는 인접행렬(weight)이 입력으로 주어진다. 알고리즘의 출력은 이 그래프의 최소비용 신장트리가 된다. 알고리즘의 4~6번 줄에서 선택된 정점들의 집합을 표현하기 위해 selected 배열을 사용한다. 이 배열의 초기 값을 모두 0으로 설정하고 최소비용 신장트리가 구성되는 과정에서 선택된 정점에 대해서 1로 변경한다. 최소비용 신장트리의 구성이 완료되면 이 배열의 값은 모두 1로 변경된다.

7번 줄에서 edge_count 변수는 최소비용 신장트리를 구성하는 과정에서 선택된 간선들의 개수를 보관한다. 최소비용 신장트리에서 edge_count의 값은 n-1이 되어야 한다. 그래프에서 어느 정점을 시작 정점으로 선택하든 최종 결과에는 영향을 주지 않지만 이 알고리즘에서는 8번 줄에서 시작 정점을 0으로 설정하였다. 알고리즘에서 9~28번 줄이 최소 비용을 갖는 신장트리를 구성하는 부분이며 신장트리의 edge_count 값이 n-1개 일 때까지 반복 수행된다.

```
1. Algorithm MST_prim(weight, n)
2. Input: 주어진 그래프의 인접행렬(weight), 정점의 개수(n)
3. Output: 최소비용 신장트리
4. create selected[n]  // 최소 비용으로 선택된 정점을 저장하는 배열
5. for i <- 0 to n-1 do
6.        selected[i] <- 0
7. edge_count <- 0
8. selected[0] <- 1  // 시작 정점을 0으로 설정
```

```
9.  while (edge_count 〈 n-1) do {
10.     min 〈- ∞  // 가장 큰 정수 값을 설정
11.     u 〈- 0
12.     v 〈- 0
13.     for i 〈- 0 to n-1 do {
14.         if (selected[i] = 1) {
15.             for j 〈- 0 to n-1 do {
16.                 if ((selected[j] = 0) and weight[i, j]) {
17.                     if (min 〉 weight[i, j]) {
18.                         min 〈- weight[i, j]
19.                         u 〈- i
20.                         v 〈- j }
21.                     }
22.                 }
23.             }
24.     }
25.     selected[v] 〈- 1
26.     print u, v, weight[u, v]
27.     edge_count 〈- edge_count + 1
28. }
29. end
```

10번 줄은 매 단계마다 선택된 정점에 인접한 정점 중에서 가장 작은 값을 찾기 위해 사용되는 변수이며, u와 v는 가장 최근에 선택된 간선의 정점을 보관하기 위한 변수이다. 13~24번 줄에서 정점 0에서 시작하여 정점 n-1까지 차례대로 수행하며 15~23번 줄에서 선택된 정점에 인접한 정점들 중에서 가장 작은 가중치 값을 갖는 간선을 선택한다. 이러한 과정을 완료하면 가장 작은 값을 갖는 간선이 u와 v에 저장되며 해당 간선의 값은 weight[u, v]가 된다. 25번 줄에서 가장 작은 값으로 정점 v가 선택되었기 때문에 selected[v]를 1로 설정한다. 26번 줄에서 가장 최근에 선택된 간선과 비용 값을 출력하고 27번 줄에서 edge_count를 증가한다.

### 알고리즘 분석

(알고리즘 MST_prim)은 가중치 그래프가 인접행렬로 주어질 경우 최소비용 신장트리를 구성하는 알고리즘이다. 알고리즘의 수행시간을 분석하면 다음과 같다. 9~28번 줄의 while 블록은 n-1번이 수행되고 13~24번 줄의 for 블록이 n번 반복된다. 15~23번 줄의 for 블록은 매번 수행되는 것이 아니라 현 시점에서 최소비용 신장트리에 선택된 정점에 대해서만 반복된다. 최초에 선택된 정점은 시작 정점을 갖는 한 개의 집합에서 출발하지만 매 단계마다 하나씩 추가되어 최종적으로 n개 정점이 선택된다. 15~23번 줄의 for 블록은 선택된 정점의 수에 비례하여 반복하게 된다. 따라서 이 알고리즘의 수행시간은 $O(n^3)$이 된다.

그래프의 자료구조로 인접행렬을 사용하였기 때문에 줄일 수 있는 최소 수행시간은 $O(n^2)$이다. 이 알고리즘에서 선택된 정점들 중에서 가장 작은 값을 갖는 간선을 찾기 위해 이중 for 블록을 수행하기 때문에 수행시간이 증가하였다. 이 알고리즘의 수행시간을 줄일 수 있는지의 여부는 과제로 남겨 둔다.

### 논의

우리는 (프로젝트 10.1)에서 가중치 그래프가 주어질 경우 최소비용 신장트리를 구성하는 알고리즘을 학습하였다. 본 프로젝트에서 최소비용 신장트리를 구성하기 위해 Prim 방법을 사용하였다. 이러한 문제를 해결하기 위한 또 따른 방법으로 Kruskal 방법이 있다.

Kruskal 방법에서 최소비용 신장트리를 구성하기 위해 먼저 그래프에서 간선들의 가중치 값을 오름차순으로 정렬한다. 다음에 정렬된 간선의 두 정점을 차례대로 연결하며 연결하는 과정에서 신장트리에 사이클이 발생하면 해당 간선은 무시한다. 이러한 과정을 n-1개의 간선을 가질 때까지 반복하면 최소비용 신장트리가 완성된다.

## ✔ 프로그램 구현 과제

**(1)** (프로젝트 10.1)에서 학습한 (알고리즘 MST_prim)을 프로그램 언어를 사용하여 구현한다.

**(2)** (1)에서 구현된 프로그램을 아래와 같은 절차에 따라 실행하여 그 결과를 확인한다.

- (그림 10.1)의 그래프를 예시로 하여 (그림 10.2)의 인접행렬을 입력으로 사용한다.
- 프로그램 실행을 통하여 (그림 10.3)과 같이 최소비용 신장트리가 구성되는지를 확인한다.

**(3)** (알고리즘 MST_prim)의 수행시간을 개선할 수 있는지 여부를 분석하고 (1)에서 구현한 프로그램을 보완해 보도록 한다.

## ✔ 연습과제

**(1)** 아래 절차에 따라 Kruskal 방법을 학습하고 최소비용 신장트리를 구성한다.

- (알고리즘 MST_prim)의 논의에서 Kruskal 방법의 개념을 간단히 소개하였다. Kruskal 방법으로 최소비용 신장트리를 구성하는 구체적인 절차를 조사한다.
- (그림 10.1)의 그래프를 Kruskal 방법을 적용하여 최소비용 신장트리가 구성되는 과정을 보인다.

**(2)** Kruskal 방법은 오름차순으로 정렬된 간선들을 차례대로 연결하여 최소비용 신장트리를 구성한다. 이때 사이클이 발생할 경우는 그 간선은 무시한다. Kruskal 방법으로 알고리즘을 구현할 경우 가장 어려운 부분은 사이클의 발생 여부를 확인하는 것이다. 어떤 방법으로 사이클을 확인할 수 있는가를 설명한다.

**(3)** Kruskal 방법을 가상코드 알고리즘으로 기술하고 수행시간을 분석한다.

Project

# 10.2 그래프에서 최단 경로를 찾는 문제

## 문제 정의

우리가 한 지역 A에서 다른 지역 B로 가기 위해 자동차의 내비게이션 또는 인터넷 포털 사이트에서 최단 비용을 갖는 경로를 검색하곤 한다. 이러한 응용에서 최단비용 또는 최단 경로를 찾기 위해 어떤 원리가 적용될까를 생각해 본다. 이러한 문제를 해결하기 위해 대부분의 응용에서 가중치 그래프가 사용된다. 가중치 그래프에서 정점은 한 지역을 표시하고 간선은 인접한 지역을 의미한다. 또한 간선의 가중치 값은 한 지역에서 다른 지역까지의 비용을 의미한다. 실제 응용에서 간선의 비용은 거리가 될 수 있고 금액 등이 될 수 있다.

최단 경로 문제를 해결하기 위한 가장 대표적인 알고리즘은 Dijkstra 알고리즘이다. 본 프로젝트에서는 이 알고리즘을 이용하여 가중치 그래프가 입력으로 주어질 경우 한 정점에서 다른 모든 정점까지 최단비용을 계산하고 그때의 경로를 찾는 알고리즘에 대해 알아본다.

## 자료구조 설계

본 프로젝트에서는 주어진 그래프를 표현하기 위한 자료구조로 인접행렬을 사용하고 이 행렬을 이용하여 최소비용을 갖는 경로를 탐색하는 알고리즘을 구성한다. (그림 10.4)는 본 프로젝트에서 최단 경로 문제를 해결하기 위한 예시 그래프이다.

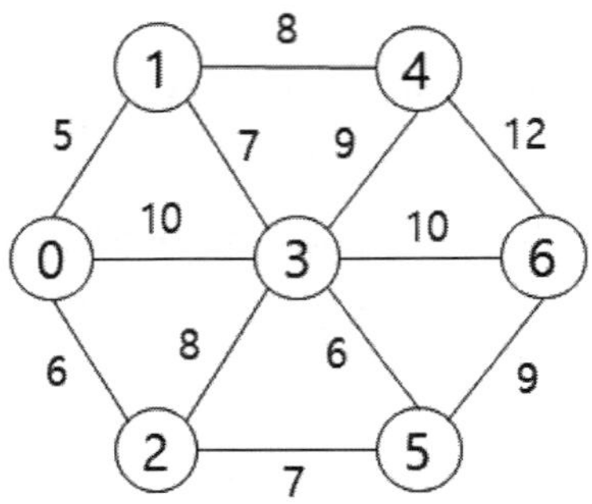


(그림 10.4) 가중치 그래프의 예

(그림 10.5)는 (그림 10.4)에서 주어진 가중치 그래프를 인접행렬(weight)로 표현한 예를 보여준다. 행렬에서 weight[i, j]의 값은 정점 i와 정점 j의 간선의 가중치 값을 의미하며 가중치 값은 실제 응용에서 거리, 비용 등의 값이 될 수 있다. 그래프에서 두 정점 간에 직접적인 경로가 존재하기 않을 경우 ∞로 표시한다.

|   | 0 | 1 | 2 | 3 | 4 | 5 | 6 |
|---|---|---|---|---|---|---|---|
| 0 | 0 | 5 | 6 | 10 | ∞ | ∞ | ∞ |
| 1 | 5 | 0 | ∞ | 7 | 8 | ∞ | ∞ |
| 2 | 6 | ∞ | 0 | 8 | ∞ | 7 | ∞ |
| 3 | 10 | 7 | 8 | 0 | 9 | 6 | 10 |
| 4 | ∞ | 8 | ∞ | 9 | 0 | ∞ | 12 |
| 5 | ∞ | ∞ | 7 | 6 | ∞ | 0 | 9 |
| 6 | ∞ | ∞ | ∞ | 10 | 12 | 9 | 0 |

**(그림 10.5)** (그림 10.4)의 인접행렬 표현 예

본 프로젝트에서는 주어진 그래프를 표현하기 위한 자료구조는 인접행렬을 사용하고 이 행렬을 이용하여 최소비용을 갖는 경로를 탐색하는 알고리즘을 구성한다. (그림 10.5)는 (그림 10.4)에서 주어진 가중치 그래프를 인접행렬(weight)로 표현한 예를 보여준다. 행렬에서 weight[i, j]의 값은 정점 i와 정점 j의 간선의 가중치 값을 의미하며 가중치 값은 실제 응용에서 거리, 비용 등의 값이 될 수 있다. 그래프에서 두 정점 간에 직접적인 경로가 존재하기 않을 경우 ∞로 표시한다.

## 알고리즘 설계

한 출발 지점에서 목적 지점까지 최소비용을 갖는 경로를 찾기 위해 가중치를 갖는 그래프로 모델링한다. 가중치 그래프에서 한 정점은 지점을 의미하고 간선은 인접한 지점간의 비용을 표시한다. 최소비용 경로 문제를 해결하기 Dijkstra 알고리즘을 사용한다. 알고리즘을 소개하기 전에 먼저 아래와 같이 간단한 용어를 정의한다.

- distance[u]를 시작 정점 v에서 정점 u까지의 최소비용으로 정의한다.

- weight[i, j]를 가중치 그래프에서 간선 (i, j)의 비용으로 정의한다. (그림 10.5)는 가중치 그래프를 인접행렬로 표현한 예를 보여주며 인접행렬에서 weight[i, j]는 정점 i와 정점 j에 대한 간선의 비용 값이다.
- S는 시작 정점 v에서 해당 목적지까지 이미 최단경로가 발견된 정점들의 집합으로 정의한다.

(그림 10.6)은 정점 v가 출발지이고 정점 u가 목적지인 상황의 예를 보여준다. 여기서 정점 k는 목적지인 정점 u와 인접 되어 있는 정점을 의미한다. distance[u]는 시작 정점 v에서 정점 u까지 현재까지 알려진 최소비용을 의미한다. 이러한 상황에서 정점 u에 인접한 정점 k를 거친다면 시작 정점 v에서 정점 u까지의 최소비용은 어떻게 변화할 것인가를 생각해 본다. Dijkstra 알고리즘의 핵심 아이디어는 정점 v에서 정점 u까지 최소비용을 계산하기 위해 현재 최소비용인 distance[u]와 정점 u에서 인접한 정점 k를 거칠 때의 비용 중에서 작은 값을 선택한다. 이를 수식으로 표현하면 다음과 같다.

distance[u] = min(distance[u], distance[k]+weight[k, u])

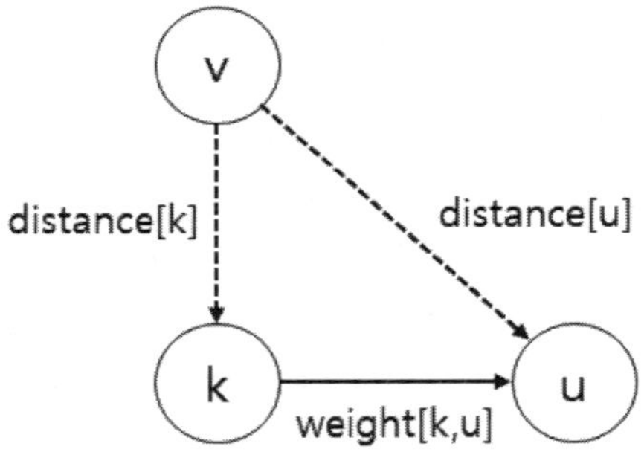


**(그림 10.6) 시작 정점 v에서 정점 u까지 비용**

(그림 10.4)에서 주어진 가중치 그래프를 사용하여 시작 정점에서 다른 모든 정점까지 최단 비용을 갖는 경로를 구하는 과정을 단계별로 살펴본다. 시작 정점을 0이라 가정하면 정점 0에서 정점 u까지의 최소비용인 distance[u]가 변화되는 과정은 (표 10.1)과 같다. 표에서 시작 정점이 0으로 주었기 때문에 초기 distance[u]의 값은 weight[0, u]가 된다. 즉, weight 배열에서 0번째 행의 값이 distance 배열의 값이 된다.

(표 10.1) 시작 정점이 0일 때 distance[u]의 변화 과정

| distance[] | 0 | 1 | 2 | 3 | 4 | 5 | 6 | 집합 S |
|---|---|---|---|---|---|---|---|---|
| (1) | 0 | 5 | 6 | 10 | ∞ | ∞ | ∞ | {0} |
| (2) | 0 | 5 | 6 | 10 | 13 | ∞ | ∞ | {0, 1} |
| (3) | 0 | 5 | 6 | 10 | 13 | 13 | ∞ | {0, 1, 2} |
| (4) | 0 | 5 | 6 | 10 | 13 | 13 | 20 | {0, 1, 2, 3} |
| (5) | 0 | 5 | 6 | 10 | 13 | 13 | 20 | {0, 1, 2, 3, 5} |
| (6) | 0 | 5 | 6 | 10 | 13 | 13 | 20 | {0, 1, 2, 3, 5, 4} |
| (7) | 0 | 5 | 6 | 10 | 13 | 13 | 20 | {0, 1, 2, 3, 5, 4, 6} |

(표 10.1)의 각 단계 별로 수행하는 과정에서 밑줄로 표시된 항은 이미 최소비용이 결정된 정점의 비용의 값을 의미한다. 음영 영역으로 표시한 부분은 다음 단계 진행을 위해 가장 작은 값이 선택되며 이 정점을 거쳤을 때 다른 정점의 최소비용이 갱신된다. 단계 별로 세부적인 수행 결과는 아래와 같다.

(1) 시작 정점 0에서 초기 distance 배열로 시작한다. 밑줄로 표시된 항은 이미 최소비용이 결정되었기 때문에 다음 단계 진행에서 생략한다.

(2) (1)에서 가장 작은 값 5가 선택되며 이때의 정점은 1이 된다. 정점 1에 인접한 정점 3과 4에 대한 최소비용을 계산하여 현재 보다 더 작은 값을 가질 경우 갱신한다.

distance[3] = min{distance[3], distance[1]+weight[1,3]}
　　　　　　= min{10, 5+7} = 10
distance[4] = min{distance[4], distance[1]+weight[1,4]}
　　　　　　= min{∞, 5+8} = 13

(3) (2)에서 가장 작은 값 6이 선택되며 이때의 정점은 2가 된다. 정점 2에 인접한 정점 3과 5에 대한 최소비용을 계산하여 현재 보다 더 작은 값을 가질 경우 갱신한다.

distance[3] = min{distance[3], distance[2]+weight[2,3]}
　　　　　　= min{10, 6+8} = 10
distance[5] = min{distance[5], distance[2]+weight[2,5]}
　　　　　　= min{∞, 6+7} = 13

(4) (3)에서 가장 작은 값 10이 선택되며 이때의 정점은 3이 된다. 정점 3에 인접한 정점 4, 5, 6에 대한 최소비용을 계산하여 현재 보다 더 작은 값을 가질 경우 갱신한다. 인접한 정점 중에서 이미 선택된 정점은 제외한다.

distance[4] = min{distance[4], distance[3]+weight[3,4]}
= min{13, 10+9} = 13
distance[5] = min{distance[5], distance[3]+weight[3,5]}
= min{13, 10+6} = 13
distance[6] = min{distance[6], distance[3]+weight[3,6]}
= min{∞, 10+10} = 20

(5) (4)에서 가장 작은 값 13이 선택되며 이때의 정점은 5가 된다. 정점 5에 인접한 정점 6에 대한 최소비용을 계산하여 현재 보다 더 작은 값을 가질 경우 갱신한다.

distance[6] = min{distance[6], distance[5]+weight[5,6]}
= min{20, 13+9} = 20

(6) (5)에서 가장 작은 값 13이 선택되며 이때의 정점은 4가 된다. 정점 4에 인접한 정점 6에 대한 최소비용을 계산하여 현재 보다 더 작은 값을 가질 경우 갱신한다.

distance[6] = min{distance[6], distance[4]+weight[4,6]}
= min{20, 13+12} = 20

(7) (6)에서 가장 작은 값 20이 선택되며 이때의 정점은 6이 된다. 정점 6에 인접한 정점들은 모두 선택되었기 때문에 종료한다.

위에서 설명한 것과 같이 모든 정점이 집합 S에 포함될 때 계산과정이 종료되며 마지막 distance 배열의 값 {0, 5, 6, 10, 13, 13, 20}이 시작 정점 0에서 각 정점까지의 최소비용이 된다. 예로서, 정점 0에서 정점 4까지의 최소비용은 distance[4]의 값인 13이 되며, 정점 6까지의 최단비용은 distance[6]의 값인 20이 된다.

(표 10.1)에서 설명한 distance 배열에는 최소비용의 값들만 저장되어 있고 그때의 경로는 알 수가 없다. 예로서, 정점 0에서 정점 6까지의 최소비용은 distance[6]의 값이 20임을 알 수 있으나 어떤 경로를 거쳐서 최소비용의 값이 나왔는지 알

수 없다. 이제 최소비용과 더불어 그때의 경로를 찾기 위한 방법에 대해서 알아본다. 최소비용을 갖는 경로를 찾기 위해 (표 10.1)의 예를 그대로 활용한다. 표에서 매 단계 마다 정점의 최소비용이 갱신되었을 경우 어떤 정점이 그 갱신에 영향을 주었는가를 기억한다. 이러한 정보를 저장하기 위해 추가적으로 path 배열을 사용한다.

(표 10.2) 최소비용 경로를 기억하기 위한 과정

| | 0 | 1 | 2 | 3 | 4 | 5 | 6 | 집합 S |
|---|---|---|---|---|---|---|---|---|
| (1) | 0 | 5 | 6 | 10 | ∞ | ∞ | ∞ | {0} |
| | 0 | 0 | 0 | 0 | 0 | 0 | 0 | |
| (2) | 0 | 5 | 6 | 10 | 13 | ∞ | ∞ | {0, 1} |
| | 0 | 0 | 0 | 0 | 1 | 0 | 0 | |
| (3) | 0 | 5 | 6 | 10 | 13 | 13 | ∞ | {0, 1, 2} |
| | 0 | 0 | 0 | 0 | 1 | 2 | 0 | |
| (4) | 0 | 5 | 6 | 10 | 13 | 13 | 20 | {0, 1, 2, 3} |
| | 0 | 0 | 0 | 0 | 1 | 2 | 3 | |
| (5) | 0 | 5 | 6 | 10 | 13 | 13 | 20 | {0, 1, 2, 3, 5} |
| | 0 | 0 | 0 | 0 | 1 | 2 | 3 | |
| (6) | 0 | 5 | 6 | 10 | 13 | 13 | 20 | {0, 1, 2, 3, 5, 4} |
| | 0 | 0 | 0 | 0 | 1 | 2 | 3 | |
| (7) | 0 | 5 | 6 | 10 | 13 | 13 | 20 | {0, 1, 2, 3, 5, 4, 6} |
| | 0 | 0 | 0 | 0 | 1 | 2 | 3 | |

(표 10.2)은 (표 10.1)의 예를 그대로 활용하였으나 매 단계에 진행 과정에 두 개의 줄이 있다. 표에서 첫 번째 줄은 distance 배열을 의미하고 두 번째 줄은 path 배열을 의미한다. path 배열은 시작 정점이 0이기 때문에 초기 값을 모두 0으로 설정한다. 다음 단계에서 distance 배열이 갱신될 때 어떤 정점이 이 갱신에 영향을 주었는가를 path 배열에서 저장한다. (표 10.2)에서 path 배열이 갱신되는 예는 아래와 같다.

- (2)에서 정점 1에 의해 distance[4]가 13으로 갱신되어 path[4]에 1을 저장한다.
- (3)에서 정점 2에 의해 distance[5]가 13으로 갱신되어 path[5]에 2를 저장한다.
- (4)에서 정점 3에 의해 distance[6]이 20으로 갱신되어 path[6]에 3을 저장한다.

이러한 과정에 따라 만들어진 최종 path 배열의 값이 최소비용을 갖는 경로를 저장한다. 예로서 시작 정점 0에서 정점 6까지 최소비용과 그때의 경로는 무엇인가라고 질문하면 아래와 같이 답을 할 수 있다.

- 최소비용: distance[6]의 값인 20이 최소비용이 된다.
- 최단경로: path[6]=3 -> path[3]=0 -> path[0]=0, 정점 6, 3, 0이 최소비용을 갖는 경로가 된다.

```
Algorithm Shortest_path(weight, n, v)
Input: 그래프의 인접행렬(weight), 정점의 개수(n), 시작정점(v)
Output: 시작정점 v에서 모든 정점까지 최소비용과 경로
create distance[n], path[n], selected[n]
for i <- 0 to n-1 do {
    distance[i] <- weight[v,i]
    path[i] <- v
    selected[i] <- 0 }
selected[v] <- 1
distance[v] <- 0
step <- 1
while (step < n) do {
    min <- ∞ // 가장 큰 정수 값으로 설정
    for i <- 0 to n-1 do
      if ((distance[i] < min) and (selected[i] = 0)) {
          min <- distance[i]
          u <- i }
    selected[u] <- 1
    for w <- 0 to n-1 do
      if (selected[w] = 0)
          if ((distance[u]+weight[u,w]) < distance[w]) {
              distance[w] <- distance[u]+weight[u,w]
              path[w] <- u }
    step <- step + 1
}
```

```
26. for i <- 0 to n-1 do {
27.    print distance[i]
28.    print path[i] }
29. end
```

(알고리즘 Shortest_path)는 최소비용을 계산하고 그때의 경로를 찾는 가상코드로 기술한 알고리즘이다. 알고리즘의 입력으로 그래프의 인접행렬, 정점의 개수, 시작 정점이 주어진다. 알고리즘의 출력은 시작 정점에서 모든 정점까지의 최단 비용과 최단 경로가 된다. 알고리즘의 4번 줄에서 세 개의 배열을 선언한다. distance 배열은 최소비용을 저장하고 path 배열은 최단 경로를 저장한다. selected 배열은 알고리즘이 수행되는 동안 이미 최단 경로로 선택된 정점들의 집합 S를 구현하기 위해 사용된다.

알고리즘의 5~8번 줄은 세 개의 배열을 초기화 한다. distance 배열은 시작 정점 v에 인접한 정점들의 가중치 값으로 초기화 하고 path 배열은 시작 정점으로 초기화 한다. selected 배열은 초기에 0으로 설정하고 알고리즘 수행과정에서 정점이 선택될 경우 1로 변경된다. 9~10번 줄은 시작 정점 v에 대해 distance 배열을 초기화하고 selected 배열을 1로 설정한다. 알고리즘의 최소비용과 최단 경로를 찾기 위한 핵심 부분은 12~25번 줄이다. 이 부분이 (표 10.2)에서 예시로 기술한 단계를 n-1번, 즉 selected 배열의 모든 값이 1이 될 때까지 반복 수행한다.

13~17번 줄의 블록이 반복 수행 동안 이전 단계에 이미 선택된 정점들을 제외하고 가장 작은 값을 갖는 정점을 선택하여 그 정점을 u로 할당한다. 정점 u는 다음 단계에서 이 정점을 거칠 경우 인접한 정점들의 최소비용이 갱신되는지를 확인하기 위해 사용된다. 18번 줄은 정점 u가 선택되어 다음 단계에서 이 정점이 제외되도록 selected 배열을 1로 변경한다. 19~23번 줄은 선택된 정점 u에 인접한 정점 w를 찾아 현재 distance[w] 값과 정점 u를 거칠 경우의 비용인 distance[u]+weight[u,w] 값을 비교하여 더 작은 값을 새로운 distance[w] 값으로 갱신한다.

알고리즘이 수행하는 동안 distance[w]에 시작 정점 v에서 정점 w까지 최소비용의 값이 저장된다. 최소비용을 갖는 경로는 path 배열에 저장되며 23번 줄에서 최소비용을 갱신하는 정점 u를 path[w]로 설정한다. 24번 줄은 다음 반복을 위해 step을 하나 증가한다. 알고리즘에서 12~25번 줄의 반복 수행이 완료되면 distance와 path 배열이 시작 정점 v에서 모든 정점까지의 최소비용과 그때의 경로를 갖는다. 26~28번 줄에서 최종적으로 계산된 최소비용 distance 배열과 그때의 경로를 갖는 path 배열을 출력한다.

### 알고리즘 분석

(알고리즘 Shortest_path)에서 12~25번 줄이 수행시간에 가장 영향을 주는 핵심 부분이다. 이 부분에서 while 블록에 포함되는 문장들은 n-1번이 수행된다. while 블록에서 첫 번째 for 블록은 distance 배열에서 가장 작은 값을 찾기 위해 n번 반복하고, 두 번째 for 블록은 정점 u를 거칠 때 u에 인접한 정점들의 최소비용을 갱신하기 위해 n번 반복한다. 따라서 이 알고리즘의 수행시간은 $O(n^2)$이 된다.

### 논의

우리는 (프로젝트 10.2)에서 최단 경로 문제에 대한 해결 방법을 학습하였다. 컴퓨터 네트워크, 자동차 내비게이션 등의 많은 응용 분야에 최단 경로 문제가 적용될 수 있다. 이러한 응용문제의 해결을 위해 이를 가중치 그래프로 모델링하여 본 프로젝트에서 학습한 최단 경로 알고리즘을 사용할 수 있다. 본 프로젝트에서 무방향 가중치 그래프를 알고리즘의 입력으로 사용하였다. 방향을 갖는 가중치 그래프에서 이 알고리즘이 그대로 적용될 수 있는지는 여러분 스스로 확인해 보길 바란다.

## ✓ 프로그램 구현 과제

**(1)** **(프로젝트 10.2)에서 설명한 (알고리즘 Shortest_path)를 프로그램 언어를 사용하여 구현한다.**

**(2)** **(1)에서 구현한 프로그램을 다음과 같은 절차에 따라 실행하여 그 결과를 확인한다.**

- (그림 10.4)와 같은 예시 그래프를 인접행렬로 표현하여 알고리즘의 입력으로 사용한다.
- 프로그램 실행을 통하여 (표 10.2)와 같은 최단 비용과 최단 경로의 변화 과정을 관찰하고 최종 결과를 확인한다.
- 다른 예시 그래프를 입력으로 주어 같은 절차를 반복하여 실행 결과를 확인한다.

**(3)** **방향 그래프를 예시로 만들어 이 알고리즘이 그대로 적용될 수 있는지를 검토하여 본다. 필요할 경우 프로그램 실행을 통하여 그 결과를 확인할 수 있다.**

Project

# 10.3 방향 그래프에서 사이클을 찾는 문제

## 문제 정의

그래프의 응용으로 이전 프로젝트에서는 가중치를 갖는 무 방향 그래프를 사용하였다. 방향 그래프는 무 방향 그래프와 다르게 정점과 정점을 연결하는 간선이 방향을 갖는다. (그림 10.7)은 방향 그래프의 예를 보여준다. 이 그래프의 경우 2-4-5-2에서 사이클이 존재한다. 본 프로젝트에서는 임의의 방향 그래프가 주어질 경우 이 그래프가 사이클을 포함하는지의 여부를 확인하는 문제를 해결한다. 만일 주어진 그래프가 사이클을 포함한다면 참 값을 그렇지 않으면 거짓 값을 반환한다.

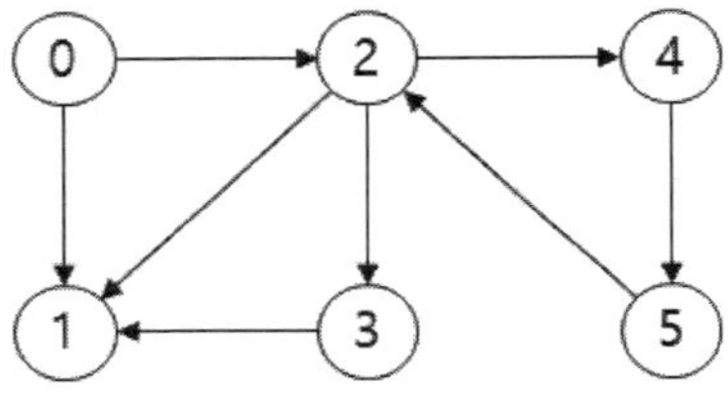


(그림 10.7) 방향 그래프의 예

## 자료구조 설계

주어진 방향 그래프에 대한 자료구조로 인접리스트를 사용한다. 그래프의 인접리스트 표현을 위해 아래와 같이 노드의 구조체를 정의한다.

```
define No_of_Vertex 6
struct G_node
      { vertex
        link } G_node
G_node List[No_of_Vertex]
```

위에서 표현한 노드 구조에서 vertex는 그래프의 정점을 의미하고 link는 연결리스트를 사용하여 다음 노드를 가리키는 포인터를 의미한다. List는 그래프의 정점 개수 n의 크기를 갖는 포인터 배열이며 List[i]는 정점 i에 인접 정점들을 연결 리스트로 구성한다. (그림 10.8)은 (그림 10.7)에서 예시로 주어진 방향 그래프에 대한 인접리스트를 보여준다.

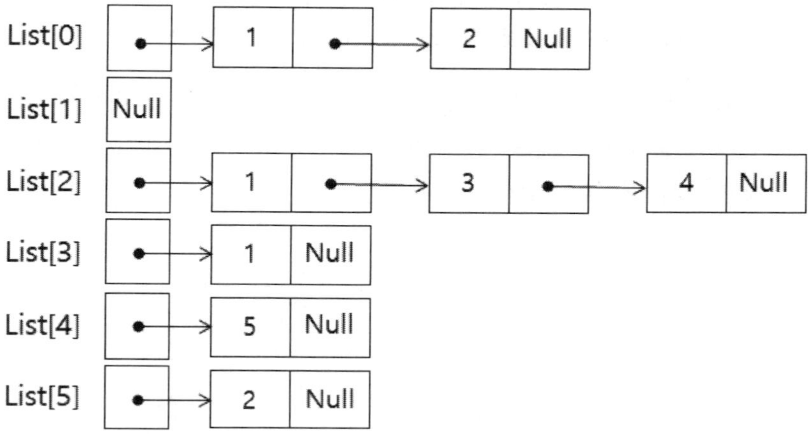


**(그림 10.8)** (그림 10.7)의 방향 그래프에 대한 인접리스트

### 알고리즘 설계

(그림 10.8)과 같이 인접리스트로 표현된 방향 그래프가 주어질 경우 이 그래프가 사이클을 포함하고 있는지를 판정하는 방법에 대해 알아본다. 만일 주어진 그래프가 사이클을 포함하면 참(true) 값을 반환하고 그렇지 않으면 거짓(false) 값을 반환한다. 우리는 이 문제를 해결하기 위해 그래프의 탐색 방법 중에서 깊이 우선 방법(DFS)을 사용한다.

연결된 그래프가 주어질 경우 깊이 우선 탐색을 수행하면 하나의 트리가 생성된다. 이런 과정으로 생성된 트리는 사이클이 존재하지 않는다. 백간선(back edge)이란 한 정점에서 자기 자신에 대한 간선(자체 루프)을 갖거나 깊이 우선 탐색 과정에서 생성된 트리에서 그 정점의 조상 정점에 연결된 간선을 의미한다. 따라서 주어진 그래프를 깊이 우선 탐색을 수행하는 동안 백간선이 존재하면 그 그래프는 사이클을 갖게 된다.

(그림 10.7)의 방향 그래프에서 시작 정점을 0으로 하여 아래와 같은 절차를 따라 깊이 우선 탐색을 수행하면 (그림 10.9)와 같은 트리가 만들어 진다.

- 시작 정점 0에 인접한 정점 중에서 정점 1을 선택한다. 정점 1에 인접한 정점이 없기 때문에 다시 정점 0으로 돌아와서 인접한 정점 2를 선택한다.

- 정점 2에 인접한 정점 중에서 아직 방문되지 않은 정점 3을 선택한다. 정점 3에 인접한 정점 1은 이미 방문되었기 때문에 다시 정점 2로 되돌아온다.
- 정점 2에 인접한 정점 중에서 아직 방문되지 않은 정점 4를 선택하여 방문한다. 정점 4에서 인접한 정점 5를 선택하여 방문한다.
- 정점 5에서 인접한 정점 2는 이미 선택된 정점이며 트리에서 조상 정점에 해당하기 때문에 〈5, 2〉는 백간선이 된다. 따라서 (그림 10.7)의 그래프는 백간선을 포함하기 때문에 사이클이 존재한다.

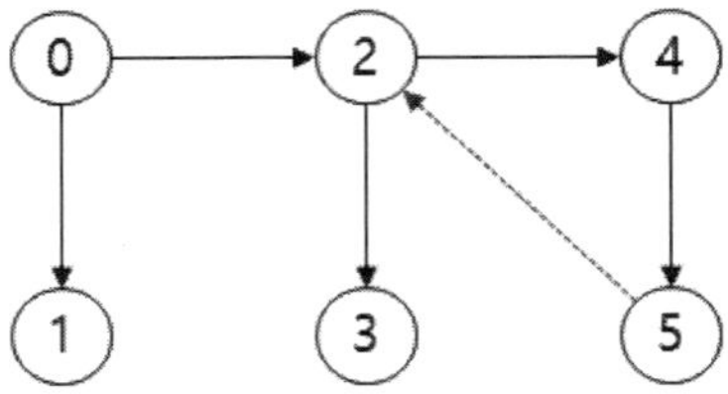


(그림 10.9) 백간선의 예

이제 알고리즘의 구현을 위해 깊이 우선 탐색이 수행되는 과정에서 백간선을 탐지하는 방법에 대해서 알아본다. 깊이 우선 탐색 방법은 (프로젝트 9.1)에서 이미 학습하였다. 이 알고리즘에서 시작 정점에서 출발하여 이미 방문된 정점을 체크하기 위해 visited 배열을 사용하였다. 또한 깊이 우선 방법을 순환적인 알고리즘으로 구현하여 내부적으로 스택을 사용한다. 깊이 우선 탐색 과정에서 백간선의 여부를 확인하기 위해 r_stack 배열을 추가적으로 사용한다.

r_stack 배열은 순환적 방법으로 깊이 우선 탐색이 호출될 때마다 이미 탐색된 정점의 트랙을 유지하기 위해 사용된다. 만일 탐색 과정에서 현재 방문하는 정점에 인접한 간선을 갖는 정점이 r_stack 배열에 존재 한다면 이 간선은 백간선이 된다. (그림 10.7)의 그래프에서 시작 정점 0에서 출발하여 깊이 우선 탐색을 수행한다. 다음은 이러한 탐색 과정에서 백간선을 찾기 위해 visited와 r_stack 배열의 변화 과정을 보여준다.

(1) visited와 r_stack 배열의 초기 값을 0으로 설정한다.

| | 0 | 1 | 2 | 3 | 4 | 5 |
|---|---|---|---|---|---|---|
| visited[] | 0 | 0 | 0 | 0 | 0 | 0 |
| r_stack[] | 0 | 0 | 0 | 0 | 0 | 0 |

(2) 시작 정점 0을 선택하여 방문한다. visited[0]과 r_stack[0]을 1로 설정한다.

| | 0 | 1 | 2 | 3 | 4 | 5 |
|---|---|---|---|---|---|---|
| visited[] | 1 | 0 | 0 | 0 | 0 | 0 |
| r_stack[] | 1 | 0 | 0 | 0 | 0 | 0 |

(3) 정점 0에 인접한 정점 중에서 정점 1을 선택하여 방문한다. visited[1]과 r_stack[1]을 1로 설정한다.

| | 0 | 1 | 2 | 3 | 4 | 5 |
|---|---|---|---|---|---|---|
| visited[] | 1 | 1 | 0 | 0 | 0 | 0 |
| r_stack[] | 1 | 1 | 0 | 0 | 0 | 0 |

(4) 정점 1에 인접한 정점이 없기 때문에 이전 정점 0으로 되돌아간다. 이때 r_stack[1]을 0으로 변경한다.

| | 0 | 1 | 2 | 3 | 4 | 5 |
|---|---|---|---|---|---|---|
| visited[] | 1 | 1 | 0 | 0 | 0 | 0 |
| r_stack[] | 1 | 0 | 0 | 0 | 0 | 0 |

(5) 정점 0에 인접한 정점 중에서 아직 선택되지 않은 정점 2를 방문한다. visited[2]과 r_stack[2]를 1로 설정한다.

| | 0 | 1 | 2 | 3 | 4 | 5 |
|---|---|---|---|---|---|---|
| visited[] | 1 | 1 | 1 | 0 | 0 | 0 |
| r_stack[] | 1 | 0 | 1 | 0 | 0 | 0 |

(6) 정점 2에 인접한 정점 중에서 정점 1은 이미 방문되었기 때문에 정점 3을 선택하여 방문한다. visited[3]과 r_stack[3]을 1로 설정한다.

| | 0 | 1 | 2 | 3 | 4 | 5 |
|---|---|---|---|---|---|---|
| visited[] | 1 | 1 | 1 | 1 | 0 | 0 |
| r_stack[] | 1 | 0 | 1 | 1 | 0 | 0 |

(7) 정점 3에 인접한 정점 1은 이미 방문되었기 때문에 이전 정점 2로 되돌아간다. 이때 r_stack[3]을 0으로 변경한다.

| | 0 | 1 | 2 | 3 | 4 | 5 |
|---|---|---|---|---|---|---|
| visited[] | 1 | 1 | 1 | 1 | 0 | 0 |
| r_stack[] | 1 | 0 | 1 | 0 | 0 | 0 |

(8) 정점 2에 인접한 정점 중에서 아직 방문되지 않은 정점 4를 선택하여 방문한다. visited[4]와 r_stack[4]를 1로 설정한다.

| | 0 | 1 | 2 | 3 | 4 | 5 |
|---|---|---|---|---|---|---|
| visited[] | 1 | 1 | 1 | 1 | 1 | 0 |
| r_stack[] | 1 | 0 | 1 | 0 | 1 | 0 |

(9) 정점 4에 인접한 정점 5를 선택하여 방문한다. visited[5]와 r_stack[5]를 1로 설정한다.

| | 0 | 1 | 2 | 3 | 4 | 5 |
|---|---|---|---|---|---|---|
| visited[] | 1 | 1 | 1 | 1 | 1 | 1 |
| r_stack[] | 1 | 0 | 1 | 0 | 1 | 1 |

(10) 정점 5에 인접한 정점 2는 이미 선택된 정점이고 r_stack[2]의 값이 1이기 때문에 방문 트리에서 정점 2는 정점 5의 조상이 된다. 따라서 두 정점을 연결하는 〈5, 2〉는 백간선이 된다.

| | 0 | 1 | 2 | 3 | 4 | 5 |
|---|---|---|---|---|---|---|
| visited[] | 1 | 1 | 1 | 1 | 1 | 1 |
| r_stack[] | 1 | 0 | 1 | 0 | 1 | 1 |

위에서 (그림 10.7)의 그래프에서 시작 정점이 0일 경우 깊이 우선 탐색을 수행하는 과정에서 백간선을 찾는 과정을 알아보았다. visited 배열은 해당 정점이 방문되었는지를 확인하고 r_stack 배열은 방문 트리에서 해당 정점에 인접한 정점이 조상인가를 판단하기 위해 사용된다. 예로서 (7)의 경우는 정점 3에 인접한 정점 1의 visited[1]의 값이 1이나 r_stack[1]의 값이 0이기 때문에 〈3, 1〉은 백간선이 아니다. (10)의 경우에서 정점 5에 인접한 정점 2의 visited[1]과 r_stack[1]의 값이 모두 1이기 때문에 〈5, 2〉는 백간선이 된다. 따라서 정점 2->4->5->2에서 사이클이 존재한다.

```
Algorithm Graph_cycle(List, n)
Input: 방향 그래프의 인접리스트(List), 정점의 개수 n
Output: 사이클이 존재 하면 true 그렇지 않으면 false
create visited[n] and r_stack[n] // 글로벌 배열로 정의
for i <- 0 to n-1 do {
  visited[i] <- 0
  r_stack[i] <- 0 }
for i <- 0 to n-1 do
  if (Graph_dfs(i, List)) return true
return false
```

```
Algorithm Graph_dfs(v, List)
Input: 시작정점 v, 방향 그래프의 인접리스트(List)
Output: 백간선이 존재하면 true 그렇지 않으면 false
if (visited[v] = 0) {
   visited[v] <- 1
   r_stack[v] <- 1
   w <- List[v]
   while (w != Null) do {
      t <- w.vertex
      if ((visited[t] = 0) and (Graph_dfs(t, List)) return true
      else if (r_stack[t]) return true
      w <- w.link }
   }
r_stack[v] <- 0
return false
```

(알고리즘 Graph_dfs)는 (프로젝트 9.1)에서 학습한 깊이 우선 탐색 알고리즘을 사용하여 그래프의 사이클 존재 여부를 확인하도록 변형한 알고리즘이다. 알고리즘의 입력으로 시작 정점 v와 방향 그래프의 인접리스트가 주어진다. 출력은 깊이 우선 탐색 과정 동안 백간선이 존재하면 사이클이 발생하기 때문에 true 값을 반환하고 그렇지 않으면 false 값을 반환한다.

4~13번 줄은 주어진 정점 v가 아직 방문되지 않았을 경우 수행된다. 5~6번 줄은 정점 v가 선택되었기 때문에 visited와 r_stack 배열을 1로 설정한다. 7번 줄은 인접리스트에서 정점 v에 인접한 첫 번째 정점을 선택한다. 8~12번 줄은 정점 v에 인접한 모든 정점들을 방문하여 백간선이 존재하는지를 검사한다. 9~10번 줄은 정점 v에 인접한 한 정점을 가져와서 그 정점이 아직 방문되지 않았을 경우 순환적 방법으로 깊이 우선 탐색을 수행한다. 11번 줄은 정점 v에 인접한 정점이 방문되었고 r_stack의 배열 값이 1일 경우 백간선이 존재하는 것으로 판단하여 true 값을 반환한다. 14번 줄은 해당 정점이 더 이상 인접한 정점을 갖지 않을 경우 r_stack의 배열을 0으로 설정한다. 15번 줄은 깊이 우선 탐색 과정 동안 백간선이 존재하지 않을 경우 false 값을 반환한다.

(알고리즘 Graph_cycle)은 (알고리즘 Graph_dfs)를 정점의 개수만큼 반복 호출하여 주어진 방향 그래프가 사이클을 갖는지를 확인하는 알고리즘이다. 알고리즘 4~7번 줄에서 visited와 r_stack 배열을 글로벌 변수로 선언하고 이들 배열의 값을 0으로 초기화 한다. 8~9번 줄은 정점 0에서 시작하여 (알고리즘 Graph_dfs)를 반복적으로 호출하여 주어진 그래프가 사이클을 갖는지를 검사한다. 반복 호출 과정 동안 사이클이 발생하면 true 값을 반환하고 그렇지 않으면(10번 줄) false 값을 반환한다.

### 알고리즘 분석

(알고리즘 Graph_cycle)에서 (알고리즘 Graph_dfs)를 정점의 개수만큼 반복 호출한다. 주어진 방향 그래프가 n개의 정점과 e개의 간선을 갖는다고 가정한다. (프로젝트 9.1)에서 깊이 우선 탐색 알고리즘의 수행시간을 분석한 것과 같이 이 알고리즘에서 정점의 개수만큼 (알고리즘 Graph_dfs)를 호출하지만 전체적으로 n개 정점을 초과하여 방문하지 않는다. 또한 (알고리즘 Graph_dfs)는 e개의 간선을 초과하여 수행되지 않는다. 따라서 주어진 그래프가 사이클을 포함하는지의 여부를 판단하는 (알고리즘 Graph_cycle)의 수행시간은 $O(n+e)$이다.

### 논의

우리는 (프로젝트 10.3)에서 그래프의 응용으로 방향 그래프가 주어질 경우 이 그래프가 사이클을 포함하는가를 판단하는 문제를 해결하기 위한 자료구조 및 알고리즘을 설계하였다. 이 문제의 해결을 위해 이미 학습한 깊이 우선 탐색 알고리즘을 기본으로 하여 사이클 검사를 위해 백간선의 존재 여부를 확인하였다. 본 프로젝트에서는 주어진 방향 그래프에 대해 단지 사이클 존재 여부만을 확인하는 알고리즘을 설명하였다. 이 문제를 좀 더 확장하면 사이클의 존재 여부와 더불어 사이클의 개수와 사이클이 발생한 경로 등이 포함될 수 있다.

## ✓ 프로그램 구현 과제

**(1) (프로젝트 10.3)에서 학습한 방향 그래프의 사이클을 검사하기 위한 아래의 알고리즘을 프로그램 언어를 사용하여 구현한다.**

- Algorithm Graph_cycle: 주어진 방향 그래프의 사이클 검사
- Algorithm Graph_dfs: 깊이 우선 탐색 동안 백간선의 여부 검사

**(2) (1)에서 구현한 알고리즘을 다음과 같은 절차에 따라 수행하고 그 결과를 확인한다.**

- (그림 10.7)의 방향 그래프를 예시로 사용하여 (그림 10.8)의 인접리스트를 입력으로 사용한다.
- 프로그램 실행을 통하여 visited와 r_stack 배열의 변화를 확인한다.
- 프로그램 실행 과정에서 백간선이 발생한 지점을 확인한다.

**(3) 본 프로젝트에서 구현한 프로그램은 주어진 방향 그래프가 사이클을 갖는지의 여부만을 판단한다. 다음과 같은 문제를 확대하여 고려할 때 이들 문제를 해결하기 위한 방법을 논의해 본다.**

- 주어진 방향 그래프에 몇 개의 사이클이 존재하는가?
- 각 사이클에 대한 경로는 어떻게 확인할 수 있겠는가?

Part 11

# 정렬

Project

# 11.1 삽입정렬을 사용한 정수 값의 정렬

## 문제 정의

정렬이란 입력으로 주어진 순서화되지 않은 리스트를 오름차순 또는 내림차순으로 정돈한 순서화된 리스트이다. 정렬은 컴퓨터로 다양한 문제를 해결하기 위한 기본적인 도구 중의 하나이다. 예로서 어떤 모임에서 이름을 오름차순으로 정리하면 사람의 이름을 쉽게 찾을 수 있다. 또한 일상생활에서 널리 사용하는 엑셀, 문서 편집기 등과 같은 소프트웨어에서도 정렬 기능을 자주 사용하곤 한다.

삽입정렬은 정렬된 데이터와 정렬되지 않은 데이터로 구분하여 정렬되지 않은 데이터를 차례로 정렬된 데이터에 삽입하는 알고리즘이다. 삽입정렬은 입력 데이터의 일부가 상당부분 정렬되어 있을 경우 좋은 성능을 발휘한다. 본 프로젝트에서 랜덤하게 생성된 n개의 양의 정수 리스트가 주어질 경우 이를 삽입정렬을 사용하여 오름차순으로 정렬하는 자료구조와 알고리즘을 설계한다.

## 자료구조 설계

자료구조는 아래와 같이 1차원 배열인 random_data를 사용한다. 배열에 저장될 데이터는 양의 정수 값으로 랜덤하게 주어진다. 이 배열의 데이터를 오름차순으로 정렬하여 다시 random_data 배열에 저장한다.

정렬 전: random_data[] = {정렬되지 않은 랜덤 데이터}

정렬 후: random_data[] = {오름차순으로 정렬된 데이터}

## 알고리즘 설계

삽입정렬의 기본적인 아이디어는 정렬된 리스트와 정렬되지 않은 리스트로 구분하여 정렬되지 않은 리스트의 첫 번째 값을 정렬된 리스트에 삽입한다. 이러한 과정을 전체 리스트가 한 개의 정렬된 리스트를 가질 때까지 반복한다.

| $a_0$ $a_1$ ...... $a_{j-1}$ | $b_j$ $b_{j+1}$ ....... $b_{n-1}$ |
|---|---|
| 오름차순 정렬 리스트 | 정렬되지 않은 리스트 |

**(그림 11.1)** 삽입정렬의 현재 상태

| $a_0$ $a_1$ ...... $a_j$ | $b_{j+1}$ $b_{j+2}$ ....... $b_{n-1}$ |
|---|---|
| 오름차순 정렬 리스트 | 정렬되지 않은 리스트 |

**(그림 11.2)** 삽입정렬의 다음 상태

(그림 11.1)은 n개의 데이터 중에서 왼쪽 j 개의 리스트($a_k, 0 \le k \le j-1$)는 오름차순으로 정렬되어 있고 오른쪽 n-j 개의 리스트($b_k, j \le k \le n-1$)는 정렬되어 있지 않은 상황을 보여준다. 오른쪽의 정렬되지 않은 리스트에서 j 번째의 값 $b_j$를 왼쪽의 정렬된 리스트에서 가장 끝에 있는 값인 $a_{j-1}$과 비교한다. 만일 $b_j$가 $a_{j-1}$보다 더 작을 경우 $a_{j-1}$를 오른쪽으로 하나 이동하고 다시 왼쪽으로 이동하여 $a_{j-2}$와 비교한다. 즉 왼쪽 리스트의 가장 뒤쪽부터 $b_j$를 비교하여 더 작은 값을 가지면 계속 왼쪽으로 이동하고 그렇지 않으면 해당 위치에 $b_j$를 삽입한다.

(그림 11.2)는 $b_j$를 이동한 후에 왼쪽은 j+1 개의 정렬된 리스트, 오른쪽은 n-j-1 개의 정렬되지 않은 리스트를 보여준다. 이러한 과정을 오른쪽의 정렬되지 않은 리스트가 더 이상 존재하지 않을 때까지 반복하면 오름차순으로 정렬된 리스트를 생성한다. (표 11.1)은 예를 통하여 삽입정렬이 수행되는 과정을 보여준다. 표에서 음영 영역은 정렬된 리스트를 의미하고 그렇지 않은 부분은 정렬되지 않은 리스트를 의미한다. 정렬되지 않은 리스트에서 첫 번째 값을 밑줄로 표기 하였으며 이 값이 삽입을 위한 기준 값이 된다.

(1) 오른쪽 리스트에서 2를 왼쪽의 정렬 리스트 값 4와 비교한다. 2보다 4가 더 작기 때문에 4를 오른쪽으로 이동하고 여기에 2를 삽입한다.

(2) 오른쪽 리스트에서 8을 왼쪽의 정렬 리스트 값 4와 비교한다. 4보다 8이 더 크기 때문에 더 이상 진행하지 않는다.

(3) 오른쪽 리스트에서 1을 왼쪽의 정렬 리스트 값 8, 4, 2와 차례로 비교하여 이들 값을 오른쪽으로 이동하고 2의 위치에 1을 삽입한다.

(4) 오른쪽 리스트에서 7을 왼쪽의 정렬 리스트 값 8과 비교한다. 8보다 7이 더

작기 때문에 8을 오른쪽으로 이동하고 다시 4와 비교한다. 7은 4보다 크기 때문에 여기서 진행을 멈추고 8의 위치에 7을 삽입한다.

(5) 오른쪽 리스트에서 5를 왼쪽의 정렬 리스트 값 8, 7과 비교하여 오른쪽으로 이동하고 3보다 크기 때문에 7의 위치에 5를 삽입한다.

(6) 오른쪽 리스트에서 더 이상 자료가 없기 때문에 이 과정을 종료한다. 그러면 최종 리스트가 오름차순으로 정렬된 결과가 된다.

**(표 11.1) 삽입정렬의 예**

| | | | | | | |
|---|---|---|---|---|---|---|
| (1) | 4 | 2 | 8 | 1 | 7 | 5 |
| (2) | 2 | 4 | 8 | 1 | 7 | 5 |
| (3) | 2 | 4 | 8 | 1 | 7 | 5 |
| (4) | 1 | 2 | 4 | 8 | 7 | 5 |
| (5) | 1 | 2 | 3 | 7 | 8 | 5 |
| (6) | 1 | 2 | 3 | 5 | 7 | 8 |

```
Algorithm Insertion_sort(random_data, n)
Input: 양의 정수를 갖는 데이터 배열(random_data), 데이터 수(n)
Output: 오름차순으로 정렬된 배열(random_data)
for i <- 1 to n-1 do {
    key <- random_data[i]
    index <- i-1
    while ((index >= 0) and (random_data[index] > key)) do {
        random_data[index+1] <- random_data[index]
        index <- index-1
    }
    random_data[index+1] <- key
}
return random_data
```

(알고리즘 Insertion_sort)는 위에서 기술한 과정을 가상코드를 기술한 알고리즘이다. 알고리즘의 입력으로 양의 정수를 갖는 n개의 랜덤 값들이 저장된

random_data 배열이 주어진다. 알고리즘의 출력은 입력 배열을 오름차순으로 정렬한 배열인 random_data가 된다. 알고리즘에서 4~12번 줄이 정렬된 리스트와 정렬되지 않은 리스트로 구분하여 정렬되지 않은 리스트의 첫 번째 값을 정렬된 리스트의 맨 뒤쪽부터 비교하여 제 자리에 삽입하는 부분이다. 첫 번째 수행에서 정렬된 리스트는 배열의 첫 번째 값이 된다.

5번 줄에서 정렬되지 않은 리스트에서 첫 번째 값을 키 값으로 설정하고 6번 줄은 정렬된 리스트의 마지막 번째 값의 인덱스 값을 설정한다. 7~10번 줄에서 정렬되지 않은 첫 번째 값인 key 값을 정렬된 리스트의 맨 뒤쪽 값부터 차례대로 비교하여 그 값이 키 값보다 클 경우 오른쪽으로 이동한다. 7~10번 줄에서 key 값이 정렬된 리스트의 비교 값보다 클 때 종료되고 11번 줄에서 key 값을 해당 위치에 삽입한다. 마지막으로 13번 줄에서 오름차순으로 정렬된 결과를 반환한다.

### 알고리즘 분석

(알고리즘 Insertion_sort)에서 수행시간의 주요 요인은 반복문에서 정렬되지 않은 첫 번째 값과 정렬된 리스트에서 이 값과의 비교와 이동 횟수이다. 삽입정렬에서 정렬되지 않은 리스트의 키 값이 정렬된 리스트의 값들과 차례대로 비교되기 때문에 입력 데이터의 유형에 따라 수행시간이 달라 질 수 있다. (표 11.2)는 입력 데이터가 오름차순으로 정렬된 리스트로 주어질 경우 삽입정렬의 과정을 보인다. 표에서 마지막 칸은 각 단계에서 정렬을 위한 비교 횟수를 의미한다. 입력 데이터가 5개 일 때 전체 비교 회수는 4번이다. 따라서 이런 경우 입력 데이터의 수가 n일 때 수행시간은 O(n)이 된다.

(표 11.2) 입력 데이터가 오름차순으로 정렬된 경우

| 입력 데이터 | | | | | 비교 횟수 |
|---|---|---|---|---|---|
| 1 | 2 | 3 | 4 | 5 | 1 |
| 1 | 2 | 3 | 4 | 5 | 1 |
| 1 | 2 | 3 | 4 | 5 | 1 |
| 1 | 2 | 3 | 4 | 5 | 1 |
| 1 | 2 | 3 | 4 | 5 | |

(표 11.3)은 반대로 입력 데이터가 내림차순으로 정렬되어 주어진 경우이다. 이런 경우 오른쪽의 정렬되지 않은 리스트의 키 값이 왼쪽의 정렬된 리스트의 모든 값들보다 작기 때문에 왼쪽 정렬된 리스트의 모든 값을 비교해야 한다. 따라서 입력 데이터의 수가 n일 경우 전체 비교 횟수는 1 + 2 + ... + n-1이 되어 수행시간은 $O(n^2)$이 된다.

(표 11.3) 입력 데이터가 내림차순으로 정렬된 경우

| 입력 데이터 | | | | | 비교 횟수 |
|---|---|---|---|---|---|
| 5 | $\underline{4}$ | 3 | 2 | 1 | 1 |
| 4 | 5 | $\underline{3}$ | 2 | 1 | 2 |
| 3 | 4 | 5 | $\underline{2}$ | 1 | 3 |
| 2 | 3 | 4 | 5 | $\underline{1}$ | 4 |
| 1 | 2 | 3 | 4 | 5 | |

**논의**

우리는 (프로젝트 11.1)에서 n개의 정수 값을 갖는 리스트가 주어질 경우 이를 오름차순으로 정렬하기 위한 삽입정렬 알고리즘을 소개하였다. 삽입정렬 알고리즘은 입력 데이터의 유형에 따라 수행시간이 달라지는 것을 확인하였다. 삽입정렬의 수행시간은 평균적으로 $O(n^2)$이지만 입력 데이터의 상당 부분이 이미 오름차순으로 정렬되어 있을 경우 좋은 성능을 발휘한다. 반대로 입력 데이터의 많은 부분이 내림차순으로 정렬되어 있을 경우 최악의 성능을 발휘한다.

예로서 대학 학생들이 입학을 하게 되면 학번이 이미 결정되어 오름차순으로 정렬되어 있다. 시간이 지나면 신입생과 편입생이 들어오고 자퇴 또는 제적자 등이 발생할 수 있다. 이런 경우 이미 학번 순으로 상당부분 오름차순으로 정렬되어 있기 때문에 전체 리스트를 다시 정렬하기 위해서는 삽입정렬을 선택하는 것이 효율적이다.

## ✓ 프로그램 구현 과제

**(1)** (프로젝트 11.1)에서 학습한 (알고리즘 Insertion_sort)를 프로그램 언어를 사용하여 구현한다.

**(2)** 아래와 같은 입력 리스트를 생성하여 (1)에서 구현한 프로그램을 실행하여 수행시간을 비교해 본다. 수행시간 비교는 (표 11.3)에서 보여준 것과 같이 비교 횟수를 사용한다. 비교 횟수의 카운트를 위해 알고리즘에서 해당 부분을 수정할 수 있다.

- 랜덤 함수를 사용하여 0에서 9999 사이의 양의 정수 값을 n개 생성하여 프로그램을 실행한다.
- 오름차순으로 정렬된 n개의 데이터(0에서 9999 사이의 양의 정수 값)를 입력으로 주어 프로그램을 실행한다.
- 내림차순으로 정렬된 n개의 데이터(0에서 9999 사이의 양의 정수 값)를 입력으로 주어 프로그램을 실행한다.

**(3)** (2)에서 실행한 결과를 분석하여 수행시간 측면에서 이 알고리즘의 장단점을 논의한다.

**(4)** 레코드란 여러 개의 필드들의 모임을 의미한다. 예로서 학생의 개인신상 정보의 레코드에는 학번, 이름, 주소, 전화번호, 성적 등 많은 항목의 정보가 포함된다. 이와 같이 레코드의 길이가 큰 데이터의 집단을 정렬하기 위해 삽입정렬을 사용할 경우 문제가 되는 부분에 대해 논의한다.

Project

# 11.2 퀵 정렬을 사용한 정수 값의 정렬

## 문제 정의

(프로젝트 11.1)에서 정수 값을 갖는 리스트를 오름차순으로 정렬하기 위한 방법으로 삽입정렬 알고리즘을 소개하였다. 본 프로젝트에서는 또 다른 정렬 방법인 퀵 정렬에 대한 알고리즘의 개념을 학습하고 이 정렬을 사용하여 양의 정수 값을 갖는 리스트를 오름차순으로 정렬하는 알고리즘을 학습한다. 퀵 정렬은 한 리스트가 주어지면 피봇 값을 선택하여 그 값을 기준으로 두 개의 리스트로 분할한다. 피봇 값 보다 작은 값들을 왼쪽 리스트에 피봇 보다 큰 값을 오른쪽 리스트에 배치한다.

퀵 정렬은 전형적인 분할 정복(divide and conquer) 방법 중의 하나이다. 이러한 과정을 매 단계별 반복 수행하면 리스트가 두 배수로 분할되며 최종적으로 한 개의 값을 갖는 리스트로 분할될 때 입력 데이터가 오름차순으로 정렬된다. 본 프로젝트에서는 랜덤하게 생성된 n개의 양의 정수 값을 갖는 리스트가 주어질 경우 이를 퀵 정렬을 사용하여 오름차순으로 정렬하는 자료구조와 알고리즘을 설계한다.

## 자료구조 설계

자료구조는 (프로젝트 11.1)에서와 같이 양의 정수 값을 갖는 1차원 배열 random_data를 사용한다. 배열에 저장될 데이터는 랜덤하게 주어지며 이 배열의 데이터를 오름차순으로 정렬하여 다시 random_data 배열에 저장한다.

정렬 전 : random_data[] = {정렬되지 않은 랜덤 데이터}

정렬 후 : random_data[] = {오름차순으로 정렬된 데이터}

## 알고리즘 설계

퀵 정렬에 대한 알고리즘을 기술하기 전에 퀵 정렬의 기본적인 개념에 대해 살펴본다. 정렬을 위한 리스트가 주어지면 퀵 정렬에서 가장 중요한 것은 이 리스트의 분할을 위해 피봇 값을 선택하는 것이다. 피봇 값의 선택에 따라 리스트 분할에 영향을 줄 수 있기 때문이다. 피봇 값은 리스트에서 첫 번째 값, 중앙값, 마지막 값 등을 선택할 수 있다. 중앙값을 선택하면 피봇 값을 중심으로 두 개의 리스트가 균등하게 분포되는 장점이 있다. 후에 이러한 부분은 실험을 통하여 확인해 보기로 한다.

(그림 11.3)에서 (a)와 같이 초기 상태로 n개의 정렬되지 않은 양의 정수를 갖는 리스트가 주어진다고 가정해 본다. (그림 11.3) (a)의 리스트에서 피봇 값은 첫 번째 값, 중앙 값, 임의의 값 등이 선택될 수 있다. 본 프로젝트에서는 리스트의 첫 번째 값을 피봇 값으로 사용한다. 피봇 값을 기준으로 (그림 11.3)의 (b)에 보인 것과 같이 리스트를 두개로 분할한다. 분할된 리스트에서 왼쪽 리스트는 피봇 값들보다 작은 값들을 가지며 오른쪽 리스트는 피봇 값보다 큰 값을 갖는다. 다음에 왼쪽 리스트에 대해서 같은 절차를 반복하고 왼쪽 리스트의 반복이 완료되면 오른쪽 리스트에 대해서 같은 절차를 반복한다. 이러한 과정을 통하여 정렬하는 방식을 퀵 정렬이라 한다.

| n개의 양의 정수 값을 갖는 리스트 |
|---|

(a) 초기 상태

| 피봇 값보다 작은 값을 갖는 리스트 | 피봇 | 피봇 값보다 큰 값을 갖는 리스트 |
|---|---|---|

(b) 초기 상태 리스트에 피봇을 적용한 단계

**(그림 11.3) 피봇 값에 따라 리스트를 분할한 예**

(표 11.4)는 입력 데이터가 {27, 4, 37, 2, 62, 12, 59, 16, 49, 18}이 주어질 경우 퀵 정렬 방법을 사용하여 정렬하는 과정의 예를 보여준다. 리스트에서 첫 번째 값을 피봇 값으로 사용한다. 표에서 left와 right는 현재 정렬을 진행 중인 리스트를 갖는 배열의 인덱스 값을 의미한다. 각 단계에 대한 세부적인 설명은 아래와 같다.

(1) 첫 번째 값(27)을 피봇 값으로 선택한다. 왼쪽에서 오른쪽으로 진행하면서 피봇 보다 큰 값 37을 찾고, 맨 오른쪽에서 왼쪽으로 진행하면서 피봇 보다 작은 값 18을 찾아 이 두 값을 교환한다.

(2) 같은 방법으로 왼쪽에서 오른쪽으로 진행하면 피봇 보다 큰 값 62를 찾고 오른쪽에서 왼쪽으로 진행하면서 피봇 보다 작은 값 16을 찾아 이 두 값을 교환한다.

(3) 같은 방법으로 피봇 보다 큰 값 59와 작은 값 12를 찾는다. 이때 두 값의 인덱스가 크로스 하였기 때문에 12를 피봇 값과 교환한다. 그러면 피봇 값 27을 기준으로 두 개의 리스트로 분할되며 왼쪽에는 더 작은 값을 갖는 리스트 {12, 4, 18, 2, 16}, 오른쪽에는 더 큰 값을 갖는 리스트 {59, 62, 49, 37}이 만들어진다.

(표 11.4) 피봇 값의 분할에 의한 퀵 정렬의 예

| | [0] | [1] | [2] | [3] | [4] | [5] | [6] | [7] | [8] | [9] | left | right |
|---|---|---|---|---|---|---|---|---|---|---|---|---|
| (1) | 27 | 4 | 37 | 2 | 62 | 12 | 59 | 16 | 49 | 18 | 0 | 9 |
| (2) | 27 | 4 | 18 | 2 | 62 | 12 | 59 | 16 | 49 | 37 | | |
| (3) | 27 | 4 | 18 | 2 | 16 | 12 | 59 | 62 | 49 | 37 | | |
| (4) | 12 | 4 | 18 | 2 | 16 | 27 | 59 | 62 | 49 | 37 | 0 | 4 |
| (5) | 12 | 4 | 2 | 18 | 16 | 27 | 59 | 62 | 49 | 37 | | |
| (6) | 2 | 4 | 12 | 18 | 16 | 27 | 59 | 62 | 49 | 37 | 0 | 1 |
| (7) | 2 | 4 | 12 | 18 | 16 | 27 | 59 | 62 | 49 | 37 | 3 | 4 |
| (8) | 2 | 4 | 12 | 16 | 18 | 27 | 59 | 62 | 49 | 37 | 6 | 9 |
| (9) | 2 | 4 | 12 | 16 | 18 | 27 | 59 | 37 | 49 | 62 | | |
| (10) | 2 | 4 | 12 | 16 | 18 | 27 | 49 | 37 | 59 | 62 | 6 | 7 |
| (11) | 2 | 4 | 12 | 16 | 18 | 27 | 37 | 49 | 59 | 62 | 9 | 9 |
| (12) | 2 | 4 | 12 | 16 | 18 | 27 | 37 | 49 | 59 | 62 | | |

(4) 이제 두 개의 분할된 리스트 중에서 왼쪽 리스트인 {12, 4, 18, 2, 16}에서 대해서 첫 번째 값인 12를 피봇 값으로 설정하여 같은 절차를 반복한다.

(5) 2의 값을 갖는 위치에서 인덱스가 크로스가 일어나 이 값을 피봇 값 12와 교체한다. 그러면 피봇 값 12를 기준으로 왼쪽에는 {2, 4}, 오른쪽에는 {18, 16}으로 리스트가 분할된다.

(6) 왼쪽 리스트 {2, 4}가 정렬된다.

(7) 오른쪽 리스트 {18, 16}이 정렬된다. 이 과정을 완료하면 (4)에서 분할된 왼쪽 리스트 {12, 4, 18, 2, 16}에 대한 정렬이 완료된다.

(8) (4)에서 분할된 오른쪽 리스트인 {59, 62, 49, 37}에 대해 같은 절차를 반복한다. 피봇 값이 59가 되며 왼쪽에서 더 큰 값 62와 오른쪽에서 더 작은 값 37을 교환한다.

(9) 피봇 보다 더 큰 값과 작은 값의 인덱스가 크로스 하기 때문에 49를 피봇 값과 교환한다. 그러면 피봇 값 59를 기준으로 {49, 37}과 {62}를 갖는 두 개의 리스트로 분할된다.

(10) 왼쪽 리스트 {49, 37}이 정렬된다.

(11) 오른쪽 리스트 {62}가 정렬된다.

(12) 전체 정렬 과정이 완료되어 오름차순으로 정렬된 결과를 만든다.

```
Algorithm Quick_partition(random_data, left, right)
Input: 랜덤 값을 갖는 데이터 배열(random_data), 배열에서 정렬을 위한 왼쪽
  (left)과 오른쪽(right) 인덱스
Output: 분할된 리스트에서 첫 번째 리스트의 마지막 인덱스(high)
low <- left + 1
high <- right
pivot <- random_data[left]
while (low <= hi) do {
    while (random_data[high] > pivot) do
            high <- high - 1
    while (low <= high and random_data[low] <= pivot) do
            low <- low + 1
    if (low <= high) {
            swap(random_data[low], random_data[high])
            low <- low + 1
            high <- high - 1 }
}
swap(random_data[left], random_data[high])
return high
```

(알고리즘 Quick_partition)은 한 리스트가 주어지면 pivot 값을 중심으로 두 개의 리스트로 분할한다. 알고리즘에서 입력은 정렬을 위한 리스트인 배열 random_data가 주어지고, 정렬할 리스트의 왼쪽(left)과 오른쪽(right) 인덱스 값이 주어진다. 출력은 피봇 값을 중심으로 분할된 두 개의 리스트 중에서 왼쪽 리스트의 마지막 인덱스 값이 된다. 4~5번 줄에서 low는 리스트의 왼쪽에서 오른쪽으로 피봇보다 큰 값을 찾기 위해 진행하는 변수이고, high는 오른쪽에서 왼쪽으로 피봇보다 작은 값을 찾기 위해 진행하는 변수이다. 피봇 값은 첫 번째 값, 중앙값, 마지막 값 등의 선택 방법이 있지만 본 알고리즘에서는 리스트에서 첫 번째 값을 피봇 값으로 선택한다. 알고리즘에서 6번 줄이 리스트에서 첫 번째 값을 피봇 값으로 설정한다.

7~16번 줄은 리스트의 왼쪽 편에서 큰 값과 오른쪽 편에서 작은 값을 찾아 두 값을 교환하는 절차를 반복 수행한다. 8~9번 줄은 high 인덱스를 감소하면서 리스트의 오른쪽에서 왼쪽으로 진행하면서 피봇 값보다 작은 값을 찾는다. 10~11번 줄은 low 인덱스를 증가하여 리스트의 왼쪽에서 오른쪽으로 진행하면서 피봇 값보다 큰 값을 찾는다. 12~15번 줄은 앞 단계에서 찾아진 두 개의 값을 서로 교환하는 부분이다. 7~16번 줄은 low와 high 변수 값이 서로 크로스될 때, 즉 low 값이 high 보다 클 때 종료하여 이때 피봇 값과 high의 위치 값을 서로 교환한다. 마지막으로 high 인덱스 값을 반환한다.

```
Algorithm Quick_sort(random_data, left, right)
Input: 랜덤 값을 갖는 데이터 배열(random_data), 배열에서 정렬을 위한 왼쪽
   (left)과 오른쪽(right) 인덱스
Output: 오름차순으로 정렬된 리스트(random_data)
if (left < right) then {
     q <- Quick_partition(random_data, left, right)
     Quick_sort(random_data, left, q-1)
     Quick_sort(random_data, q+1, right) }
end
```

(알고리즘 Quick_sort)는 (알고리즘 Quick_partition)을 반복적으로 호출하여 입력으로 주어진 리스트를 오름차순으로 정렬한다. 알고리즘의 입력은 정렬할 데이터가 저장된 배열(random_data)과 리스트의 왼쪽과 오른쪽의 인덱스 값이 주어

진다. 출력은 오름차순으로 정렬된 배열(random_data)이 된다. 알고리즘의 5번 줄에서 (알고리즘 Quick_partition)을 호출하여 입력 리스트를 피봇 값을 중심으로 아래와 같이 두 개의 리스트로 분할한다.

〈왼쪽 리스트〉 피봇 값보다 작은 값을 갖는 리스트
{random_data[left], random_data[left+1], .... , random_data[q-1]}

〈오른쪽 리스트〉 피봇 값보다 큰 값을 갖는 리스트
{random_data[q+1], random_data[q+2], .... , random_data[right]}

퀵 정렬은 이러한 과정에 따라 정렬하는 방법이기 때문에 알고리즘의 6번과 7번 줄에서 두 개의 분할된 리스트를 순환적으로 호출한다. 순환적 호출은 left 인덱스 값이 right 인덱스 값보다 클 때에 종료된다. (그림 11.4)는 (표 11.4)에서 예시로 보인 결과와 같이 (알고리즘 Quick_sort)가 적용되어 정렬되는 과정을 보여준다. (표 11.4)의 예시 데이터는 총 10개이며 초기 리스트에서 left는 0, right는 9로 시작한다. 최초에 Quick_sort(r_data, 0, 9)가 호출되어 피봇 값 27을 기준으로 두 개의 리스트로 분할한다. 여기서 r_data는 알고리즘에서 random_data 배열을 의미한다.

다음에 두 개의 분할된 리스트 중에서 왼쪽 리스트인 Quick_sort(r_data, 0, 4)가 수행되어 이 리스트를 다시 두 개의 리스트로 분할한다. 같은 방법으로 Quick_sort(r_data, 0, 1)과 Quick_sort(r_data, 3, 4)이 호출되어 왼쪽 리스트를 오름차순으로 정렬한다. 왼쪽 리스트의 정렬이 완료된 후에 첫 번째 단계에서 오른쪽 리스트인 Quick_sort(r_data, 6, 9)가 호출되어 이를 두개의 리스트로 분할하고 Quick_sort(r_data, 6, 7)과 Quick_sort(r_data, 9, 9)가 호출되어 오른쪽 리스트를 오름차순으로 정렬한다. 이러한 과정이 완료되면 주어진 입력 리스트가 오름차순으로 정렬된다.

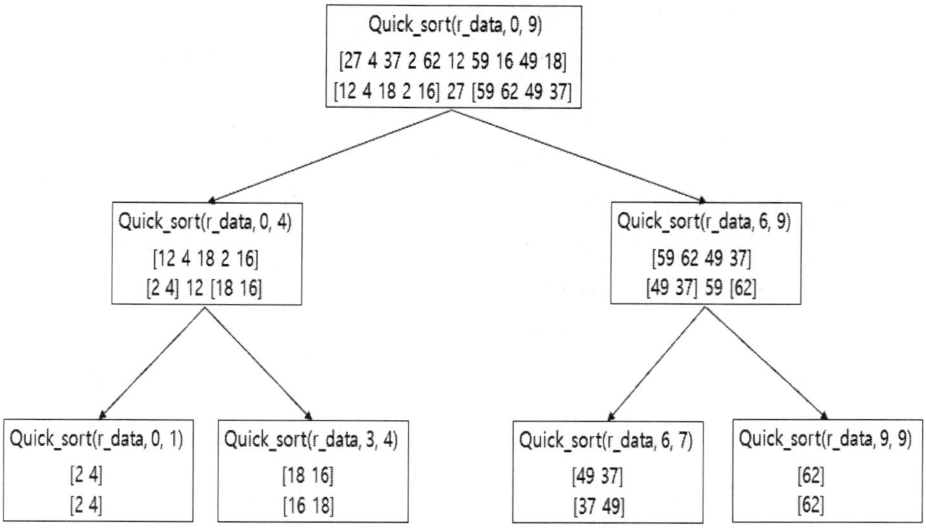


**(그림 11.4)** (알고리즘 Quick_sort)의 호출 과정

### 알고리즘 분석

퀵 정렬 알고리즘에서 피봇 값의 선택에 따라 매 단계별로 분할된 두개 리스트의 크기가 달라질 수 있다. 이러한 이유로 퀵 정렬 알고리즘의 수행시간을 정확하게 분석하는 것은 어려운 작업이다. 여기서는 퀵 정렬이 적용되는 매 단계마다 두개의 리스트가 같은 크기로 분할된다고 가정하고 수행시간을 분석한다. 초기에 n개의 리스트가 주어지면 매 단계에서 분할된 리스트의 크기는 $n, n/2, n/4, n/8, \ldots, n/2^k$으로 줄어든다. (그림 11.4)에서 보인 것과 같이 퀵 정렬을 반복적으로 순환 호출하는 횟수(이진 트리의 깊이) k는 logn이 된다. 따라서 퀵 정렬의 수행시간은 아래 같이 분석할 수 있다.

- (알고리즘 Quick_partition)은 주어진 리스트 전체를 비교하여 두개의 리스트로 분할하기 때문에 수행시간은 O(n)이 된다.
- (알고리즘 Quick_sort)는 매 단계마다 (알고리즘 Quick_partition)을 호출하여 두개의 리스트로 분할하며 분할 알고리즘의 순환적 호출 횟수는 O(logn)이 된다.
- 그러므로 퀵 정렬 알고리즘의 수행시간은 O(nlogn)이 된다.

퀵 정렬은 평균적으로 가장 좋은 정렬 방법 중의 하나로 알려져 있으며 실제 응용에 널리 사용된다. 그러나 퀵 정렬은 삽입정렬과 반대로 입력 리스트의 상당 부분이 정렬되어 있다면 좋은 성능을 발휘하지 못한다. 극단적인 예로서 (표 11.5)와 같이 오름차순으로 정렬된 리스트가 주어진다고 가정해 본다. 리스트에서 첫 번째 값을 피봇 값으로 선택하면 피봇 값이 가장 작은 값이 되기 때문에 리스트가 두개로 분할되지 않고 하나로만 분할된다. 초기 상태에서 피봇 값 10이 선택되고 나머지 값들이 오른쪽에 있는 하나의 리스트(음영으로 표기)로 구성된다. 다음 단계에서 15가 피봇 값으로 선택되고 마찬가지로 나머지 값들이 오른쪽에 하나의 리스트로 구성된다. 즉 매 단계마다 하나의 리스트로 분할되어 분할 정복을 기본으로 하는 퀵 정렬의 특성을 만족하지 못한다.

이와 같이 오름차순으로 정렬된 n개의 데이터를 갖는 입력 리스트가 주어질 경우 한 개의 리스트로 분할되며 그 크기는 n, n−1, n−2, n−3, ....., 1로 줄어든다. 따라서 매 단계에서 분할을 위한 비교 횟수는 리스트의 크기만큼 이루어지기 때문에 n + (n−1) + (n−2) + .... + 1의 합이 되어 수행시간은 $O(n^2)$이 된다.

(표 11.5) 입력 리스트가 오름차순으로 정렬된 경우

| [0] | [1] | [2] | [3] | [4] | [5] | [6] | [7] | left | right |
|---|---|---|---|---|---|---|---|---|---|
| 10 | 15 | 20 | 25 | 30 | 35 | 40 | 45 | 0 | 7 |
| 10 | 15 | 20 | 25 | 30 | 35 | 40 | 45 | 1 | 7 |
| 10 | 15 | 20 | 25 | 30 | 35 | 40 | 45 | 2 | 7 |
| 10 | 15 | 20 | 25 | 30 | 35 | 40 | 45 | 3 | 7 |
| 10 | 15 | 20 | 25 | 30 | 35 | 40 | 45 | 4 | 7 |
| 10 | 15 | 20 | 25 | 30 | 35 | 40 | 45 | 5 | 7 |
| 10 | 15 | 20 | 25 | 30 | 35 | 40 | 45 | 6 | 7 |
| 10 | 15 | 20 | 25 | 30 | 35 | 40 | 45 | 7 | 7 |

논의

우리는 (프로젝트 11.2)에서 퀵 정렬 알고리즘을 학습하였다. 퀵 정렬 알고리즘의 평균적인 수행시간은 O(nlogn)으로 가장 좋은 정렬 알고리즘으로 알려져 있다. 퀵 정렬은 분할 정복 기법으로 정렬 문제를 해결하며 순환적 방법을 사용하여 알고리즘을 간결하게 구현할 수 있다. 퀵 정렬 알고리즘은 평균적으로 아주 좋은 정렬 알고리즘이지만 입력 데이터의 리스트가 정렬되어 있을 경우 최악의 성능을 발휘한다. 이러한 경우는 삽입정렬과 반대의 경우이며 삽입정렬에서는 입력 데이터가 상당부분 오름차순으로 정렬되어 있을 때 더 좋은 성능을 발휘한다.

퀵 정렬에서 피봇 값의 선택은 수행시간에 상당한 영향을 준다. 피봇 값에 따라 분할된 리스트의 크기가 달라지기 때문이다. 피봇 값은 리스트에서 첫 번째 값, 중앙 값, 마지막 값 등이 선택될 수 있다. 본 프로젝트의 프로그램 구현 과제를 통하여 피봇 값의 선택에 따라 수행시간이 어떻게 달라지는 지를 확인해 보길 바란다.

## ✔ 프로그램 구현 과제

**(1)** (프로젝트 11.2)에서 학습한 (알고리즘 Quick_partition)과 (알고리즘 Quick_sort)를 프로그램 언어를 사용하여 구현한다.

**(2)** 아래와 같은 입력 리스트를 생성하여 (1)에서 구현한 프로그램을 실행하여 퀵 정렬이 수행되는 단계별 과정을 확인한다.

- 랜덤 함수를 사용하여 0에서 9999 사이의 양의 정수 값 n개를 생성하여 알고리즘의 입력 리스트로 활용한다.
- 위에서 생성한 n개의 양의 정수 값을 갖는 리스트에서 피봇 값을 첫 번째 위치한 값, 중앙값, 마지막에 위치한 값으로 선택하여 반복 수행한다. 중앙값은 첫 번째 위치한 값, 중앙에 위치한 값, 마지막에 위치한 값의 세 개 중에서 중간에 있는 값을 선택한다. 세 가지 경우에 대해 프로그램을 실행하여 피봇 값의 선택이 정렬에 어떤 영향을 주는지를 확인한다.

**(3)** 랜덤 함수를 사용하여 0에서 9999 사이의 양의 정수 값을 n개 생성하여 (프로젝트 11.1)의 삽입정렬 알고리즘과 (프로젝트 11.2)의 퀵 정렬 알고리즘의 수행시간을 비교해 본다. 수행시간 측정은 time() 함수를 사용하거나 비교 횟수를 카운트하여 사용할 수 있다. 입력 데이터의 수 n을 증가하여 실험을 반복하여 수행하고 두 알고리즘의 수행시간을 측정한다. 측정된 수행시간을 그래프로 작성하여 두 알고리즘의 효율성을 비교해 본다.

## ✔ 연습과제

분할 정복 방법으로 정렬 문제를 해결하는 대표적인 알고리즘으로 합병 정렬(merge sort)이 있다. 합병 정렬에서는 분할과 합병 과정으로 구분된다. 먼저 분할 과정에서는 정렬할 리스트가 주어지면 매 단계마다 그 크기를 반으로 분할하여 두 개의 리스트를 만든다. 분할 과정은 두 개의 데이터가 있을 때까지 반복하며 마지막 두 개의 값을 비교하여 정렬한다. 반대로 합병 과정에서는 분할 과정의 마지막 정렬된 리스트에서 합병을 시작하여 매 단계 마다 두 배의 크기를 갖는 정렬된 리스트를 만든다. 이 과정은 하나의 리스트로 합병될 때까지 반복되며 최종 리스트가 정렬된 결과가 된다.

(표 11.6) 분할 및 합병 과정의 예

| 정렬할 리스트 | [21, 7, 84, 19, 22, 78, 6, 30] | | | | | | | |
|---|---|---|---|---|---|---|---|---|
| 분할1 | [21, 7, 84, 19] | | | | [22, 78, 6, 30] | | | |
| 분할2 | [21, 7] | | [84, 19] | | [22, 78] | | [6, 30] | |
| 분할3 | [21] | [7] | [84] | [19] | [22] | [78] | [6] | [30] |
| 합병1 | [7, 21] | | [19, 84] | | [22, 78] | | [6, 30] | |
| 합병2 | [7, 19, 21, 84] | | | | [6, 22, 30, 78] | | | |
| 합병3 | [6, 7, 19, 21, 22, 30, 78, 84] | | | | | | | |

(표 11.6)은 정렬할 리스트가 {21, 7, 84, 19, 22, 78, 6, 30}이 주어질 때 분할과 합병에 의한 정렬과정을 보인다. 분할1에서 8개 값을 갖는 리스트를 4개의 값을 갖는 두개의 리스트로 분할한다. 분할2에서 다시 4개의 값을 갖는 리스트를 두 개의 값을 갖는 네 개의 리스트로 분할한다. 마지막으로 분할3에서 한 개의 값을 갖는 리스트로 분할된다. 합병1에서는 한 개의 값을 갖는 리스트를 정렬하여 두 개의 값을 갖는 리스트로 합병하고, 합병2에서는 다시 오름차순으로 정렬된 두 개의 리스트를 합병하여 네 개의 값을 갖는 리스트를 생성한다. 마지막으로 합병3에서 하나의 정렬된 리스트로 합병한다.

(1) 위에서 기술한 분할 및 합병에 의한 정렬 알고리즘을 가상코드로 기술한다. 입력 리스트에 대한 자료구조는 1차원 배열을 사용한다.

(2) (1)에서 작성한 가상코드 알고리즘의 수행시간을 분석한다.

(3) (1)에서 작성한 합병 알고리즘을 프로그램 언어를 사용하여 구현한다. 프로그램 시험을 위해 0에서 9999 사이의 랜덤 값 n개를 생성하여 입력 리스트로 사용한다.

(4) (프로젝트 11.1)과 (프로젝트 11.2)에서 학습한 삽입정렬과 퀵 정렬에 비해 합병정렬 알고리즘의 장단점에 대해 논의한다.

Part 12

# 탐색과 해싱

Project

## 12.1 학생 정보 리스트의 순차 및 이진탐색

### 문제 정의

학번, 이름, 전화번호로 구성된 학생 정보가 저장된 리스트가 있다고 생각해 본다. 여기서 학번이 키 값으로 사용되며 현재 리스트에 어떤 학생의 정보가 있는지를 확인하기 위해 이 리스트를 탐색한다. 리스트에서 주어지 키 값을 탐색하기 위해서는 순차탐색, 이진탐색, 해싱 등의 방법이 존재한다. 본 프로젝트에서는 학생 정보를 찾기 위해 순차탐색과 이진탐색 탐색 방법에 대한 알고리즘을 설계한다. 해싱 방법은 다음 프로젝트에서 다룬다.

학생 정보 리스트에서 찾고자 하는 학생의 학번이 주어지면 이 리스트의 처음부터 끝까지 순서적으로 학번을 비교하여 찾는 방법을 순차탐색이라 한다. 반면에 이진탐색은 초기에 학생 정보 리스트를 학번 순에 따라 오름차순으로 정렬한다. 이진탐색의 입력은 오름차순으로 정렬된 리스트가 되며 한 학생의 정보를 찾기 위해 탐색하고자 하는 학번을 리스트의 중앙에 위치한 값과 비교한다. 중앙에 위치한 값보다 학번이 더 작을 경우 중앙에서 왼쪽에 있는 리스트가 다음 탐색 대상이 되며, 그렇지 않을 경우 중앙에서 오른쪽에 위치한 리스트가 다음 탐색 대상이 된다. 이러한 과정을 반복하여 주어진 학번을 찾을 때까지 탐색을 반복한다.

### 자료구조 설계

다음과 같이 가상코드로 기술된 구조체를 사용하여 학번, 이름, 전화번호로 구성된 학생 정보를 정의한다. 학생 정보를 저장하기 위해 구조체 형으로 정의된 1차원 배열 student를 사용한다.

```
define max_std 20
struct {
        no, name, tel
      } std_info
std_info student[max_std]
```

### 알고리즘 설계

(알고리즘 S_search)는 가상코드로 기술한 순차탐색 알고리즘을 보여준다. 알고리즘에서 입력으로 학생 정보가 저장된 구조체 배열, 찾고자 하는 학생의 학번, 전체 학생 수가 주어진다. 출력은 입력으로 주어진 학번과 매칭되는 학생의 정보가 되고 그 학생이 존재하지 않을 경우 Null을 반환한다. 순차탐색은 알고리즘 4~5번 줄에 보인 것과 같이 학생 정보를 저장하는 배열(student)의 student[0].no, student[1].no, ... , student[n−1].no의 값을 순차적으로 주어진 학번(key)과 비교한다.

```
1. Algorithm S_search(student, key, n)
2. Input: 학생정보 구조체 배열(student), 학번(key), 학생 수(n)
3. Output: key 값과 일치하는 학생정보, 존재하지 않을 경우 Null
4. for i <- 0 to n-1 do
5.     if (key = student[i].no) return student[i]
6. return Null
```

순차탐색 알고리즘은 찾고자 하는 학번을 최선의 경우 1번, 최악의 경우 n번 비교하며 평균적으로 O(n)의 수행시간을 갖는다. 순차탐색 알고리즘의 수행시간을 개선하기 위해 이진탐색 방법을 사용한다. 이진탐색의 경우 입력 리스트가 사전에 오름차순으로 정렬되어야 한다. 위에서 설명한 학생 정보를 갖는 student 배열이 미리 학번 순에 따라 오름차순으로 정렬되어야 한다. 일단 오름차순으로 정렬되면 다음 탐색에서는 이진탐색을 활용하여 순차탐색에서 문제가 되는 수행시간을 개선할 수 있다.

**(표 12.1) 이진탐색으로 25를 찾는 과정**

| | [0] | [1] | [2] | [3] | [4] | [5] | [6] | [7] | [8] | [9] | [10] |
|---|---|---|---|---|---|---|---|---|---|---|---|
| (1) | 10 | 15 | 20 | 25 | 30 | 35 | 40 | 45 | 50 | 55 | 60 |
| (2) | 10 | 15 | 20 | 25 | 30 | 35 | 40 | 45 | 50 | 55 | 60 |
| (3) | 10 | 15 | 20 | 25 | 30 | 35 | 40 | 45 | 50 | 55 | 60 |

(표 12.1)은 11개의 데이터를 갖는 입력 리스트가 오름차순으로 정렬되어 있을 때 이 리스트에 키 값 25를 탐색하는 과정을 보인다. 각 단계의 절차는 다음과 같다.

(1) 키 값 25를 리스트의 중앙에 위치한 35와 비교한다. 탐색 대상에 포함되는 리스트의 왼쪽 첫 번째 데이터의 인덱스를 left, 오른쪽 마지막 번째 데이터의 인덱스를 right라 하면 중앙 위치 mid는 (left+right)/2가 된다. 키 값 25가 중앙에 위치한 값 35보다 작기 때문에 오른쪽 리스트는 버리고 왼쪽 리스트에서 25를 탐색한다.

(2) 왼쪽 리스트(left=0, right=4)의 mid 값은 2이며 이 인덱스에 위치한 20과 키 값 25를 비교한다. 키 값이 크기 때문에 오른쪽 리스트를 탐색한다.

(3) 오른쪽 리스트(left=3, right=4)의 mid 값은 3이며 이 인덱스에 위치한 25와 키 값을 비교한다. 두 값이 같기 때문에 탐색이 완료된다.

```
Algorithm B_search(student, key, n)
Input: 학생정보 구조체 배열(student), 학번(key), 학생 수(n)
Output: key 값과 일치하는 학생정보, 존재하지 않을 경우 Null
left <- 0
right <- n-1
while (left <= right) do {
    mid <- (left + right) / 2
    if (key = student[mid].no) return student[i]
    if (key > student[mid].no)
            left <- mid + 1
    else
            right <- mid - 1
}
return Null
```

(알고리즘 B_search)는 이진탐색 과정을 가상코드로 기술한 알고리즘이다. 알고리즘에서 입력은 학번 순으로 오름차순으로 정렬된 학생정보가 저장된 구조체 배열(student), 찾고자 하는 키 값(학번), 학생 수가 주어진다. 출력은 주어진 학번

과 일치하는 학생의 정보가 반환된다. 알고리즘에서 4~5번 줄은 student 배열에서 왼쪽 시작 인덱스와 오른쪽 마지막 인덱스를 left와 right로 설정한다.

6~13번 줄에서 키 값과 일치하는 학생의 정보를 찾기 위해 이진탐색을 반복 수행한다. 7번 줄에서 리스트의 중앙 위치를 결정하기 위해 (left+right)를 2로 나누어 mid 값을 계산한다. 9~12번 줄에서 키 값과 리스트의 중앙에 위치한 값을 비교하여 키 값이 더 클 경우 오른쪽 리스트의 탐색을 위해 left를 mid+1로 하고 그렇지 않을 경우 right를 mid−1로 하여 반복 수행한다. 8번 줄에서 키 값과 일치하는 학번이 발견될 경우 키 값에 해당하는 학생의 정보를 반환한다. 6~13번 줄에서 키 값과 일치되는 학번이 발견되지 않고 반복문을 완료할 경우 Null을 반환한다.

### 알고리즘 분석

입력으로 주어진 student 배열에 n명의 학생 정보가 저장되어 있다고 가정하면 순차탐색 방법을 사용한 (알고리즘 S_search)의 수행시간은 O(n)이 된다. (알고리즘 B_search)는 이진탐색을 방법을 사용한 알고리즘으로 입력으로 주어진 student 배열이 학번 순으로 오름차순으로 정렬되어 있다. (알고리즘 B_search)는 주어진 키 값을 찾기 위해 리스트의 중간에 위치한 값과 비교하여 더 작을 경우 왼쪽 리스트가 탐색의 대상이 되고 더 클 경우 오른쪽 리스트가 탐색의 대상이 된다. 따라서 매 단계마다 탐색할 대상 리스트의 크기가 반으로 줄어들기 때문에 수행시간은 O(logn)이 된다.

### 논의

우리는 (프로젝트 12.1)에서 순차탐색과 이진탐색에 관한 개념을 학습하고 이에 대한 알고리즘을 기술하였다. 순차탐색은 단순한 알고리즘이지만 수행시간 측면에서 매우 비효율적이다. 입력 데이터의 리스트가 실시간으로 변경되지 않은 상황에서 이 데이터를 미리 오름차순으로 정렬해 둔다면 탐색에 매우 유용하게 사용될 수 있다. 이런 경우 이진탐색 알고리즘을 사용하면 순차탐색에 비해 수행시간을 상당 수준으로 개선할 수 있다.

## ✓ 프로그램 구현 과제

**(1)** (알고리즘 S_search)와 (알고리즘 B_search)를 프로그램 언어를 사용하여 구현한다.

**(2)** 아래와 같은 절차에 따라 (1)에서 구현한 프로그램을 실행하여 그 결과를 확인한다.

- 학번 순에 따라 오름차순으로 정렬한 학생 정보(학번, 이름, 전화번호)를 텍스트 파일에 저장한다. 순차탐색 및 이진탐색에 필요한 충분한 양의 학생 정보를 입력해야 한다.
- 텍스트 파일에 저장된 각 학생의 정보를 순서적으로 읽어 구조체 배열 student에 저장한다.
- 임의의 키 값(학번)을 입력으로 주었을 경우 (1)에서 구현한 두 알고리즘에서 키 값을 찾는데 필요한 비교 횟수를 카운트한다. 비교 횟수를 카운트하기 위해 count 변수를 사용하여 알고리즘을 수정한다.
- 최소한 5번 이상 서로 다른 키 값을 입력으로 주어 키 값을 찾는데 필요한 비교 횟수를 확인한다. 이 결과를 사용하여 두 알고리즘의 수행시간을 비교한다.

Project

# 12.2 학생 정보 리스트의 해시 탐색(1)

## 문제 정의

우리는 (프로젝트 12.1)에서 학번, 이름, 전화번호로 구성된 학생 정보를 배열에 저장하여 임의의 키 값(학번)이 주어질 경우 이 키 값을 찾기 위해 순차탐색과 이진 탐색 알고리즘에 대해 학습하였다. 일반적으로 n개의 데이터가 주어질 경우 주어진 키 값을 탐색하기 위해 순차탐색은 O(n), 이진탐색은 O(logn) 수행시간을 갖는다. 이제 이 보다 빠른 탐색 기능을 갖는 해싱에 대하여 알아본다. 해싱의 주요 요소는 키 값, 해시 함수, 해시 테이블이다. 해시 함수는 키 값이 주어질 경우 키 값이 저장된 위치를 바로 결정하기 위한 함수이며 해시 테이블은 키 값에 대한 정보가 저장되는 테이블을 의미한다.

예로서 학생 정보에 관한 해시 함수 h(x)가 있다면 키 값에 해당하는 학번이 주어질 경우 h(학번)에 의해 키 값이 저장된 해시 테이블의 주소를 바로 결정할 수 있다. 따라서 해싱을 사용하여 주어진 키 값을 탐색할 경우 수행시간은 O(1)이 된다. 본 프로젝트에서는 학생 정보(학번, 이름, 전화번호)를 해싱 함수를 이용하여 해시 테이블에 저장하고 이를 탐색하는 문제에 대한 자료구조 및 알고리즘을 설계한다.

## 자료구조 설계

### (1) 해시 테이블 정의

(프로젝트 12.1)에서와 같이 학번, 이름, 전화번호로 구성된 학생 정보를 아래와 같이 구조체로 정의한다. 구조체 형으로 정의된 1차원 배열 student를 해시 테이블로 사용한다. 여기서 해시 테이블의 크기는 Hash_size가 되며 이 크기는 소수(prime number)로 정의한다.

```
define Hash_size 11
struct {
        no, name, tel
      } std_info
std_info student[Hash_size]
```

### (2) 해시 함수의 정의

해시 함수는 제산 함수, 폴딩 함수, 숫자 분석, 중앙 제곱 등의 다양한 방법이 존재한다. (1)에서 해시 테이블을 학번, 이름, 전화번호의 구조체 형을 갖는 student 배열로 정의하였다. (그림 12.1)은 해시 함수와 해시 테이블의 관계를 보여준다. 해시 테이블은 1차원 student 배열이며 해시 주소에 해당하는 인덱스는 0에서 Hash_size-1까지가 된다. 학생 정보에서 학번을 키 값으로 사용하여 해시 함수 h(학번)를 적용하여 해시 주소 값을 결정한다. 해시 주소 값은 0에서 Hash_size-1 범위로 생성되며 이 주소 값을 인덱스로 사용하여 student 배열에 맵핑한다.

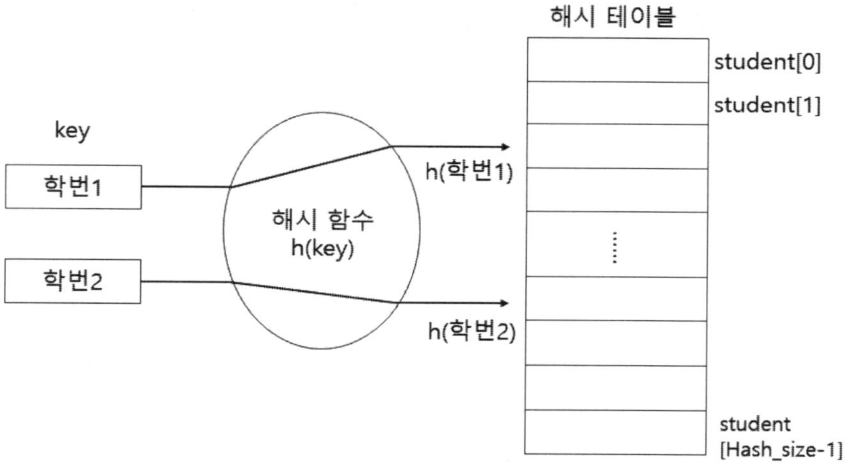


(그림 12.1) 해싱 함수와 해시 테이블의 관계

본 프로젝트에서는 학번을 키 값으로 사용하고 다음과 같이 정의된 해시 함수를 사용한다. 먼저 문자열 형태의 키 값으로 주어진 학번을 각 디지트의 아스키코드 값의 합을 계산한다. 다음에 그 결과를 해시 테이블의 크기 Hash_size로 나눈 나머지 값을 해시 주소 값으로 사용한다. 여기서 % 기호는 나머지 연산자를 의미한다. 키 값을 해시 함수에 적용하면 해시 주소 값은 0에서 Hash_size-1이 된다.

h(key) = (key에 포함된 각 디지트의 아스키코드의 합) % Hash_size
　　　　　-> [0, Hash_size-1]

예로서 설명하기 위해 해시 테이블의 크기 Hash_size를 11이라 가정한다. 키 값"128"이 주어질 경우 먼저 키 값에 포함된 3개의 문자의 각 아스키코드의 합을 계산하면 155가 된다. 다음에 155를 해시 테이블의 크기 11로 나누어 나머지 값을 취하면 1이 된다. 따라서 키 값"128"에 대한 해시 테이블의 주소는 1이 된다.

"128"의 아스키코드 합 = 49 + 50 + 56 = 155
h("128") = 155 % 11 = 1

텍스트 파일에 아래와 같이 학생 정보(학번, 성명, 전화번호)가 저장되어 있다고 가정한다. 이 파일에서 학생 정보를 읽어 학번을 키 값으로 하여 해시 주소 값을 계산하여 해시 테이블에 저장하는 과정은 다음과 같다.

| 학번 | 이름 | 전화번호 |
|---|---|---|
| 100 | Kim | 111 |
| 128 | Hong | 333 |
| 115 | Jung | 222 |
| 218 | Cha | 444 |
| 634 | Park | 666 |
| 259 | Chu | 777 |
| 511 | Gang | 888 |

h("100") = (49+48+48) % 11 = 2
h("128") = (49+50+56) % 11 = 1
h("115") = (49+49+53) % 11 = 8
h("218") = (50+49+56) % 11 = 1 (충돌)
h("634") = (54+51+52) % 11 = 3
h("259") = (50+53+57) % 11 = 6
h("511") = (53+49+49) % 11 = 8 (충돌)

위에서 텍스트 파일로부터 7명의 학생 정보를 읽어 해시 함수에 따라 해시 주소 값을 계산하였다. 키 값"128"과"218", 키 값"115"와"511"의 경우 해시 함수 적용 결과 같은 주소 값을 생성한다. 이러한 경우에 충돌이 발생한다. 즉, 키 값이 다름

에도 불구하고 같은 해시 주소 값을 갖는다. 가장 좋은 해시 함수는 키 값에 따라 해시 주소 값이 유일한 값을 갖는 것이다. 그러나 실제 상황에서 해시 함수의 선택 또는 해시 테이블의 크기 등의 요인으로 그러한 해시 함수를 만드는 것은 어려운 일이다.

본 프로젝트에서는 해시 주소 값의 충돌 문제를 해결하기 위해 1차 선형 조사법을 사용한다. 1차 선형 조사법이란 서로 다른 키 값에 대해 해시 함수를 적용한 결과 충돌이 일어날 경우 충돌이 일어났던 주소 이후의 빈 공간을 차례대로 검색하여 충돌을 해결하는 방법이다. 즉, 해시 함수 h(key)에 충돌이 발생하면 다음과 같은 순서로 해시 주소 값을 1씩 증가하여 빈 공간을 찾아 그 위치에 키 값을 저장한다.

(h(key)+1) % Hash_size, (h(key)+2) % Hash_size,
(h(key)+3) % Hash_size, (h(key)+4) % Hash_size, …

(표 12.2)는 위에서 설명한 텍스트 파일에서 학생 정보를 읽어와 해시 주소 값을 결정하여 해시 테이블에 저장한 예를 보여준다. 키 값"100"의 해시 값은 2, "128"의 해시 값은 1, "115"의 해시 값은 8로 해시 테이블 student[2], student[1], student[8]에 해당 정보가 저장된다. 키 값 "218"의 경우 해시 값이 1로 키 값 "128"과 충돌된다. 이런 경우 1차 선형 조사법에 따라 해시 값을 증가하여 빈 공간을 찾는다. 음영으로 표시한 student[3]에서 빈 공간이 발견되어 이 위치에 키 값 "218"에 대한 정보를 저장한다. 키 값 "634"의 경우 해시 값이 3이나 이미 차 있기 때문에 student[4]에 저장한다. 키 값 "259"의 해시 값은 6으로 student[6]에 저장하고 "511"의 경우 해시 값은 8로 충돌이 일어나기 때문에 음영으로 표시한 student[9]에 저장된다.

(표 12.2) 크기 11을 갖는 해시 테이블(student)의 예

| | [0] | [1] | [2] | [3] | [4] | [5] | [6] | [7] | [8] | [9] | [10] |
|---|---|---|---|---|---|---|---|---|---|---|---|
| no | | 128 | 100 | 218 | 634 | | 259 | | 115 | 511 | |
| name | | Hong | Kim | Cha | Park | | Chu | | Jung | Gang | |
| tel | | 333 | 111 | 444 | 666 | | 777 | | 222 | 888 | |

### 알고리즘 설계

본 프로젝트를 구현하기 위해 (1) 해시 함수를 생성하는 과정, (2) 텍스트 파일에서 학생정보를 읽어와 해시 테이블에 저장하는 과정, (3) 해시 테이블에 저장된 학생 정보를 학번을 키 값으로 탐색하는 과정으로 구분하여 알고리즘을 기술한다.

## (1) 해시 함수를 생성하는 알고리즘

자료구조 설계 부분에서 기술한 것과 같이 해시 주소 값을 생성하기 위해 주어진 키 값의 각 디지트의 아스키코드의 합을 계산하고 그 결과를 해시 테이블 크기로 나누어 나머지 값을 취하는 제산 함수 방법을 사용한다.

```
h(key) = (key에 포함된 각 디지트의 아스키코드의 합) % Hash_size
            -> [0, Hash_size-1]
```

(알고리즘 Hash_function)은 이러한 해시 방법을 가상코드로 기술한 알고리즘이다. 알고리즘의 입력으로 키 값(학번), 해시 크기가 주어지고 출력은 해시 주소 값이 된다. 알고리즘에서 4번 줄은 학번으로 주어진 key 값의 각 디지트의 아스키코드 합을 계산하기 위해 key에서 디지트 개수를 알아낸다. 6~7번 줄은 key에 포함된 각 디지트에 대한 아스키코드의 합을 계산한다. 8번 줄에서 계산된 아스키코드의 합을 해시 테이블의 크기로 나누어 나머지 값을 해시 주소 값으로 사용한다. 마지막으로 9번 줄에서 주어진 key 값에 대응하는 해시 주소를 반환한다.

```
1. Algorithm Hash_function(key, Hash_size)
2. Input: 키 값(key), 해시 크기(Hash_size)
3. Output: 해시 주소 값
4. len <- string_lengh(key)
5. sum <- 0
6. for i <- 0 to len-1 ro
7.     sum <- sum + key[i]
8. hash_addr <- sum % Hash_size
9. return hash_addr
```

## (2) 텍스트 파일에서 학생정보를 읽어 해시 테이블에 저장하는 알고리즘

(알고리즘 Sinfo_create)는 텍스트 파일에서 학생 정보(학번, 이름, 전화번호)를 차례대로 읽어와 학번을 키 값으로 해시 주소 값을 계산하여 해시 테이블에 학생 정보를 저장하는 알고리즘이다.

```
Algorithm Sinfo_create(student, Hash_size)
Input: 해시 테이블(student), 해시 크기(Hash_size)
Output: 학생 정보가 저장된 해시 테이블
for i <- 0 to Hash_size-1 do {
   student[i].no <- Null
   student[i].name <- Null
   student[i].tel <- Null }
open student_info.txt
while (!end_of_file) do {
    read no, name, tel
    haddr <- Hash_function(no, Hash_size)
    index <- haddr
    while (student[index].no != Null) do {
        if (student[index].no = no) {
            print error: duplicated key
            return }
        index <- (index+1) % Hash_size
        if (index = haddr) {
            print error: hash full
            return }
    }
    student[index].no <- no
    student[index].name <- name
    student[index].tel <- tel
}
return student
```

(알고리즘 Sinfo_create)에서 입력은 해시 테이블과 해시 크기가 주어지며 출력은 텍스트 파일에서 읽어온 학생 정보를 저장한 해시 테이블이 된다. 해시 테이블은 구조체 배열 student로 정의되며 학번(no), 이름(name), 전화번호(tel)를 포함한다. 4~7번 줄은 해시 테이블을 초기화하는 부분이다. 8번 줄은 학생 정보가 저장된 텍스트 파일을 오픈한다. 9~25번 줄은 텍스트 파일로부터 개별 학생 정보를 차례대로 읽어와 학번을 키 값으로 해시 주소 값을 계산하여 학생 정보를 해시 테이블에 저장한다.

10번 줄에서 학생 정보를 읽고 11번 줄에서 (알고리즘 Hash_function)을 호출하여 학번을 키 값으로 해시 주소 값을 계산하여 haddr에 저장한다. 12번 줄은 다음 루프 반복을 위해 해시 주소 값을 index 변수에 임시로 저장한다. 13~21번 줄은 해시 함수를 적용한 결과 주소 값의 충돌이 발생한 경우 1차 선형 조사법을 사용하여 해시 테이블에 학생 정보를 저장하기 위해 빈 공간을 찾는 과정을 보여준다. 13번 줄에서 시작하는 while 블록에서 현재 학번의 키 값에 해당하는 주소 값을 갖는 해시 테이블이 비어있지 않다면 1차 선형 조사를 위해 루프를 반복한다. 14~16번 줄은 해시 테이블에서 키 값은 유일한 값을 가져야하기 때문에 같은 키 값을 갖는 학생 정보가 입력될 경우 오류 처리를 한다.

17~20번 줄은 1차 선형 조사를 위해 현재 해시 주소의 index 값을 하나 증가한다. 해시 테이블의 크기가 정해져 있기 때문에 이 값을 해시 테이블로 나누어 나머지 값을 취한다. 만일 해시 테이블에서 index 값을 계속 증가 시켜 비어있는 주소 값을 찾지 못하고 index 값이 haddr 값과 같아질 경우 해시 테이블이 가득 차 있는 상태가 되어 오류처리를 한다. 22~24번 줄은 1차 선형 조사에 따라 찾아진 해시 주소 값을 갖는 해시 테이블에 입력 받은 학생 정보인 학번, 이름, 전화번호를 저장한다. 마지막으로 26번 줄에서 텍스트 파일을 읽어와 해시 테이블에 저장한 student 배열을 반환한다.

### (3) 해시 테이블에 저장된 학생 정보를 키 값으로 탐색하는 알고리즘

다음에 학번을 키 값으로 주어 해시 테이블에 저장된 학생 정보를 탐색하기 위한 알고리즘을 설계한다. (알고리즘 Sinfo_search)에서 입력은 해시 테이블, 탐색하고자 하는 키 값, 해시 테이블의 크기가 주어지며 출력은 키 값과 일치하는 학생 정보를 갖는 해시 테이블의 구조체 배열을 반환한다. 만일 키 값이 존재하지 않을 경우 Null을 반환한다.

알고리즘에서 4번 줄은 주어진 키 값에 대한 해시 주소 값을 계산하여 haddr 변수에 저장하고, 5번 줄에서 1차 선형 조사를 위해 index 변수의 값을 haddr로 설정한다. 6~14번 줄은 해시 테이블에서 1차 선형 조사에 따라 키 값의 탐색을 반복한다. 7~8번 줄은 해시 테이블에서 키 값과 일치하는 학번이 발견될 경우 그 위치의 학생 정보를 갖는 구조체를 반환한다.

9~10번 줄은 해시 테이블에서 키 값의 해시 주소에 해당하는 부분이 Null일 경우 잘못된 키 값이 입력되어 종료하고 Null을 반환한다. 11번 줄은 해시 테이블에서 키 값의 해시 주소에 대응한 학번이 키 값과 일치하지 않을 경우 충돌이 일어나 1차 선형 조사를 위해 index 값을 증가한다. 12~13번 줄은 해시 테이블에서 키 값이 존재하지 않을 경우 종료하고 Null을 반환한다.

```
1. Algorithm Sinfo_search(student, key, Hash_size)
2. Input: 해시 테이블(student), 해시 크기(Hash_size), 키 값(key)
3. Output: 키 값(학번)과 일치하는 학생 정보, 키 값이 없을 경우 NULL
4. haddr <- Hash_function(key, Hash_size)
5. index <- haddr
6. while (true) do {
7.     if (student[index].no = key)
8.         return student[index]
9.     if (student[index].no = Null)
10.        break
11.    index <- (index+1) % Hash_size
12.    if (index = haddr)
13.        break
14. }
15. return Null
```

**알고리즘 분석**

(알고리즘 Hash_function)은 주어진 키 값(학번)을 받아 키 값에 포함된 각 디지트의 아스키코드의 합을 계산하여 이 결과를 해시 테이블 크기로 나누어 나머지 값을 취하는 제산 함수 방법을 사용한다. 이 알고리즘에서 키 값의 각 디지트의

합을 계산하는 부분이 수행시간에 가장 큰 영향을 준다. 만일 키 값의 길이가 key_len이라 하면 수행시간은 O(key_len)이 된다. 그러나 일반적으로 키 값의 길이는 입력 크기에 따라 변동되지 않으며 상수 크기를 갖기 때문에 이 알고리즘의 수행시간은 O(1)이 된다.

(알고리즘 Sinfo_create)은 텍스트 파일로부터 데이터를 읽어 학번을 키 값으로 해시 주소 값을 계산하여 학생 정보를 해시 테이블에 저장한다. 이 알고리즘의 경우 텍스트 파일에서 학생 정보를 읽어와 해시 테이블을 구성하기 때문에 수행시간 분석은 큰 의미가 없다. 단, 1차 선형 조사법을 구현하기 위한 수행시간 분석의 경우는 의미가 있다.

충돌이 발생하지 않을 경우 이 알고리즘의 수행시간은 O(1)이 된다. 충돌이 발생될 경우 1차 선형 조사법에 의해 해시 테이블에서 충돌이 일어난 시점의 해시 주소 값을 하나씩 증가하여 키 값을 비교해야 한다. 이러한 키 값의 비교는 최소 1번에서 많으면 해시 테이블의 크기인 Hash_size 만큼 반복될 수 있다. 따라서 수행시간은 최악의 경우 O(Hash_size)가 될 수 있다. 그러므로 이러한 상황이 발생하지 않도록 가급적 충돌이 작은 해시 함수를 사용하거나 해시 테이블의 크기를 적절하게 고려해 주어야 한다.

(알고리즘 Sinfo_search)는 주어진 키 값의 해시 주소 값을 계산하여 해시 테이블에서 키 값에 일치하는 학생 정보를 탐색한다. 이 알고리즘 역시 주어진 키 값에 대해 충돌이 발생하지 않을 경우 수행시간은 O(1)이 된다. 충돌 발생으로 인한 최악의 경우 수행시간은 O(Hash_size)만큼 소요될 수 있다.

## 논의

우리는 (프로젝트 12.2)에서 텍스트 파일로부터 학생 정보를 읽어와 키 값(학번)에 따라 해시 주소 값을 계산하여 해시 테이블에 저장하고, 또한 주어진 키 값과 일치하는 학생 정보를 탐색하는 알고리즘을 학습하였다. 본 프로젝트에서 키 값에 대한 해시 주소를 계산하기 위해 키 값에서 각 디지트의 아스키코드의 합을 계산한다. 다음에 제산 함수 방식을 적용하여 그 합을 해시 테이블의 크기로 나누어 나머지 값을 해시 주소로 사용한다.

해시 함수는 해시 응용에 가장 중요한 부분 중의 하나로 해시 테이블에 최대한 균등하게 분포해야 하고 충돌이 적어야 한다. 이러한 조건을 충족하는 해시 함수의 설계를 위해 제산 함수, 폴딩 함수, 중간제곱 함수, 비트추출 함수, 순자분석 방법 등이 있다. 그러나 어떤 방법이던 간에 충돌은 피할 수가 없기 때문에 충돌 문제를 해결하기 위한 절차가 있어야 한다. 본 프로젝트에서는 충돌 문제를 해결하기 위해 1차 선형 조사법을 사용하였다.

충돌 문제를 해결하기 위해 1차 선형 조사법 이외에도 2차 선형 조사법, 이중 해시법, 체이닝 방법 등이 있다. 해싱을 적용하여 응용문제를 해결할 경우 가장 주요 요인은 해시 함수, 해시 테이블의 크기, 충돌 문제 해결 등이다. 이러한 부분은 프로그램 개발자가 실제 문제를 정확하게 분석하여 그 상황에 최선이 되는 방법을 선택해야 한다.

## ✓ 프로그램 구현 과제

**(1)** (프로젝트 12.2)에서 학습한 다음 알고리즘을 프로그램 언어를 사용하여 구현한다.

- Algorithm Hash_function: 주어진 키 값의 해시 주소 값 계산
- Algorithm Sinfo_create: 텍스트 파일로부터 학생 정보를 읽어 해시 테이블을 생성
- Algorithm Sinfo_search: 해시 테이블에서 주어진 키 값과 일치하는 학생 정보를 탐색

**(2)** 텍스트 파일에 다음과 같이 학생 정보를 입력한다. 학생은 최소한 10명 이상을 입력한다. 텍스트 파일에서 학생 정보를 읽어 학번을 키 값으로 하여 학생 정보를 해시 테이블에 저장한다.

| 학번 | 이름 | 전화번호 |
|---|---|---|
| 20181234 | 홍길동 | 010-1111-2222 |
| 20162875 | 강감찬 | 010-2222-3333 |
| … | … | … |
| … | … | … |

**(3)** 학번을 키 값으로 주어 해시 테이블에서 키 값과 일치하는 학생 정보를 탐색하여 그 학생 정보(학번, 이름, 전화번호)를 출력한다. 또한 해시 테이블에 존재하지 않은 키 값을 주어 실행 결과를 확인한다.

**(4)** 텍스트 파일에서 의도적으로 학번을 수정하여 충돌이 발생 가능한 상황을 만들어 1차 선형 조사법에 따라 해시 테이블이 만들어지는 과정을 확인한다.

**(5)** 1차 선형 조사법에서 충돌이 많이 발생할 경우 한쪽으로 몰리는 경향이 있다. 이러한 문제를 해결하기 위해 아래와 같이 2차 선형 조사법을 사용할 수 있다. 구현된 프로그램에서 1차 선형 조사법을 2차 선형 조사법으로 수정하여 같은 절차에 따라 프로그램을 실행하여 두 경우의 결과를 비교한다.

(h(key)+1) % Hash_size, (h(key)+4) % Hash_size,

(h(key)+9) % Hash_size, (h(key)+16) % Hash_size, …

Project
# 12.3 학생 정보 리스트의 해시 탐색(2)

## 문제 정의

우리는 (프로젝트 12.2)에서 해시 함수와 해시 테이블을 사용하여 학생 정보를 저장하고 탐색하는 알고리즘에 대해 학습하였다. 해시 테이블은 배열 기반의 자료구조를 사용하였다. 학생 정보에서 학번을 키 값으로 사용하여 해시 함수에 의해 해시 주소 값을 생성하고, 배열 기반의 해시 테이블에서 이 주소 값을 갖는 위치에 해당 학생의 정보를 저장하였다. 또한 해시 주소 값의 충돌 문제를 해결하기 위해 1차 선형 조사법을 사용하였다.

배열 기반의 해시 테이블을 사용할 경우 구현 측면에서 간단한 점이 있으나 정적인 공간을 사용하기 때문에 해시 테이블의 크기를 조정하는데 유연하게 대처할 수 없다. 또한 선형 조사법의 경우 주어진 키 값의 해시 주소에서 시작하여 키 값과 일치하는 값이 나올 때까지 배열을 순차적으로 탐색해야하기 때문에 불필요한 시간을 소모하게 된다.

이러한 문제를 개선하기 위해 연결 리스트를 활용한 체이닝 방법을 사용한다. 체이닝 방법은 서로 다른 키 값들이 같은 해시 주소 값을 가질 경우 충돌된 키들을 하나의 연결 리스트로 구성한다. 그러면 배열 기반의 선형 조사법에서 문제가 된 불필요한 순차적인 탐색 시간을 줄일 수 있다. 즉 같은 주소 값을 갖는 키들을 하나의 연결 리스트로 구성하였기 때문에 충돌이 발생할 경우 이 연결 리스트만을 탐색하면 된다. 본 프로젝트에서는 (프로젝트 12.2)에서 구현한 알고리즘을 연결 리스트 기반의 체이닝 방법을 사용한 알고리즘으로 기술한다.

## 자료구조 설계

체이닝은 연결 리스트를 사용하여 충돌 문제를 해결한다. 이러한 연결 리스트의 구성을 위한 노드 구조를 다음과 같이 가상코드로 정의한다.

```
define Hash_size 11
struct H_node
      { (no, name, tel)
```

```
        link } H_node
    H_node Hash_table[Hash_size]
```

위의 노드 구조에서 데이터 필드는 학생 정보를 저장하기 위한 학번(no), 이름(name), 전화번호(tel)로 구성되고 link는 충돌이 발생한 경우 다음 노드를 가리키는 포인터를 의미한다. Hash_table은 Hash_size의 크기를 갖는 포인터 배열로서 체이닝 방법을 구현하기 위한 해시 테이블을 의미한다. 예로서 포인터 배열 Hash_table[i]는 해시 주소 값 i에서 충돌이 발생한 키 값들을 하나의 연결 리스트로 구성한 헤더 포인터를 의미한다.

체이닝에 의한 충돌 문제를 해결하기 위해 (프로젝트 12.2)의 예를 그대로 적용해 보도록 한다. 해시 함수에 대한 더 상세한 내용은 (프로젝트 12.2)의 자료구조 설계를 참고한다. 아래와 같이 텍스트 파일에서 학생 정보를 읽어 학번을 키 값으로 하여 해싱 주소 값을 계산하면 다음과 같다.

| 학번 | 이름 | 전화번호 |
|---|---|---|
| 100 | Kim | 111 |
| 128 | Hong | 333 |
| 114 | Jung | 222 |
| 218 | Cha | 444 |
| 634 | Park | 666 |
| 259 | Chu | 777 |
| 411 | Gang | 888 |

h(“100”) = (49+48+48) % 11 = 2
h(“128”) = (49+50+56) % 11 = 1
h(“114”) = (49+49+52) % 11 = 7
h(“218”) = (50+49+56) % 11 = 1 (충돌)
h(“634”) = (54+51+52) % 11 = 3
h(“259”) = (50+53+57) % 11 = 6
h(“411”) = (52+49+49) % 11 = 7 (충돌)

(그림 12.2)는 위에서 예시로 보인 해시 주소 값의 충돌 문제를 해결하기 위해 체이닝 방법을 사용한 예를 보여준다. Hash_table[]은 해시 테이블을 위한 포인터 배열로 Hash_table[i]는 해시 주소 값 i에서 충돌이 발생한 키 값들을 연결하는 헤더 포인터이다. 예로서 키 값 "128"과 "218"이 같은 해시 주소 값 1을 갖기 때문에 충돌이 발생하며 Hash_table[1]에 충돌된 두 개의 노드가 연결된다. 유사하게 키 값 "114"와 "411"이 같은 해시 주소 값 7을 갖기 때문에 충돌이 발생하며 Hash_table[7]에 충돌된 두 개의 노드가 연결된다. 배열 기반의 해시 테이블을 사용하는 선형 조사법의 경우 충돌 발생 시 충돌된 해시 주소에서 시작하여 테이블을 순차적으로 탐색하여 시간을 소모한다. 그러나 체이닝 방법에서 같은 해시 주소를 갖는 경우 하나의 연결 리스트로 구성되었기 때문에 배열 기반의 선형 조사법에 비해 탐색 시간을 줄일 수 있다.

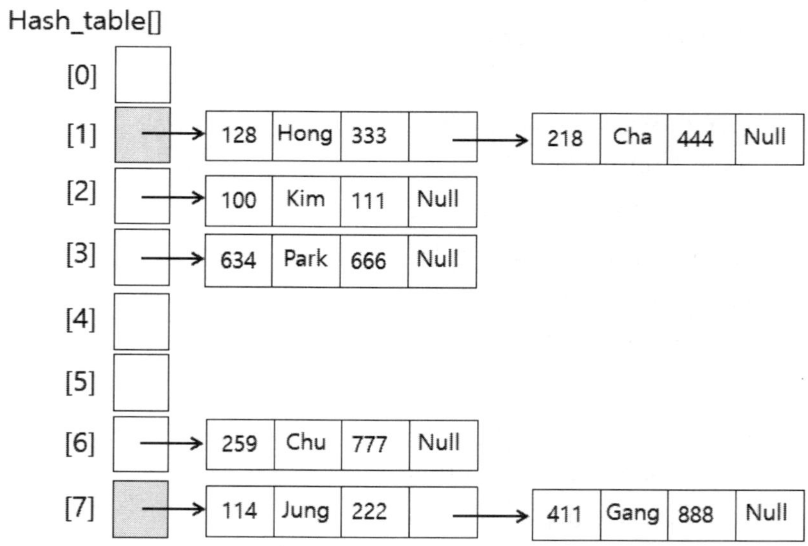


(그림 12.2) 체이닝에 의한 충돌 해결의 예

## 알고리즘 설계

본 프로젝트에서는 (프로젝트 12.2)에서 구현한 (1) 해시 함수를 생성하는 알고리즘, (2) 텍스트 파일에서 학생정보를 읽어와 해시 테이블에 저장하는 알고리즘, (3) 해시 테이블에 저장된 학생 정보를 학번을 키 값으로 탐색하는 알고리즘을 체이닝 방법을 사용하여 변형한다.

### (1) 해시 함수를 생성하는 알고리즘

(프로젝트 12.2)에서 제시한 (알고리즘 Hash_function)을 변경 없이 그대로 사용한다. 키 값이 주어질 경우 키 값에 대한 각 디지트의 아스키코드의 합을 계산하여 그 결과를 해시 크기로 나누어 나머지 값을 취한다.

### (2) 텍스트 파일에서 학생정보를 읽어 해시 테이블에 저장하는 알고리즘

(프로젝트 12.2)의 (알고리즘 Sinfo_create)의 기본 골격을 그대로 사용하나 충돌 문제의 해결을 위해 연결 리스트를 기반으로 하는 체이닝 방법을 적용한다. 다음은 텍스트 파일에서 학생 정보를 읽어 체이닝 방법을 사용하여 해시 테이블을 구성한 알고리즘을 보여준다.

```
Algorithm Sinfo_create_chain(Hash_table, Hash_size)
Input: 해시 테이블(Hash_table), 해시 크기(Hash_size)
Output: 학생 정보가 저장된 체이닝 방식의 해시 테이블
for i <- 0 to Hash_size-1 do
    Hash_table[i] <- Null
open student_info.txt
while (!end_of_file) do {
    read no, name, tel
    haddr <- Hash_function(no, Hash_size)
    temp <- Hash_table[haddr]
    previous <- Null
    while (temp != Null) do {
        if (temp.no = no) {
            print error: duplicated key
            return }
        previous <- temp
        temp <- temp.link }
    new_info <- malloc(sizeof(H_node))
    new_info.no <- no
    new_info.name <- name
    new_info.link <- Null
    if (previous = Null) Hash_table[haddr] <- new_info
```

```
23.         else previous.link <- new_info
24. }
25. return Hash_table
```

(알고리즘 Sinfo_create_chain)에서 입력은 포인터 배열 기반의 해시 테이블과 해시 크기가 주어지며, 출력은 텍스트 파일에서 읽어온 학생 정보를 저장한 체이닝 기반의 해시 테이블이다. 4~5번 줄은 체이닝의 헤더에 해당하는 해시 테이블을 Null로 초기화한다. 6번 줄은 학생 정보가 저장된 텍스트 파일을 오픈한다. 7~24번 줄은 텍스트 파일에서 개별 학생 정보를 읽어와 학번을 키 값으로 해시 주소 값을 계산하여 체이닝 방법으로 해시 테이블을 구성한다.

8번 줄은 텍스트 파일에서 개별 학생 정보인 학번, 이름, 전화번호를 읽어 온다. 9번 줄에서는 학번을 키 값으로 주어 해시 주소 값을 계산하여 haddr 변수에 저장한다. 10번 줄은 해시 테이블에서 해시 주소 값인 haddr에 시작하는 연결 리스트를 구성하기 위해 temp 변수를 초기화한다. 11번 줄은 충돌이 발생할 경우 연결 리스트의 탐색 과정에서 이전 노드를 기억하기 위해 previous 변수의 값을 Null로 초기화한다.

12~17번 줄은 해시 테이블에서 키 값의 해시 주소에 해당하는 체이닝, 즉 연결 리스트를 탐색하여 이미 입력으로 주어진 키 값과 같은 값이 있다면 오류 처리하고 종료한다. 이 과정은 연결 리스트의 마지막까지 반복 수행되며 previous가 마지막 노드의 포인터를 기억한다. 18~21번 줄은 새로운 노드를 생성하여 텍스트 파일에서 읽어온 학생 정보를 저장한다.

22~23번 줄은 새로 생성된 노드를 체이닝에 연결한다. 충돌이 발생하지 않았을 경우 해시 테이블에 바로 추가되고, 충돌이 발생한 경우 새로 생성된 노드를 해당 체이닝의 마지막 노드에 연결하기 위해 previous의 링크를 새로 생성된 노드로 설정한다. 마지막으로 25번 줄에서 체이닝 방법에 의해 만들어진 학생 정보를 저장한 해시 테이블을 반환한다.

### (3) 해시 테이블에 저장된 학생 정보를 키 값으로 탐색하는 알고리즘

(2)에서 텍스트 파일로부터 학생 정보를 읽어 체이닝 방법으로 해시 테이블을 구성하는 알고리즘을 설계하였다. 다음에 학번이 키 값으로 주어질 경우 이 키 값을 해시 테이블에서 탐색하는 알고리즘에 대해 알아본다. (알고리즘 Sinfo_ search_chain)은 해시 테이블에서 키 값과 일치하는 학생 정보를 찾는 알고리즘을 보여준다. 알고리즘에서 입력으로 해시 테이블, 찾고자 하는 키 값, 해시 테이블의 크기가 주어진다. 출력은 해시 테이블에서 키 값과 일치하는 노드를 찾아 학생 정보를 반환한다. 만일 키 값이 존재하지 않을 경우 Null을 반환한다.

알고리즘에서 4번 줄은 탐색하고자 하는 키 값의 해시 주소 값을 계산한다. 5번 줄은 해시 테이블에서 키 값의 해시 주소를 갖는 체이닝을 찾아 그 연결 리스트의 탐색을 위해 헤더 포인터를 temp로 설정한다. 6~9번 줄은 헤더 노드부터 시작하여 연결 리스트의 노드를 따라가며 키 값과 일치하는 노드를 찾는다. 만일 키 값과 일치하는 노드가 있을 경우 그 노드를 반환하고 그렇지 않을 경우 Null을 반환한다.

```
 1. Algorithm Sinfo_search_chain(Hash_table, key, Hash_size)
 2. Input: 해시 테이블(Hash_table), 해시 크기(Hash_size), 키 값(key)
 3. Output: 키 값(학번)과 일치하는 노드, 키 값이 없을 경우 NULL
 4. haddr <- Hash_function(key, Hash_size)
 5. temp <- Hash_table[haddr]
 6. while (temp != Null) do {
 7.     if (temp.no = key) return temp
 8.     temp <- temp.link
 9. }
10. return Null
```

### 알고리즘 분석

(알고리즘 Sinfo_create_chain)은 텍스트 파일로부터 데이터를 읽어 학번을 키 값으로 해시 주소 값을 계산하고 체이닝 방법을 사용하여 해시 테이블을 구성한다. 알고리즘에서 체이닝을 구성하는 부분에 대해서 검토해 본다. 먼저 키 값이 주어지면 이 값에 대한 해시 주소 값을 계산하며 (프로젝트 12.2)에서 설명한 것과 같이 해시 주소를 계산하기 위한 수행시간은 O(1)이 된다. 일단 해시 주소 값이 결정되면 해시 테이블의 포인터 배열을 이용하여 해당 해시 주소에 대응되는 체이닝에 바로 접근할 수 있다.

다음에 해당 체이닝의 연결 리스트에서 중복되는 키 값이 없을 경우 마지막에 새로운 노드를 삽입한다. 연결 리스트의 마지막 노드를 찾기 위해서는 노드의 개수,

즉 충돌된 키 값의 개수에 비례한다. 그러나 이러한 노드의 개수는 해시 함수가 균형적으로 분포될 경우 거의 상수 개를 갖기 때문에 수행시간은 O(1)이라 할 수 있다.

(알고리즘 Sinfo_search_chain)은 키 값이 주어질 경우 해시 테이블에서 키 값과 일치하는 노드를 찾아 반환한다. 이 알고리즘 역시 위의 해시 테이블 생성 알고리즘에 기술한 것과 같이 키 값을 탐색하기 위한 시간은 해당 체이닝의 연결 리스트의 노드 개수에 비례한다. 따라서 해시 함수가 균형적으로 분포될 경우 수행시간은 O(1)이라 할 수 있다.

### 논의

우리는 (프로젝트 12.2)에서 선형 조사법에 따라 충돌 문제를 해결하는 배열 기반의 알고리즘을 학습하였다. 선형 조사법은 1차 또는 2차 선형 조사법 등이 있으며 이 방법의 문제점은 충돌이 발생할 경우 해시 테이블 전체를 스캔하여 불필요하게 시간을 소모하는 단점이 있었다. 또한 해시 테이블의 크기에 비해 데이터의 수가 많아 질 경우 이러한 현상은 더 빈번하게 발생되며 배열 기반의 정적인 공간으로 해시 테이블 관리에 유연성이 떨어진다.

이러한 문제 해결의 대안으로 (프로젝트 12.3)에서는 연결 리스트를 기반으로 하는 체이닝 방법을 사용한 알고리즘을 학습하였다. 체이닝 방법에서 서로 다른 키 값에 대응하는 해시 주소가 충돌이 발생할 경우 충돌된 키 값의 노드들을 하나의 연결 리스트로 관리한다. 따라서 선형 조사법에서와 같이 충돌이 발생할 경우 해시 테이블 전체를 스캔하지 않고 충돌된 체이닝의 연결 리스트에 있는 노드들만 스캔하면 된다. 또한 연결 리스트의 특성상 동적으로 메모리 할당이 가능하기 때문에 데이터 크기에 따라 해시 테이블을 유연하게 관리할 수 있다.

우리는 이 장에서 세 개의 프로젝트를 통하여 한 리스트가 주어질 경우 이 리스트에서 주어진 값을 탐색하기 위해 순차탐색, 이진탐색, 해시 탐색 등의 방법을 알아보았다. 이진탐색의 경우 리스트가 미리 오름차순으로 정렬되어 있어야 하고, 해시 탐색의 경우 리스트가 미리 해시 테이블에 구성되어 있어야 한다. 이와 같이 사전에 정해진 자료구조에 따라 데이터가 조직화되어 있을 경우 이진탐색 또는 해시 탐색 방법을 적용하여 아주 빠른 시간에 원하는 데이터를 찾을 수 있다. 본 프로젝트를 통하여 학습한 탐색을 위한 기본적인 자료구조와 알고리즘이 향후 다른 응용문제의 해결에 도움이 되길 기대한다.

## ✓ 프로그램 구현 과제

**(1)** (프로젝트 12.3)에서 학습한 다음 알고리즘을 프로그램 언어를 사용하여 구현한다.

- Algorithm Sinfo_create_chain: 텍스트 파일로부터 학생 정보를 읽어 체이닝 방법으로 해시 테이블을 생성
- Algorithm Sinfo_search_chain: 체이닝 방식의 해시 테이블에서 주어진 키 값과 일치하는 학생 정보를 탐색

**(2)** 텍스트 파일에 다음과 같이 학생 정보를 입력한다. 학생은 최소한 10명 이상을 입력한다. 텍스트 파일에서 학생 정보를 읽어 학번을 키 값으로 하여 학생 정보를 체이닝 방법을 사용하여 해시 테이블에 저장한다.

| 학번 | 이름 | 전화번호 |
|---|---|---|
| 20181234 | 홍길동 | 010-1111-2222 |
| 20162875 | 강감찬 | 010-2222-3333 |
| ... | ... | ... |
| ... | ... | ... |

**(3)** 학번을 키 값으로 주어 해시 테이블에서 키 값과 일치하는 학생 정보를 탐색하여 그 학생 정보(학번, 이름, 전화번호)를 출력한다. 해시 테이블에 존재하지 않은 키 값에 대해서 실험하여 결과를 확인한다.

**(4)** 텍스트 파일에서 의도적으로 학번을 수정하여 충돌이 발생 가능한 상황을 만들어 체이닝 방법에 따라 해시 테이블이 만들어지는 과정을 확인한다.

**(5)** 본 과제에서 해시의 충돌 문제를 해결하기 위해 체이닝 방법을 학습하였다. (3)~(4)의 절차에 따라 실행한 결과를 검토하여 (프로젝트 12.2)에서 학습한 선형 조사 방법과 비교하여 장단점을 논의한다.

Part 13

# 세그먼트 트리 응용

Project
## 13.1 세그먼트 트리를 사용한 영역 합의 질의 문제

### 문제 정의

세그먼트 트리의 응용문제를 이해하기 위해 다음과 같은 문제를 생각해 본다. n개의 정수 값을 갖는 배열 list[0], list[1], ... , list[n-1]이 주어질 때 주어진 list 배열에서 인덱스 s에서 e까지의 배열 원소들의 합을 구한다. 여기서 인덱스 s에서 e의 범위는 $0 \le s \le e \le n-1$이 된다. 예로서 배열 list[] = {2, 4, 10, 7, 9, 20}이 주어질 경우 0에서 2까지의 합은 16이 되고 1에서 4까지의 합은 30이 된다. 이런 문제를 영역 합의 질의(range sum query) 문제라 한다.

입력으로 주어진 리스트의 배열을 직접 사용하여 단순하게 질의 범위의 합을 계산하기 위한 수행시간은 O(n)이 된다. 본 프로젝트에서는 이 문제의 수행시간을 개선하기 위한 자료구조로 세그먼트 트리를 사용하며 문제 해결을 위해 아래 같은 알고리즘을 설계한다.

- 입력 리스트의 배열을 세그먼트 트리로 구성한다.
- 세그먼트 트리를 사용하여 질의 범위의 합을 계산한다.
- 입력 리스트의 배열이 변경될 경우 세그먼트 트리를 갱신한다.

### 자료구조 설계

이 문제의 해결을 위한 자료구조로 세그먼트 트리를 사용한다. 세그먼트 트리는 배열로 주어진 입력 리스트의 원소들의 부분 합을 이진트리 형식으로 구성한 자료구조이다. (그림 13.1)은 정수 값을 갖는 배열 list[] = {2, 4, 10, 7, 9, 20}이 주어졌을 때 이를 세그먼트 트리로 표현한 자료구조의 예를 보여준다. 입력으로 주어진 배열 list[]의 세그먼트 트리를 구성하기 위해 주어진 배열의 크기를 반복적으로 두 개의 리스트로 분할한 후에 부분 합을 계산하여 이진트리를 구성한다.

예로서 입력으로 주어진 list[] 배열의 리스트는 {2, 4, 10}, {7, 9, 20}의 두 개의 리스트로 분할된다. 첫 번째 리스트를 다시 두 개의 리스트 {2, 4}, {10}으로 분할한 후에 2와 4의 합인 6을 저장하는 새로운 노드를 생성하고 다음에 6과 10의 합인 16을 저장하는 노드를 생성한다. 같은 방법으로 두 번째 리스트도 두 개의 리스트 {7, 9}, {20}으로 분할 한 후에 7과 9의 합인 16을 저장하는 노드를 생성하고 다음에

16과 20의 합인 36을 저장하는 노드를 생성한다. 마지막으로 최종적으로 생성된 부분 합인 16과 36의 합 52를 저장하는 루트 노드를 생성한다. (그림 13.1)의 세그먼트 트리에서 단말 노드는 입력 배열 list[]에 주어진 원소의 값을 표현하며 비 단말 노드는 단말 노드에서 시작하여 각 단계에서 자식 노드의 부분 합을 표현한다.

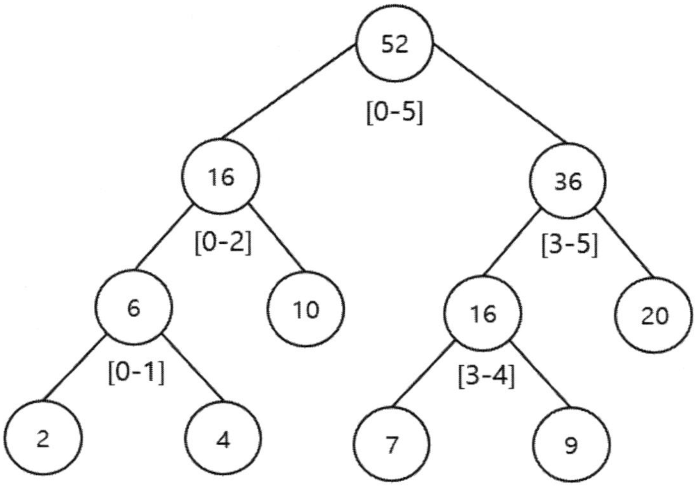


**(그림 13.1)** 입력 배열 list의 세그먼트 트리 표현

세그먼트 트리는 완전이진트리는 아니지만 균형을 갖는 이진트리이다. 따라서 세그먼트 트리를 완전이진트리 또는 포화이진트리에서와 같이 배열을 사용하여 표현할 수 있다. 그러면 입력으로 주어진 리스트에서 데이터의 개수가 n일 경우 세그먼트 트리를 배열로 표현하기 위해 배열의 크기는 어떻게 할당해야 하는가를 생각해 본다. 일반적인 이진트리에서 단말 노드의 개수가 n일 경우 비 단말 노드의 개수는 n-1개로 전체 노드의 개수는 2n-1개가 된다. 예로서 (그림 13.1)의 트리에서 단말 노드의 개수는 6개이며 비 단말 노드의 개수는 5개로 전체 노드의 개수는 11개가 된다.

만일 n의 크기가 2의 제곱에 비례하는 수라면 포화이진트리가 만들어 지며 세그먼트 트리를 저장하기 위한 배열의 크기를 2n-1개로 할당할 수 있다. 그러면 n의 크기가 2의 제곱에 비례하는 수가 아닐 경우는 배열의 크기를 어떻게 결정해야 하는가? 예로서 n이 13이라 가정하고 13보다 큰 가장 작은 2의 제곱에 해당하는 수를 찾으면 16($2^4$)이 된다. 이럴 경우 세그먼트 트리를 저장하기 위한 배열의 크기는 2×16-1=31이 되며 포화이진트리가 아니기 때문에 빈 공간이 발생될 수 있다.

위에서 설명한 과정을 더 쉽게 계산하기 위해 이진트리의 높이를 활용하면 된다. 입력 데이터의 수(단말 노드의 수)가 n의 크기를 갖는 입력 리스트가 주어질 경우 매 단계마다 두 개의 리스트로 분할되며 반복적으로 세그먼트 트리가 구성된다. 이런 경우 세그먼트 트리의 높이는 $\lceil \log^n \rceil$ 이 된다. 따라서 세그먼트 트리를 저장하기 위해 배열의 크기를 $2 \times 2^{\lceil \log n \rceil} - 1$로 설정하면 된다.

(표 13.1) (그림 13.1)의 배열 표현

| 인덱스 | 0 | 1 | 2 | 3 | 4 | 5 | 6 | 7 | 8 | 9 | 10 | 11 | 12 | 13 | 14 |
|---|---|---|---|---|---|---|---|---|---|---|---|---|---|---|---|
| 값 | 52 | 16 | 36 | 6 | 10 | 16 | 20 | 2 | 4 | N | N | 7 | 9 | N | N |

(표 13.1)은 (그림 13.1)의 세그먼트 트리를 배열로 표현한 예를 보여준다. 입력 데이터의 수가 6개이기 때문에 세그먼트 트리를 저장하기 위한 배열의 크기는 $2 \times 2^{\lceil \log 6 \rceil} - 1$ = 15가 된다. 표에서 'N'은 세그먼트 트리를 배열로 표현하는 과정에서 존재하지 노드의 값을 의미한다. (표 13.1)과 같이 배열로 표현된 이진트리에서 부모와 자식 노드는 아래와 같은 절차에 따라 찾을 수 있다.

- 배열에서 인덱스 i에 해당하는 왼쪽 자식 노드는 인덱스 $(2 \times i+1)$ 위치에 존재한다.
- 배열에서 인덱스 i에 해당하는 오른쪽 자식 노드는 인덱스 $(2 \times i+2)$ 위치에 존재한다.
- 배열에서 인덱스 i에 해당하는 부모 노드는 인덱스 $\lfloor (i-1)/2 \rfloor$ 위치에 존재한다. 인덱스가 0인 경우 루트 노드로 제외한다.

알고리즘 설계

### (1) 세그먼트 트리의 구성

먼저 입력 리스트가 주어질 경우 세그먼트 트리가 어떻게 구성되는지에 관한 상세한 과정을 살펴본다. 편의를 위해 입력 리스트에 포함된 데이터의 수가 2의 제곱에 해당하는 예를 사용하여 설명한다. 8개의 데이터를 갖는 입력 리스트 [21, 7, 8, 19, 2, 9, 6, 10]이 주어졌을 때 세그먼트 트리를 구성해 보도록 한다. 주어진 입력 리스트를 매 단계마다 같은 크기를 갖는 두 개의 리스트로 분할한다. 이러한 과정을 더 이상 리스트가 분할되지 않을 때까지, 즉 한 개의 데이터만을 갖는 리스트가 만들어 질 때까지 반복한다.

(표 13.2) 입력 리스트를 분할한 후에 세그먼트 트리를 구성하는 과정

<table>
<tr><th>입력 리스트</th><th colspan="8">[21, 7, 8, 19, 2, 9, 6, 10]</th></tr>
<tr><td>분할1</td><td colspan="4">[21, 7, 8, 19]</td><td colspan="4">[2, 9, 6, 10]</td></tr>
<tr><td>분할2</td><td colspan="2">[21, 7]</td><td colspan="2">[8, 19]</td><td colspan="2">[2, 9]</td><td colspan="2">[6, 10]</td></tr>
<tr><td>분할3</td><td>[21]</td><td>[7]</td><td>[8]</td><td>[19]</td><td>[2]</td><td>[9]</td><td>[6]</td><td>[10]</td></tr>
<tr><td>부분 합1</td><td colspan="2">[28]</td><td colspan="2">[27]</td><td colspan="2">[11]</td><td colspan="2">[16]</td></tr>
<tr><td>부분 합2</td><td colspan="4">[55]</td><td colspan="4">[27]</td></tr>
<tr><td>부분 합3</td><td colspan="8">[82]</td></tr>
</table>

(표 13.2)는 주어진 입력 리스트를 분할한 후에 부분 합을 계산하여 세그먼트 트리가 구성되는 과정을 보여준다. 표에서 보인 것과 같이 주어진 입력 리스트가 매 단계마다 같은 크기를 갖는 두 개의 리스트로 분할된다. 세 번의 분할 과정을 거친 후에 마지막 리스트(분할3)가 한 개의 값으로만 구성된다. 이제 표의 부분 합1부터 부분 합3에서 보인 것과 같이 역으로 두 개의 분할된 리스트의 부분 합을 반복적으로 계산한다.

(그림 13.2)는 이러한 부분 합의 계산 과정에 의해 세그먼트 트리가 구성된 예를 보여준다. 세그먼트 트리에서 단말 노드는 입력 리스트의 배열에 주어진 값들이 배치되었으며, 비 단말 노드는 (표 13.2)에 따라 계산된 결과와 같이 두 개의 자식 노드의 합이 저장된다. 세그먼트 트리를 구성하기 위해 리스트의 분할과 부분 합의 계산을 위한 두 개의 단계로 구분되며, 입력 리스트에 포함된 데이터의 수가 n일 경우 각각 O(logn)번이 반복 수행된다.

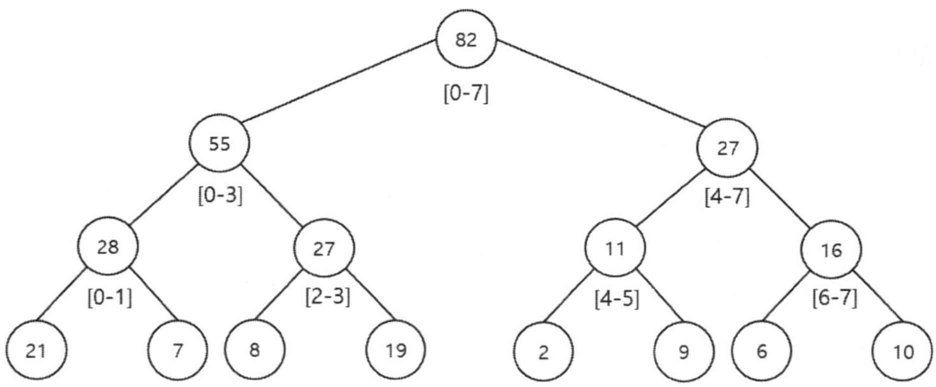


(그림 13.2) 8개의 입력 리스트에 대한 세그먼트 트리의 구성

(알고리즘 Seg_tree_const)는 n개의 정수형 데이터를 갖는 입력 리스트가 배열 list로 주어질 경우 (알고리즘 Construct_tree)를 호출하여 세그먼트 트리를 구성하는 알고리즘이다.

```
1. Algorithm Seg_tree_const(list, n)
2. Input: n개의 정수형 데이터를 갖는 입력 리스트 배열(list)
3. Output: 입력 리스트의 세그먼트 트리를 저장한 배열(seg_tree)
4. height <- ⌈log^n⌉
5. t_size <- 2×2^height −1
6. seg_tree <- malloc(t_size)
7. Construct_tree(list, 0, n−1, seg_tree, 0)
8. return seg_tree
```

(알고리즘 Seg_tree_const)에서 입력은 n개의 정수 값이 저장된 list 배열이고 출력은 세그먼트 트리가 구성된 배열 seg_tree이다. 알고리즘의 4~5번 줄은 세그먼트 트리를 저장하기 위한 배열 seg_tree 트리의 크기를 결정하기 위한 문장이다. 두 문장에 사용된 식은 앞서 설명한 자료구조 설계 부분을 참조하길 바란다. 6번 줄은 5번 줄에서 계산된 $2 \times 2^{height} - 1$ 개의 개수를 갖는 정수형 배열 공간을 할당하여 배열 명칭을 seg_tree로 설정한다.

7번 줄은 (알고리즘 Construct_tree)를 호출하여 주어진 입력 list에 대한 세그먼트 트리를 구성한다. 이 알고리즘의 초기 호출 시에 입력 리스트의 범위는 0에서 n−1까지 이고 current 값을 0으로 주어 루트 노드에서 시작하도록 한다. 세그먼트 트리의 결과는 (알고리즘 Construct_tree) 호출 시 인수로 사용된 배열 seg_tree를 통해서 전달된다. 프로그램 언어를 사용하여 실제 구현할 경우 이 부분은 인수 전달을 주소에 의한 호출(call-by-reference) 방식을 사용할 수 있다. 8번 줄에서는 7번 줄에서 구성된 세그먼트 트리의 배열을 반환한다.

```
1. Algorithm Construct_tree(list, start, end, seg_tree, current)
2. Input: 입력 리스트 배열(list), 분할된 리스트의 시작(start)과 끝(end), 현재 노드의
   인덱스(current), 세그먼트 트리 배열(seg_tree)
3. Output: 세그먼트 트리의 현재 인덱스 배열
4. if (start = end) {
```

```
5.          seg_tree[current] <- list[start]
6.          return list[start] }
7. mid <- start + (end - start) / 2
8. child <- 2 * current
9. seg_tree[current] <- Construct_tree(list, start, mid, seg_tree, child+1)
                + Construct_tree(list, mid+1, end, seg_tree, child+2)
10. return seg_tree[current]
```

(알고리즘 Construct_tree)는 (표 13.2)에서 설명한 것과 같이 주어진 입력 리스트를 반복적으로 분할하고 마지막으로 분할된 리스트로부터 부분 합을 계산하여 세그먼트 트리를 구성하는 알고리즘이다. 알고리즘의 입력에서 start와 end는 가장 최근에 분할된 리스트의 시작과 끝의 인덱스 값을 의미한다. current는 재귀적으로 반복되는 과정에서 부분 합을 계산하기 위해 현재의 상태에서 세그먼트 트리의 배열 seg_tree의 인덱스 값을 의미한다. 4~6번 줄은 분할된 리스트에서 데이터의 개수가 한 개일 경우 더 이상 분할되지 않기 때문에 그때 리스트가 갖는 값을 세그먼트 트리 배열에 저장한다.

7번 줄은 순환(재귀)적 반복 과정에서 리스트를 두 개의 리스트로 분할하기 위해 중간 위치의 인덱스 값을 계산하여 mid에 저장한다. 8번 줄은 배열로 저장된 세그먼트 트리 배열 set_tree에서 현재 상태에서 자식 노드로 이동하기 위한 인덱스의 계산을 위해 사용된다. 9번 줄의 문장은 분할된 두 개의 리스트 {list[start], ... , list[mid]}와 {list[mid+1], ... , list[end]}를 순환적으로 호출하여 부분 합을 계산하여 세그먼트 트리를 구성한다. 마지막으로 10번 줄에서 현재 상태에서 계산된 부분 합이 저장된 세그먼트 트리의 배열의 값을 반환한다.

### (2) 세그먼트 트리를 사용하여 질의 영역의 합을 계산

이제 주어진 입력 리스트에 대해 (1)에서 설명한 알고리즘에 따라 구성된 세그먼트 트리를 사용하여 질의 영역의 합을 계산하는 알고리즘을 설계한다. 예로서 (그림 13.2)의 세그먼트 트리에서 질의 범위의 인덱스 [0, 3]의 부분 합은 55, [4, 7]의 부분 합은 27, [2, 5]의 부분 합은 38이 된다.

(알고리즘 Get_query)는 입력 리스트에서 질의 범위로 주어진 합을 계산하여 반환하는 알고리즘이다. 알고리즘에서 입력으로 (1)에서 부분 합이 계산된 세그먼트

트 트리 배열(set_tree)과 부분 합을 계산하기 위한 질의의 시작(q_s)과 끝(q_e) 인덱스가 주어진다. 입력 리스트 배열의 크기가 n이기 때문에 질의로 주어진 인덱스의 범위는 0에서 n-1 사이의 값이 되어야 한다.

알고리즘에서 4번 줄은 질의로 주어진 인덱스의 범위가 올바른지를 확인하여 그렇지 않을 경우 오류 처리를 하고 종료한다. 5번 줄에서 질의 범위에 해당하는 위치의 부분 합을 계산하기 위해 (알고리즘 Query_sum)을 호출하여 그 결과를 sum에 저장한다. 6번 줄은 5번 줄에서 계산된 최종 결과 sum의 값을 반환한다.

```
1. Algorithm Get_query(seg_tree, n, q_s, q_e)
2. Input: 세그먼트 트리 배열(seg_tree), 부분 합을 계산하기 위한 시작과 끝 인덱스
   위치(q_s, q_e)
3. Output: 질의한 위치의 부분 합
4. if (q_s 〈 0 or q_e 〉 n-1 or q_e 〉 q_s) return error
5. sum 〈- Query_sum(seg_tree, 0, n-1, q_s, q_e, current)
6. return sum
```

(알고리즘 Query_sum)은 입력 리스트로 구성된 세그먼트 트리의 배열을 사용하여 질의 범위의 부분 합을 계산하는 알고리즘이다. 이 알고리즘은 질의 범위의 부분 합을 계산하기 위해 다음과 같이 세 가지 경우로 구분되어 수행된다.

- 질의한 인덱스의 시작과 끝의 범위가 현재 분할된 리스트의 시작과 끝의 인덱스 범위를 포함하는 경우 세그먼트 트리 배열에서 현재 위치의 부분 합인 seg_tree[current] 값을 반환한다(4번 줄).
- 질의한 인덱스의 시작과 끝의 범위가 현재 분할된 리스트의 시작과 끝의 인덱스 범위를 벗어나는 경우 0을 반환한다(5번 줄).
- 위의 두 경우에 해당하지 않을 경우 분할된 두 리스트의 부분 합을 순환적으로 호출하여 계산한다(6~8번 줄).

```
1. Algorithm Query_sum(seg_tree, start, end, q_s, q_e, current)
2. Input: 세그먼트 트리 배열(seg_tree), 분할된 리스트의 시작과 끝 인덱스
   (start/end), 질의 인덱스(q_s/q_e), 현재 노드 인덱스(current)
3. Output: 질의 범위의 부분 합
```

```
if (q_s <= start and q_e >= end) return seg_tree[current]
if (end < q_s or start > q_e) return 0
mid <- start + (end - start) / 2
child <- 2 * current
return Query_sum(seg_tree, start, mid, q_s, q_e, child+1) +
        Query_sum(seg_tree, mid+1, end, q_s, q_e, child+2)
```

### (3) 입력 리스트의 변경에 따른 세그먼트 트리의 갱신

입력으로 주어진 리스트 배열 list[0], list[1], ... , list[n−1]에서 list[i]에 해당하는 값이 value로 변경될 경우를 생각해 본다. 입력 리스트에서 이러한 변경이 일어나면 입력 리스트 배열과 세그먼트 트리 배열이 아래와 같이 갱신되어야 한다.

- list[i]를 변경된 값으로 대체한다. 즉, list[i] = value
- 세그먼트 트리 배열에서 list[i]의 단말 노드에 해당하는 모든 조상 노드들의 부분 합이 다시 계산되어야 한다.

예로서 (그림 13.2)의 세그먼트 트리를 살펴본다. 입력으로 주어진 리스트 배열은 list[] = [21, 7, 8, 19, 2, 9, 6, 10]이다. 여기서 list[3]의 값을 10으로 변경하면 list 배열은 [21, 7, 8, **10**, 2, 9, 6, 10]으로 변경되고 이와 동시에 세그먼트 트리도 갱신되어야 한다. (그림 13.3)은 (그림 13.2)에서 list[3]의 값이 10으로 변경되었을 때 갱신된 세그먼트 트리의 예를 보여준다. 세그먼트 트리에서 입력 리스트의 데이터는 항상 단말 노드에 배치된다.

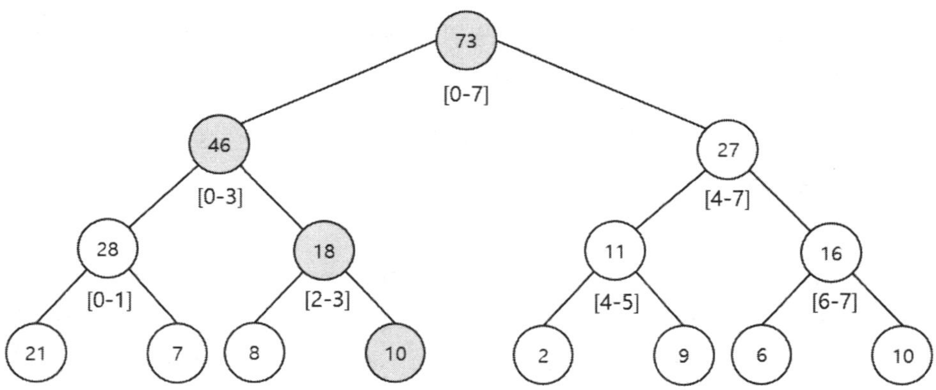


**(그림 13.3)** list[3]의 값이 변경되었을 때 세그먼트 트리의 갱신

(그림 13.3)에서 보인 것과 같이 list[3]에 해당하는 단말 노드의 값(10)이 변경되면 그 단말 노드의 모든 조상 노드(음영색으로 표기된 노드들)의 부분 합의 값이 다시 계산되어 한다. 이러한 부분의 반영을 위해 아래와 같은 방법으로 list[3]에 해당하는 단말 노드의 조상 노드의 값들을 다시 계산한다.

- d_value = value - list[i] = 10 - 19 = -9
- list[3]에 해당하는 단말 노드의 조상 노드들의 현재 값에 d_value를 더한다. 그러면 조상 노드들의 값이 18(27-9), 46(55-9), 73(82-9) 순으로 변경된다.

```
1. Algorithm Segtree_update(seg_tree, start, end, i, d_value, current)
2. Input: 세그먼트 트리 배열(seg_tree), 분할된 리스트의 시작과 끝의 인덱스(start,
   end), 변경된 위치(i), 현재 노드의 인덱스(current)
3. Output: 갱신된 세그먼트 트리의 배열
4. if (i 〈 start or i 〉 end) return Null
5. seg_tree[current] 〈- seg_tree[current] + d_value
6. if (start != end) {
7.      mid 〈- start + (end - start) / 2
8.      child 〈- 2 * current
9.      Segtree_update((seg_tree, start, mid, i, d_value, child+1)
10.     Segtree_update((seg_tree, mid+1, end, i, d_value, child+2) }
11. end
```

(알고리즘 Segtree_update)는 입력 리스트에서 인덱스 i에 해당하는 list[i]값이 변경될 경우 세그먼트 트리를 갱신하는 알고리즘이다. 알고리즘의 입력으로 세그먼트 트리를 저장한 배열(seg_tree), 분할 리스트의 시작과 끝의 위치(start/end), 변경된 위치의 인덱스(i), 변경된 위치에서 변경된 값과 원래 값의 차이 값(d_value), 현재 위치(current)의 인덱스가 주어진다. 알고리즘의 출력으로 갱신된 세그먼트 트리의 배열이 반환된다.

세그먼트 트리를 갱신하기 위해 (그림 13.3)의 예에서 설명한 것과 같이 변경된 단말 노드의 차이 값(변경된 값 - 이전 값)을 사용하여 모든 조상 노드의 값을 변경한다. 알고리즘에서 이 부분을 간편하게 계산하기 위해 루트 노드에서 시작하여 작업을 시작한다. 4번 줄에서 입력 리스트의 배열에서 변경된 위치의 인덱스 i가 분할 과정에서 해당 서브 블록의 범위에 포함되지를 판단하여 포함되지 않을 경우 변경 없이 넘어간다. 5번 줄에서 변경된 위치의 인덱스가 분할 과정에서 서브블록의 범위에 포함된다면 seg_tree[current]의 값에 차이 값 d_value를 더하여 현재 값을 갱신한다. 6~10번 줄은 마지막 한 개의 노드, 즉 단말 노드를 만날 때까지 순환적인 호출을 통하여 자식 노드를 찾아 가기 위해 분할 과정을 반복 수행한다.

### 알고리즘 분석

본 프로젝트를 통하여 입력 리스트의 배열에서 질의 범위의 합을 계산하기 위해 세그먼트 트리를 구성하는 알고리즘, 질의 범위의 합을 계산하는 알고리즘, 입력 리스트의 배열에서 특정 위치의 값이 변경되었을 때 세그먼트 트리를 갱신하는 알고리즘을 설계하였다. 세 알고리즘 모두 n개의 데이터를 갖는 입력 리스트가 주어질 때 세그먼트 트리를 표현하기 위해 포화이진트리와 유사한 자료구조를 사용하였다.

포화이진트리는 자료구조를 배열로 표현하는 것이 더 효율적인 임을 이미 학습하였다. 세그먼트 트리의 구성에서 n개의 입력 리스트가 단말 노드에 배치되고 부분 합을 저장하기 위해 이를 이진트리로 표현하면 트리의 높이는 logn이 된다. 따라서 본 프로젝트에서 학습한 세 개의 알고리즘 모두 이러한 세그먼트 트리에서 연산이 이루어지기 때문에 수행시간은 모두 O(logn)이 된다. 반면에 세그먼트 트리를 저장하기 위해 배열 공간을 $2\times2^{\lceil \log n \rceil}-1$의 크기로 할당하여 세 알고리즘 모두 수행공간은 $O(2^{\lceil \log n \rceil})$이 된다.

### 논의

(프로젝트 13.1)에서 입력으로 주어진 리스트의 배열에서 부분 합을 계산하기 위해서 세그먼트 트리를 사용한 알고리즘을 소개하였다. n개의 데이터를 갖는 입력 리스트가 순차적인 배열로 주어질 경우 이 배열에서 질의 범위의 부분 합을 계산하기 위한 수행시간은 O(n)이 된다. 본 프로젝트는 입력으로 주어진 리스트의 부분 합을 세그먼트 트리로 구성하여 이 문제에 대한 수행시간을 O(logn)으로 개선하였다.

세그먼트 트리를 표현하기 위해 포화이진트리에서와 같이 배열을 사용하였다. n개의 입력 리스트에 대한 세그먼트 트리를 배열로 표현하기 위해 $2\times2^{\lceil \log n \rceil}-1$ 개의 공간을 동적으로 할당하였다. 이런 경우 입력 리스트의 크기 n이 2의 제곱에 해당하는 경우일 때는 할당된 공간이 빈자리가 없이 채워진다. 그러나 그렇지 않을 경우 상당 부분의 공간이 사용되지 않고 빈자리로 남아 있을 수 있다. 이런 현상은 입력의 크기 n이 더 커질수록 심해질 수 있다. 본 프로젝트에서 학습한 알고리즘에 대한 공간을 더 개선할 수 있는지는 여러분 스스로 고민해 보길 바란다.

## ✓ 프로그램 구현 과제

**(1) (프로젝트 13.1)에서 학습한 다음 알고리즘을 프로그램 언어를 사용하여 구현한다.**

- Algorithm Seg_tree_const: 주어진 입력 리스트를 세그먼트 트리로 구성하기 위한 전 단계 알고리즘
- Algorithm Construct_tree: 주어진 입력 리스트를 세그먼트 트리로 구성하는 알고리즘
- Algorithm Get_query: 세그먼트 트리를 사용하여 부분 합을 계산하기 위한 전 단계 알고리즘
- Algorithm Query_sum: 세그먼트 트리를 사용하여 부분 합을 계산하는 알고리즘
- Algorithm Segtree_update: 입력 리스트의 값이 변경되었을 때 세그먼트 트리를 갱신하는 알고리즘

**(2) (1)에서 구현한 알고리즘을 시험하는 메인 프로그램을 작성하여 아래와 같이 수행한 후에 그 결과를 확인한다.**

- 입력 리스트의 크기 n을 8, 12, 16, 25, 32로 하여 수행 결과를 확인한다. 또한 입력의 변화에 따라 세그먼트 트리를 저장하는 배열에서 빈 공간 여부를 확인한다.
- 매 입력 크기에 대해 3번 이상 질의 범위의 인덱스를 주어 부분 합을 계산한다.
- 매 입력 크기에 대해 2번 이상 리스트의 값을 변경하여 세그먼트 트리가 갱신되는 결과를 확인하다.

**(3) 본 프로젝트에서는 세그먼트 트리를 표현하기 위한 자료구조로 배열을 사용하였다. 세그먼트 트리를 연결 리스트로 표현했을 때 배열 구조에 비해 효율성을 논의해 본다.**

Project

## 13.2 세그먼트 트리를 사용한 영역 최소 질의 문제

### 문제 정의

(프로젝트 13.1)에서 세그먼트 트리의 응용 예로서 입력 리스트에서 임의의 구간에 포함된 값들의 합을 구하는 문제에 대한 알고리즘을 학습하였다. 본 프로젝트에서는 이와 유사한 문제로 입력 리스트에서 임의의 구간에 포함된 값들 중에서 가장 작은 값을 찾는 문제를 고려한다. 이러한 문제를 영역 최소 질의(range minimum query) 문제라 한다.

n개의 정수 값을 갖는 배열 list[0], list[1], ... , list[n−1]이 주어졌다고 가정했을 때 이 배열에서 인덱스 s에서 e까지에 포함된 배열 값들 중에서 가장 작은 값을 찾는다. 여기서 인덱스 s에서 e의 범위는 $0 \leq s \leq e \leq n-1$이 된다. 예로서 배열 list[] = {2, 4, 10, 7, 9, 20}이 주어질 경우 인덱스 2에서 5까지 포함된 값들 중에서 가장 작은 값은 7이 된다.

입력으로 주어진 list 배열에서 이 문제를 해결하기 위한 수행시간은 O(n)이 된다. 본 프로젝트에서는 이 문제를 해결하기 위한 기초적이며 단순한 방법을 먼저 소개하고 세그먼트 트리를 사용하여 더 효과적으로 해결하는 방법에 대해 학습한다.

### 자료구조 설계

이 문제의 해결을 위한 자료구조로 (프로젝트 13.1)에서와 같이 세그먼트 트리를 사용한다. 정수 값을 갖는 배열 list[] = {2, 4, 10, 7, 9, 20}이 입력으로 주어졌다고 가정할 때 이를 세그먼트 트리로 표현한 자료구조는 (그림 13.4)와 같다. (프로젝트 13.1)의 문제와 차이점은 세그먼트 트리에서 비 단말 노드가 자식 노드들의 부분 합이 아닌 더 작은 값을 갖는다는 것이다. (그림 13.4)의 세그먼트 트리에서 단말 노드는 list 배열에 주어진 값을 표현하며 비 단말 노드는 단말 노드에서 시작하여 각 단계 마다 두 개의 자식 노드들 중에서 더 작은 값을 선택하여 저장한다.

입력 리스트가 주어질 경우 배열을 사용하여 세그먼트 트리를 저장하고 구성하는 방법은 이미 (프로젝트 13.1)에서 학습한 내용과 동일하다. 단지 이 문제에서는 비 단말 노드가 자식 노드의 값 중에서 더 작은 값을 갖는 다는 것이 차이가 있다.

따라서 세그먼트 트리를 표현하기 위해 배열 공간의 크기를 결정하는 방법, 세그먼트 트리를 구성하는 방법, 입력 리스트의 값이 변경되었을 경우 세그먼트 트리를 재계산하는 방법 등에 관한 구체적인 설명은 생략하며 상세한 내용은 (프로젝트 13.1)을 참조하길 바란다.

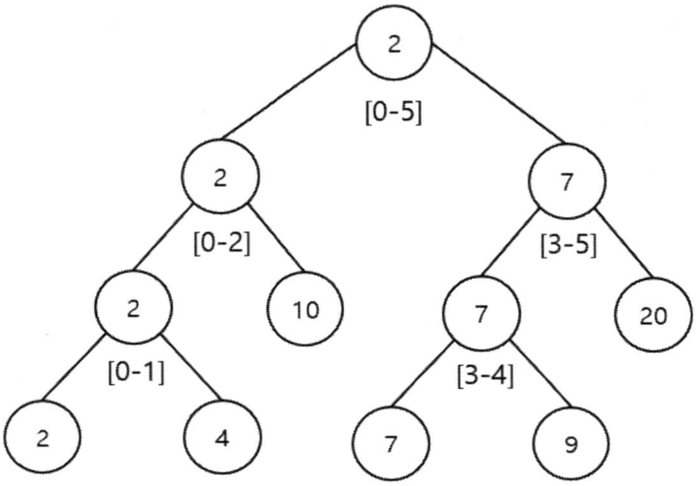


(그림 13.4) 배열 list의 세그먼트 트리 표현

## 알고리즘 설계 및 분석

n개의 정수 값을 갖는 리스트의 배열 list[0], list[1], ... , list[n−1]이 주어질 때 이 문제를 해결하기 위해 다음과 같이 세 가지 방법을 사용할 수 있다.

**(방법1)** 가장 단순한 방법으로 주어진 질의 범위의 시작과 끝의 인덱스 i와 j가 주어질 때 반복 루프를 사용하여 list[i]에서 list[j] 까지 검색하여 가장 작은 값을 찾는다. 이 방법의 경우 수행시간은 O(n)이 된다.

**(방법2)** 추가적인 2차원 배열 공간을 사용하여 사전에 질의 범위의 인덱스 i에서 j에 해당하는 list[i]에서 list[j]의 값들 중에서 가장 작은 값을 찾아 query[i, j]에 저장한다. 이 방법의 수행시간은 $O(n^2)$이 된다. 그러나 미리 모든 질의 범위에 대한 가장 작은 값이 query 배열에 저장되어 있기 때문에 질의 범위의 가장 작은 값을 찾기 위한 수행시간은 O(1)이 된다.

**(방법3)** 입력 리스트의 배열을 사전에 (그림 13.4)와 같은 세그먼트 트리로 구성한 후에 질의 범위 i에서 j까지의 가장 작은 값을 찾는다. 이 방법을 사용할 경우 입력 리스트를 세그먼트 트리로 구성하는데 걸리는 수행시간은 O(logn)이며, 질의 범위에서 가장 작은 값을 찾는데 걸리는 수행시간 역시 O(logn)이 된다.

본 프로젝트에서는 영역 최소 질의 문제를 해결하기 위해 위에서 기술한 세 가지 방법에 대한 알고리즘을 기술한다. 프로그램 구현 과제를 통하여 학습자 스스로 알고리즘 구현 및 실험을 통하여 세 알고리즘의 효율성을 비교하도록 한다.

## (1) (방법1)의 알고리즘 설계

(알고리즘 Simple_min)은 질의 범위의 시작과 끝의 인덱스 q_s와 q_e가 주어질 때 입력 리스트의 list[q_s]에서 list[q_e] 까지 반복적으로 검색하여 가장 작은 값을 찾는 알고리즘이다.

```
1. Algorithm Simple_min(list, n, q_s, q_e)
2. Input: 입력 리스트 배열(list), 데이터 수(n), 질의 범위(q_s/q_e)
3. Output: 질의 범위에서 가장 작은 값
4. if (q_s 〈 0 or q_e 〉 n-1 or q_e 〉 q_s) return error
5. min 〈- list[q_s]
6. for i 〈- q_s+1 to q_e
7.    if (min 〉 list[i]) min 〈- list[i]
8. return min
```

알고리즘에서 입력은 리스트의 배열(list), 배열에 포함된 데이터의 수(n), 질의 범위의 시작(q_s)과 끝(q_e)을 가리키는 인덱스가 주어진다. 알고리즘의 출력은 질의 범위에서 가장 작은 값이 된다. 4번 줄은 질의 범위가 오류인가를 확인한다. 질의 범위는 0≤q_s≤q_e≤n−1이 되어야 한다. 5번 줄은 질의 범위의 첫 번째 값인 list[q_s]를 초기 값으로 설정한다. 6~7번 줄은 질의 범위의 인덱스에 포함된 list 배열의 값을 반복적으로 검색하여 가장 작은 값을 찾아 min에 저장한다. 마지막으로 8번 줄에서 질의 범위에서 가장 작은 값을 반환한다.

이 알고리즘은 아주 단순한 장점이 있지만 질의 범위에 해당하는 데이터의 수가 많을수록 수행시간이 증가하게 된다. n개 데이터를 갖는 입력 리스트가 주어질 경우 이 알고리즘의 수행시간은 질의 범위에 포함된 데이터의 수에 비례하여 평균적인 수행시간은 O(n)이 된다.

### (2) (방법2)의 알고리즘 설계

(방법2)에서는 사전에 모든 질의 범위에 해당하는 가장 작은 값을 2차원 배열에 저장한다. 이 알고리즘 구현을 위해 두 개의 알고리즘으로 구분하여 설명한다. 첫 번째 알고리즘은 입력 리스트에서 사전에 질의 범위에 해당하는 가장 작은 값을 찾아 2차원 배열에 저장한다. 두 번째 알고리즘은 이 배열을 사용하여 질의 범위에 해당 하는 가장 작은 값을 찾는다.

(알고리즘 Preprocess_min)은 입력 리스트가 주어질 때 추가적인 2차원 배열 공간을 사용하여 query[i, j]에 질의 범위인 list[i]에서 list[j] 까지 값들 중에서 가장 작은 값을 찾아 저장하는 알고리즘이다.

```
 1. Algorithm Preprocess_min(list, n)
 2. Input: 입력 리스트 배열(list), 데이터 수(n)
 3. Output: 모든 질의 범위의 값을 저장한 2차원 배열(query)
 4. Create 2-dimensional array query with n×n
 5. for i <- 0 to n-1
 6.   for j <- 0 to n-1 {
 7.       min <- list[i]
 8.       for k <- i+1 to j
 9.           if (min > list[k]) min <- list[k]
10.       if (i <= j) query[i, j] <- min
11.       }
12. return query
```

알고리즘의 입력으로 리스트 배열(list)과 데이터 수(n)가 주어지고 출력은 모든 질의 범위 (i, j)에서 가장 작은 값을 저장한 query 배열이 된다. 4번 줄에서 질의 범위에 해당하는 가장 작은 값을 저장하기 위해 n×n 크기를 갖는 2차원 배열(query)을 할당한다. 5~11번 줄은 입력 리스트 배열(list)에서 질의 범위 (i, j)에 해당하는 list[i]에서 list[j] 까지 값들을 반복적으로 검색하여 가장 작은 값을 찾아 query[i, j]에 저장한다. 마지막으로 12번 줄에서 모든 범위에 대한 가장 작은 값을 보관한 query 배열을 반환한다.

(알고리즘 Get_pmin)은 (알고리즘 Preprocess_min)에 의해서 전 처리된 배열을 이용하여 질의 범위에서 가장 작은 값을 찾는 알고리즘이다. 알고리즘의 입력으로 전 처리 단계에서 계산된 query 배열, 데이터의 수(n), 질의 범위의 시작(q_s)과 끝(q_e)의 인덱스가 주어진다. 알고리즘의 출력으로 질의 범위에서 가장 작은 값이 반환된다. 알고리즘에서 4번 줄은 질의 범위에 오류가 발생한지를 확인한다. 오류가 발견되지 않을 경우 5번 줄에서 전 처리 단계에서 이미 계산된 질의 범위에 해당하는 값을 받아서 min에 저장한다. 마지막으로 6번 줄에서 질의 범위에서 가장 작은 값을 반환한다.

```
1. Algorithm Get_pmin(query, n, q_s, q_e)
2. Input: 전 처리된 배열(query), 데이터 수(n), 질의 범위(q_s, q_e)
3. Output: 질의 범위에서 가장 작은 값
4. if (q_s 〈 0 or q_e 〉 n-1 or q_e 〉 q_s) return error
5. min 〈- query[q_s, q_e]
6. return min
```

(방법2)에서 질의 범위에서 가장 작은 값을 찾기 위해 두 단계의 알고리즘을 기술하였다. 이 방법의 경우 사전에 입력 리스트에 대한 모든 질의 범위의 값들이 결정되어 있어 질의 범위에서 가장 작은 값을 한 번에 바로 찾을 수 있다. n개의 데이터를 갖는 입력 리스트가 주어질 경우 두 알고리즘에서 전 처리를 위한 첫 번째 알고리즘의 수행시간은 $O(n^2)$이며, 질의 범위의 검색을 위한 두 번째 알고리즘의 수행시간은 O(1)이 된다. 따라서 이 알고리즘의 단점으로는 사전에 모든 질의 범위에서 가장 작은 값을 찾아 2차원 배열에 저장하는데 걸리는 수행시간의 부담을 들 수 있다. 또한 입력 리스트의 값이 수시로 변경될 경우 매번 전처리 단계를 거쳐야 하는 단점이 있다.

### (3) (방법3)의 알고리즘 설계

(방법3)은 이전에 학습한 두 방법의 수행시간 개선을 위해 세그먼트 트리를 사용하여 효과적으로 문제를 해결하는 방법이다. 이 방법도 (방법2)에서와 같이 전 처

리 단계가 필요하며 주어진 입력 리스트를 사용하여 세그먼트 트리를 사전에 구성해야 한다. 다음 단계에서 전 처리 단계에서 구성된 세그먼트 트리를 사용하여 질의 범위에서 가장 작은 값을 찾는다. (방법3)에 대한 알고리즘은 (프로젝트 13.1)에서 학습한 질의 범위의 합 문제와 매우 유사하기 때문에 구체적인 설명은 생략하고 차이가 나는 부분만을 설명한다.

### (단계1) 세그먼트 트리의 구성

입력 리스트를 세그먼트 트리로 구성하기 위해 (프로젝트 13.1)의 영역 질의 합 문제의 알고리즘을 다시 언급하도록 한다. (알고리즘 Seg_tree_const)는 세그먼트 트리를 배열로 표현하기 위해 배열 공간(seg_tree)을 동적으로 할당하고 실질적으로 세그먼트 트리를 구성하는 (알고리즘 Construct_tree)를 호출한다. (알고리즘 Construct_tree)는 세그먼트 트리를 구성하여 동적으로 할당된 배열 seg_tree로 반환한다.

```
Algorithm Seg_tree_const(list, n)
Input: n개의 정수형 데이터를 갖는 입력 배열(list)
Output: 입력 리스트의 세그먼트 트리를 저장한 배열
height <- ⌈log^n⌉
t_size <- 2×2^height −1
seg_tree <- malloc(t_size)
Construct_tree(list, 0, n−1, seg_tree, 0)
return seg_tree
```

```
Algorithm Construct_tree(list, start, end, seg_tree, current)
Input: 입력 리스트 배열(list), 분할된 리스트의 시작(start)과 끝(end), 현재 노드의
   인덱스(current), 세그먼트 트리 배열(seg_tree)
Output: 세그먼트 트리의 현재 인덱스의 배열
if (start = end) {
        seg_tree[current] <- list[start]
        return list[start] }
mid <- start + (end - start) / 2
child <- 2 * current
```

```
9. seg_tree[current] <-
        min(Construct_tree(list, start, mid, seg_tree, child+1),
            Construct_tree(list, mid+1, end, seg_tree, child+2))
10. return seg_tree[current]
```

위에서 기술한 두 알고리즘은 (프로젝트 13.1)에서 학습한 알고리즘과 동일하나 (알고리즘 Construct_tree)의 9번 줄이 달라졌다. 9번 줄에서 (그림 13.4)에 보인 것과 같이 세그먼트 트리를 구성하는 과정에서 두 자식 노드들 중에서 더 작은 값을 선택한다. 여기서 min()은 단순히 두 값 중에서 작은 값을 선택하는 함수이다. 두 알고리즘의 각 문장별 세부적인 설명은 (프로젝트 13.1)을 참고하길 바란다.

n개의 데이터를 갖는 입력 리스트가 주어질 경우 이 입력 리스트를 세그먼트 트리로 구성하는 (알고리즘 Construct_tree)의 수행시간은 O(logn)이 된다. 이때 세그먼트 트리를 배열로 저장하기 위한 메모리 공간은 $O(2^{\lceil \log n \rceil})$이 된다.

### (단계2) 세그먼트 트리를 사용하여 질의 범위에서 가장 작은 값 찾기

```
Algorithm Get_min(seg_tree, n, q_s, q_e)
Input: 세그먼트 트리 배열(seg_tree), 질의 범위의 인덱스(q_s, q_e)
Output: 질의 범위에서 가장 작은 값
if (q_s < 0 or q_e > n-1 or q_e > q_s) return error
min <- Query_min(seg_tree, 0, n-1, q_s, q_e, current)
return min
```

```
Algorithm Query_min(seg_tree, start, end, q_s, q_e, current)
Input: 세그먼트 트리 배열(seg_tree), 분할된 리스트의 시작과 끝의 인인덱스(start,
  end), 질의 범위의 인덱스(q_s, q_e), 현재 노드의 인덱스(current)
Output: 세그먼트 트리 검색 과정에서 가장 작은 값
if (q_s <= start and q_e >= end) return seg_tree[current]
if (end < q_s or start > q_e) return Infinite_N
mid <- start + (end - start) / 2
child <- 2 * current
return min(Query_min(seg_tree, start, mid, q_s, q_e, child+1),
        Query_min(seg_tree, mid+1, end, q_s, q_e, child+2))
```

입력 리스트가 주어질 경우 (단계1)에서 전 처리 과정으로 세그먼트 트리를 구성하였다. 이제 이미 구성된 세그먼트 트리를 이용하여 질의 범위에서 가장 작은 값을 찾는 알고리즘에 대해 알아본다. (알고리즘 Get_min)은 (단계1)에서 구성된 세그먼트 트리 배열을 사용하여 질의 범위에서 가장 작은 값을 찾기 위해 (알고리즘 Query_min)을 호출한다.

위에서 기술한 두 알고리즘 중에서 (알고리즘 Query_min)의 5번 줄과 8번 줄을 제외하고 나머지는 (프로젝트 13.1)에서 이미 학습한 알고리즘과 동일하다. (알고리즘 Query_min)에서 8번 줄은 순환적 반복 호출을 통하여 매 단계마다 두 자식 노드의 값 중에서 더 작은 값을 선택하여 세그먼트 트리를 구성한다. 5번 줄은 질의 범위가 입력 리스트의 인덱스 범위를 벗어 날 경우 컴퓨터에서 설정할 수 있는 가장 큰 값을 반환한다. 여기서 Infinite_N은 알고리즘을 프로그램 언어를 사용하여 구현하는 과정에서 정수형 범위에서 표현할 수 있는 가장 큰 값을 설정하면 된다.

두 알고리즘에서 각 문장별 상세한 설명은 (프로젝트 13.1)에서 학습한 알고리즘을 참고하길 바란다. 단계1에서 기술한 전 처리 과정과 유사하게 n개의 데이터를 갖는 입력 리스트가 주어질 경우 질의 범위에서 가장 작은 값을 찾는 (알고리즘 Query_min)의 수행시간은 O(logn)이 된다. 따라서 세그먼트 트리를 사용한 (방법 3)의 알고리즘이 수행시간 측면에서 이전 방법들 보다 더 효율적임을 확인할 수 있다.

### 논의

우리는 본 프로젝트에서 입력 리스트가 주어질 때 임의의 질의 범위에서 가장 작은 값을 찾기 위한 세 가지 방법에 대한 알고리즘을 설계하였다. 또한 세 방법의 알고리즘에 대한 수행시간 분석을 하였다. 세 방법 중 세그먼트 트리를 사용한 마지막 알고리즘의 수행시간이 O(logn)으로 이전 두 방법에 비해 상당히 효율적임을 확인하였다. 그러나 입력의 크기 n이 커지고 2의 제곱에 해당되지 않을수록 배열 공간의 낭비가 심할 가능성이 있기 때문에 실제 응용에서 이러한 부분을 적절하게 판단할 필요가 있다.

## ✓ 프로그램 구현 과제

**(1)** **(프로젝트 13.2)에서 입력 리스트가 주어질 때 질의 범위에서 가장 작은 값을 찾기 위한 세 가지 방법에 대한 알고리즘을 프로그램 언어를 사용하여 구현한다.**

〈방법1〉

- Algorithm Simple_min: 입력 리스트를 그대로 활용하여 단순하게 해결하는 알고리즘

〈방법2〉

- Algorithm Preprocess_min: 입력 리스트의 전 처리 알고리즘
- Algorithm Get_pmin: 질의 구간에서 가장 작은 값을 찾는 알고리즘

〈방법3〉

- Algorithm Seg_tree_const: 입력 리스트의 세그먼트 트리 구성을 위한 메인 알고리즘
- Algorithm Construct_tree: 입력 리스트의 세그먼트 트리를 구성하는 알고리즘
- Algorithm Get_min: 질의 범위에서 가장 작은 값을 찾기 위한 메인 알고리즘
- Algorithm Query_min: 질의 범위에서 가장 작은 값을 찾기 위한 알고리즘

**(2)** **(1)에서 구현한 세 가지 방법에 대한 알고리즘을 시험하는 메인 프로그램을 작성하여 아래와 같이 수행한 후에 그 결과를 확인한다.**

- 입력 리스트에서 데이터의 수 n을 8, 12, 16, 25, 32로 하여 수행 결과를 확인한다.
- 매 입력 크기에 대해 3번 이상 질의 범위를 주어 가장 작은 값을 찾는다.

**(3)** **(2)에서 수행한 결과를 확인하여 세 방법의 수행시간을 비교하고 장단점을 논의한다.**

Part 14

# 트라이 응용

Project

# 14.1 트라이를 사용한 단어 관리 문제

## 문제 정의

문자열로 구성된 단어의 집합이 주어질 때 이를 관리하기 위한 방법으로 이진탐색트리와 해시 방법 등이 있다. 본 프로젝트에서는 단어의 집합을 관리하는데 있어 이들 방법보다 더 효과적인 트라이(trie) 자료구조를 소개하고 그 응용문제를 해결한다. "trie"란 단어는 영어 단어 *retrieval*로부터 유래되었다. 트라이는 우리가 이미 학습한 트리와 유사한 자료구조이다. 트라이에서 각 노드는 알파벳 문자를 저장하고 루트 노드에서 시작하여 위에서 아래로 노드를 방문하면서 단어를 검색한다.

트라이 자료구조는 문자열의 매칭, 단어 입력 시에 철자 체크, 문서 편집기에서 유사 단어 보기 및 자동 교정 등을 효과적으로 구현하는데 사용될 수 있다. 본 프로젝트에서 트라이 자료구조를 소개하고 입력 문자의 집합이 주어질 경우 단어들을 삽입하여 트라이를 구성한 후에 이 트라이에서 단어를 삭제 및 검색하는 알고리즘을 학습한다.

## 자료구조 설계

트라이 자료구조를 소개하기 위해 {bit, bite, study, student, stuff, the, them, there}를 갖는 단어의 집합을 예로 사용한다. (그림 14.1)은 예시로 주어진 단어의 집합을 트라이 자료구조로 표현한 예를 보여준다. 트라이에서는 항상 빈 루트 노드에서 시작한다. 트라이에서 각 노드는 하나의 알파벳을 표현하고 간선은 알파벳을 연결하여 단어의 구성을 표현한다. 예로서 {bit, bite}의 경우 알파벳 문자열 bit에서 같은 전위 문자열(prefix string)을 갖는다, 그림에서 b, i, t, e의 경로는 두 개의 단어 bit와 bite를 포함하기 때문에 이를 구분하기 위해 단어가 끝나는 노드를 진한 색의 노드로 표현하였다.

{study, student, stuff}의 경우는 stu에서 같은 전위 문자열을 가지며 다시 stud에서 student와 study에 대한 같은 전위 문자열을 갖는다. 같은 방법으로 {the, them, there}의 경우 the에서 같은 전위 문자열을 갖는다. 트라이에서 이러한 방식으로 단어를 표현하며 루트 노드에서 시작하여 위에서부터 아래로 내려가면서 단어를 검색한다.

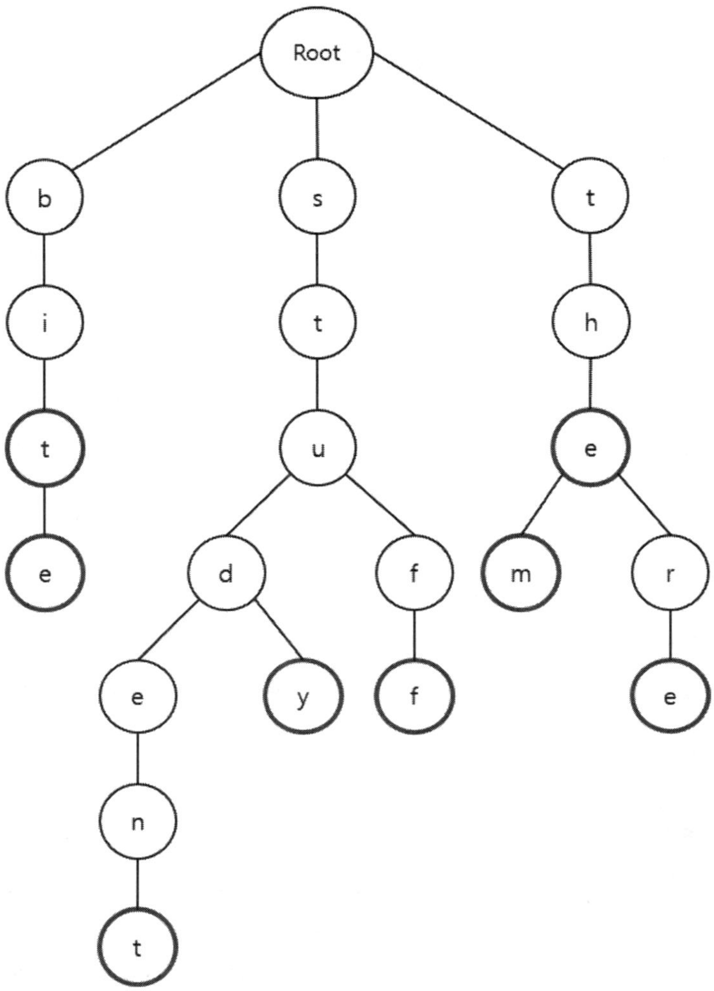


(그림 14.1) 주어진 단어 집합에 대한 트라이 표현

이제 트라이의 구현을 위해 컴퓨터 메모리에서 표현될 구체적인 자료구조를 알아보도록 한다. 영문 26개 문자로 구성된 소문자 알파벳을 생각해 본다. 영문 소문자로 구성된 단어를 트라이로 표현할 경우 트라이는 26진 트리의 개념으로 생각할 수 있다. 즉, 트라이에서 모든 단어는 루트 노드에서 시작하기 때문에 루트 노드는 알파벳 a~z까지 26개의 자식 노드를 갖는다. (그림 14.1)의 트라이의 예는 26개의 자식 노드들 중에서 b, s, t로 시작하는 세 개의 자식 노드의 분기만을 보인 예이다.

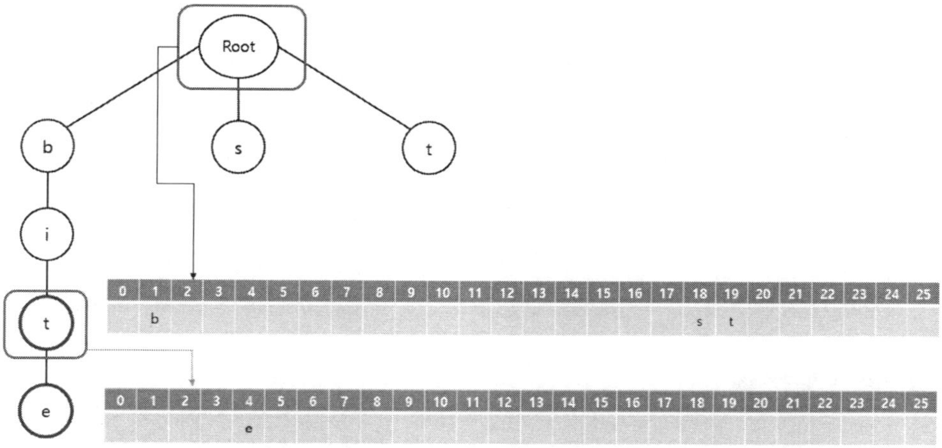


**(그림 14.2) 트라이에서 각 노드의 자료구조 표현**

(그림 14.2)는 트라이에서 각 노드를 표현할 자료구조의 예를 보여준다. 각 노드의 자료구조는 영문 알파벳 26개의 분기를 표현할 수 있도록 26개의 배열 공간을 갖는다. (그림 14.2)의 예에서 루트 노드는 b, s, t의 3개 노드로 분기가 이루어진다. 이를 표시하기 위해 배열에서 대응되는 인덱스 위치 1, 18, 19가 다음 노드에 대한 포인터 값을 가지며 나머지는 Null 값을 갖는다. bit에서 t를 갖는 노드는 한 개의 자식 노드 e로 분기가 이루어지기 때문에 인덱스 위치 4만이 사용되었고 나머지는 Null 값을 갖는다.

트라이에서 b, i, t, e의 경로의 경우 두 개의 단어 bit와 bite를 갖는다. 따라서 이 두 단어를 구분해 주기위한 방법이 필요하다. 이를 구현하기 위해 별도의 필드를 두어 트라이 경로에서 단어가 진행 중인지 혹은 종료된 단어인지를 구분할 수 있다. 다음은 트라이에서 각 노드가 갖는 자료구조를 구조체 형식으로 정의한 가상 코드로 기술한 문장이다.

```
define Alpha_size 26
struct Trie_node {
        Struct Trie_node children[Alpha_size],
                word_end }
```

위에기 기술한 트라이 노드 구조에서 Alpha_size는 알파벳의 개수(26개)이며 소문자만을 고려한다. children은 각 노드에서 분기할 수 있는 공간에 대한 포인터 배열이며 word_end는 루트에서 시작하여 같은 경로에 여러 단어가 중복될 경우 단어가 끝나는 위치를 표시하기 위해 사용된다. 만일 해당 노드에서 단어가 끝날 경우 word_end의 값을 1로 그렇지 않을 경우 0으로 설정한다. 예로서 (그림 14.2)의 b, i, t, e의 경로에서 t와 e를 갖는 노드에서 단어가 끝나기 때문에 이 두 노드의 word_end를 1로 하고 나머지는 0으로 한다. (그림 14.1)의 예를 다시 살펴보면 진한 색으로 표시된 노드들이 단어가 끝나는 위치이며 해당 노드들의 word_end 값이 1이 된다.

### 알고리즘 설계

지금까지 트라이를 구현하기 위한 자료구조에 대해서 알아보았다. 이제 이 자료구조를 사용하여 트라이에서 가장 기초적인 연산인 단어의 삽입, 삭제, 조회 등에 관한 알고리즘을 설계한다.

## (1) 트라이에 단어를 삽입하는 알고리즘

트라이에 삽입할 단어가 주어지면 단어의 첫 문자부터 마지막 문자까지 순서적으로 파싱하여 루트 노드에서 시작하여 아래쪽으로 내려가면서 단어를 삽입한다. 이러한 과정을 통하여 단어에서 파싱된 문자가 트라이 경로에 존재하면 그냥 따라 내려가고 경로가 존재하지 않을 새로운 노드를 할당하여 해당 문자를 저장하여 트라이 경로를 생성한다.

```
1. Algorithm Get_node()
2. Input: 없음
3. Output: 새로 할당된 노드의 포인터
4. Trie_node node <- malloc(sizeof(Struct Trie_node))
5. node.word_end <- 0
6. for i <- 0 to Alpha_size-1
7.         node.children[i] <- Null
8. return node
```

(알고리즘 Get_node)는 트라이에 단어를 삽입할 때 파싱된 하나의 문자를 표현하기 위해 새로운 노드를 생성하는 알고리즘이다. 4번 줄에서 자료구조에서 정의한 노드의 메모리를 할당하고 6~7번 줄에서 모든 자식 노드를 Null로 초기화한다.

또한 아직 단어의 끝을 알지 못하는 새로 생성된 노드이기 때문에 word_end의 값을 0으로 설정한다.

```
1. Algorithm Word_insert(root, word)
2. Input: 트라이의 루트 노드(root), 삽입할 단어의 문자 배열(word)
3. Output: 단어 삽입 후 트라이의 루트 노드(root)
4. curr <- root
5. i <- 0
6. while (word[i]) {
7.   idx <- word[i] - 'a'
8.   if (curr.children[idx] = Null)
9.         curr.children[idx] <- Get_node()
10.  curr <- curr.children[idx]
11.  i < i + 1 }
12. curr.word_end <- 1
13. return root
```

(알고리즘 Word_insert)는 트라이에 주어진 새로운 단어를 삽입하기 위한 알고리즘이다. 알고리즘의 입력으로 트라이의 루트 노드(root)와 삽입할 단어가 저장된 문자 배열(word)이 주어진다. 알고리즘의 출력으로 새로운 단어가 삽입된 후에 트라이의 루트 노드가 반환된다. 트라이에서 루트는 빈 노드로 존재해야하기 때문에 최초 호출 시에 Get_node() 알고리즘을 호출하여 반환된 노드를 루트 노드로 설정한다. 4번 줄은 새로운 단어의 삽입은 항상 트라이의 루트 노드에서 시작하기 때문에 루트 노드의 포인터를 임시 노드 cuur로 설정한다. 5번 줄은 word 배열에 주어진 단어를 한 문자씩 파싱하기 위해 시작 인덱스를 0으로 설정한다.

6~11번 줄의 블록은 word 배열에 저장된 단어를 한 문자씩 파싱하여 트라이에 삽입한다. 7번 줄은 파싱된 문자를 문자 'a'로 빼서 0에서 25사이의 인덱스로 변환한다. 예로서 파싱된 문자가 'b'이면 1, 'h'이면 7이 된다. 8~9번 줄은 children 배열에서 트라이의 현재 노드에서 파싱된 문자에 해당하는 인덱스 위치의 값 Null일 경우 입력된 단어를 삽입하기 위해 새로운 노드를 생성한다. 그렇지 않을 경우 트라이에서 다음 노드의 경로를 따라 이동한다. 6~11번 줄의 블록은 word 배열에서 파싱된 문자가 Null일 때까지 반복되며 12번 줄에서 word 배열의 단어 삽입이

완료되었음을 알리기 위해 word_end 값을 1로 설정한다. 마지막으로 13번 줄에서 삽입이 완료된 트라이의 루트를 반환한다.

(그림 14.3)은 루트에서 시작하여 먼저 단어 bit가 삽입되고 다음에 bite가 삽입될 때 각 노드의 구조체 상태의 예를 보여준다. 먼저 단어 bit가 삽입될 경우 루트에서 시작하여 세 개의 노드를 순차적으로 할당하여 트라이를 구성한다. bit의 마지막 문자가 't'이기 때문에 t의 노드 구조체에 단어의 끝을 알리기 위해 word_end를 1로 설정한다. 다음에 단어 bite가 입력될 경우 루트에서 시작하여 이미 생성된 경로 b, i, t를 따라 이동한다. 마지막으로 새로운 노드를 생성하여 마지막 문자 e를 삽입하고 word_end를 1로 설정한다. 루트에서 단어가 삽입되는 경로는 children 포인터 배열을 이용하여 연결 리스트와 같은 형식으로 구성된다.

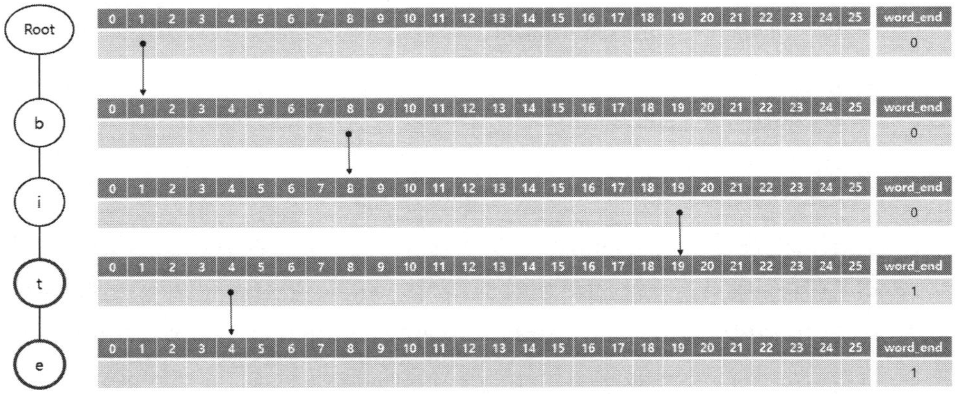


(그림 14.3) 한 경로에서 단어 구분의 예

## (2) 트라이에서 단어를 검색하는 알고리즘

(알고리즘 Word_insert)에 의해 단어들이 삽입되어 트라이가 구성되면 사용자가 원하는 단어를 검색할 수 있다. 예로서 (그림 14.1)과 같은 트라이가 구성되면 the, stuff, study 등과 같이 트라이에 포함된 단어들을 검색할 수 있다. 트라이에서 주어진 단어의 검색을 위해 먼저 루트 노드에서 시작하여 단어에 포함된 문자를 하나씩 파싱하여 문자가 포함된 노드의 경로를 따라 아래로 이동한다. 이러한 과정은 더 이상 파싱할 문자가 없을 때까지 반복하며 트라이에서 마지막 문자에 해당하는 노드의 word_end가 1인 경우 검색한 단어가 존재하고 그렇지 않을 경우 단어가 존재하지 않는다.

```
 1. Algorithm Word_search(root, word)
 2. Input: 트라이의 루트 노드(root), 검색할 단어의 문자 배열(word)
 3. Output: 검색할 단어가 존재하면 1, 그렇지 않으면 0을 반환
 4. if (root = Null) return 0
 5. curr <- root
 6. i <- 0
 7. while (word[i]) {
 8.   idx <- word[i] - 'a'
 9.   curr <- curr.children[idx]
10.   if (curr = Null) return 0
11.   i < i + 1 }
12. return curr.word_end
```

(알고리즘 Word_search)는 트라이에서 주어진 단어를 검색하기 위한 알고리즘이다. 알고리즘의 입력으로 트라이의 루트 노드(root)와 검색할 단어가 저장된 문자 배열 word가 주어진다. 알고리즘의 출력으로 검색할 단어가 존재하면 1을 반환하고 그렇지 않으면 0을 반환한다. 4번 줄은 트라이가 공백 상태라면 0을 반환한다. 5번 줄은 루트 노드에서 시작하여 word 배열에 저장된 문자의 검색을 시작하기 위해 임시 포인터 curr을 트라이의 루트 노드(root)로 설정한다. 6번 줄에서 word 배열에서 문자를 하나씩 파싱하기 위해 배열의 시작 인덱스를 0으로 초기화한다.

7~11번 줄의 블록은 word 배열에서 하나씩 파싱된 문자를 0~25 사이의 인덱스로 변환하여 트라이에 저장된 경로를 따라간다. 만일 경로를 따라가는 도중에 해당 문자에 대한 인덱스의 위치가 Null일 경우 검색할 단어가 존재하지 않기 때문에 0을 반환한다. 7~11번 블록이 반복 수행되면서 검색할 단어 배열 word에서 더 이상 파싱할 문자 없을 경우, 즉 Null 값이 나올 때 반복 블록을 종료한다. 이러한 경우 검색할 단어가 트라이에 존재하기 때문에 12번 줄에서 마지막 문자에 해당하는 노드의 word_end 값을 반환한다. 이런 경우 word_end는 1로 설정되어 있다.

이 알고리즘을 (그림 14.3)의 트라이의 예에 적용해 본다. 검색할 단어가 bit일 경우 b, i, t의 노드를 순서대로 따라 내려가며 마지막 문자 t에서 종료되며 그때의 word_end의 값이 1로 되어 있다. 또 다른 예로 검색할 단어가 bing일 경우 루트 노드에서 시작하여 b, i의 노드를 따라 내려가고 노드 i에서 다음 문자 n(인덱스

13)에 해당하는 인덱스가 Null로 되어 검색할 단어가 존재하지 않는다. 이런 경우 0을 반환한다.

### (3) 트라이에서 단어를 삭제하는 알고리즘

이전 두 알고리즘을 통하여 우리는 트라이에서 단어를 삽입하고 검색하는 방법에 대해 알아보았다. 이제 트라이에서 단어를 삭제하는 방법을 학습하도록 한다. 트라이의 특성상 한 경로에 같은 전위 문자를 갖는 단어들이 존재하기 때문에 루트 노드부터 삭제하면 문제가 발생하고 단말 노드부터 삭제해야 한다.

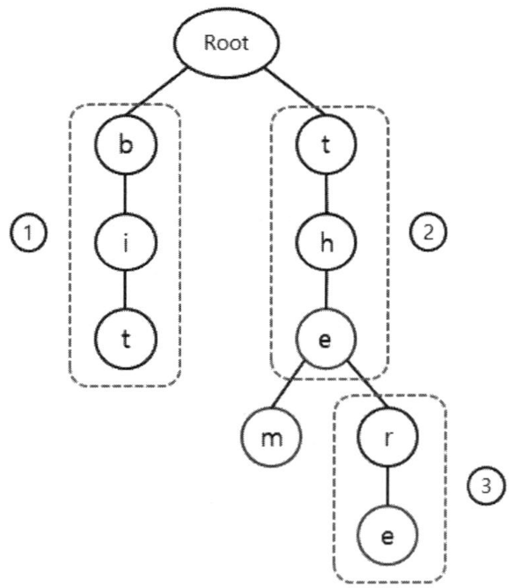


(그림 14.4) 트라이에서 단어 삭제의 예

(그림 14.4)에서 보인 것과 같이 트라이에서 단어를 삭제할 경우 아래와 같이 세 가지 경우가 있다.

- 첫 번째, 그림에서 ①의 상황으로 삭제할 단어의 마지막 문자가 자식 노드를 갖지 않는 경우이다. 예로서 단어 bit를 삭제할 경우 중복되는 단어의 경로가 없기 때문에 b, i, t를 갖는 세 노드 모두가 삭제된다.
- 두 번째, 그림에서 ②의 상황으로 삭제할 단어가 자식 노드를 갖는 경우이다. 예로서 단어 the를 삭제할 경우 마지막 문자 e를 갖는 노드에서 자식 노드를 갖기 때문에 노드 구조체 변수 word_end를 0으로 설정한다.

■ 세 번째, 그림에서 ③의 상황으로 삭제할 단어의 전위 문자열에서 분기가 일어날 경우 분기가 일어난 이후의 문자를 갖는 노드만을 삭제한다. 예로서 단어 there를 삭제할 경우 the에서 중복 경로를 갖기 때문에 r과 e를 갖는 노드만을 삭제한다.

(알고리즘 Word_delete)는 트라이에서 주어진 단어를 삭제하는 알고리즘이다. 알고리즘의 입력으로 트라이의 현재 루트 노드(curr), 삭제할 단어의 문자 배열(word), 루트 노드에서부터 깊이(depth)가 주어진다. 최초에 이 알고리즘 호출 시 cuur은 트라이의 루트 포인터, depth 값은 0이 주어져야 한다. 알고리즘의 출력으로 주어진 단어가 삭제된 후에 트라이의 루트 노드의 포인터가 반환된다.

```
Algorithm Word_delete(curr, word, depth)
Input: 트라이의 루트 노드(curr), 삭제할 단어의 문자 배열(word), 루트 노드에서
  트라이 깊이(depth, 초기 값 0)
Output: 단어 삭제 후에 트라이의 루트 노드(curr)
if (curr = Null) return Null
if (depth = strlen(word)) {
    if (curr.word_end = 1) curr.word_end <- 0
    if (nochildren(curr) = 1) {
          free(curr)
          curr <- Null }
    return curr }
idx <- word[depth] - 'a'
curr.children[idx] <- Word_delete(curr.children[idx], word, depth+1)
if (nochildren(curr) = 1 and curr.word_end = 0) {
    free(curr)
    curr <- Null }
return curr
```

알고리즘의 nochildren(curr) 함수는 현재 curr 노드가 자식 노드를 갖는지를 체크한다. 만일 현재 노드가 자식 노드를 갖지 않을 경우 1(true)을 반환하고 그렇지 않을 경우 0(false)을 반환한다. 이 함수는 다음과 같이 간단히 구현할 수 있다.

```
Algorithm nochildren(curr)
Input: 트라이의 현재 노드(curr)
Output: 자식을 갖지 않을 경우 1, 그렇지 않을 경우 0
for i <- 0 to Alpha_size
    if (curr.children[i] != Null) return 0
return 1
```

(알고리즘 Word_delete)에서 삭제할 단어가 주어지면 재귀적 호출에 의해서 단말 노드에서 부터 시작하여 위쪽으로 올라가면서 단어의 역순으로 삭제가 이루어진다. 알고리즘에서 5~10번 줄은 주어진 단어에서 마지막 문자가 파싱될 때 처리되는 블록이다. 6번 줄은 (그림 14.4)에서 ②의 상황을 보여주며 word.end를 0으로 설정한다. 7~10번 줄은 (그림 14.4)에서 ①과 ③의 상황에서 보인 것과 같이 자식 노드가 없을 경우 해당 노드를 삭제한다. ③의 경우에서는 단말 노드부터 삭제가 이루어지며 분기된 노드(자식을 갖는 노드)에서 종료된다. 11~12번 줄은 단말 노드에서 부터 삭제를 시작하기 위해 주어진 트라이를 순환적으로 호출한다. 13~15번 줄은 순환적 호출을 종료한 마지막 노드가 자식을 갖지 않고 마지막 단어가 아닐 경우 해당 노드를 삭제한다. 마지막으로 16번 줄은 주어진 단어를 삭제한 후에 트라이의 루트를 반환한다.

### 알고리즘 분석

우리는 (프로젝트 14.1)에서 트라이 자료구조를 사용하여 단어의 삽입, 검색, 삭제 알고리즘을 학습하였다. 트라이는 n개의 자식 노드를 갖는 트리와 유사한 개념이다. 본 프로젝트에서는 소문자 26개 알파벳으로 구성된 트라이를 고려하였다. 따라서 트라이의 높이는 주어진 단어의 길이(개수)에 비례한다. 주어진 단어의 길이를 len이라하면 삽입, 검색, 삭제 알고리즘의 수행시간은 모두 O(len)이 된다. 트라이에서 메모리 공간을 분석하기 위해 트라이에 삽입된 전체 단어의 수를 no라 한다. 그러면 no개의 단어를 저장하기 위한 트라이 메모리 공간은 O(Alpha×len×no)가 된다.

### 논의

우리는 (프로젝트 14.1)에서 트라이 자료구조를 소개하고 이를 사용하여 트라이에서 단어를 삽입, 검색, 삭제하는 기본적인 알고리즘을 학습하였다. 단어의 삽입과 삭제 등의 관리에서 트라이는 빠른 시간에 처리할 수 있는 효과적인 자료 중의 하나이다. 트라이 자료구조를 사용하여 알고리즘을 구현할 경우 수행시간 측면에서 장점이 있으나, 단점으로 단어의 수가 많아질수록 더 많은 메모리 공간을 필요로 한다.

트라이의 응용분야로 다음과 같은 사례들이 있다. 문서 편집기에서 단어 입력 시 같은 알파벳으로 시작하는 단어 보기, 잘못된 철자를 체크하여 자동적으로 교정하기, 브라우저에서 유사 문자로 시작하는 검색 히스토리 보기 등을 들 수 있다. 이외에도 앞자리가 같은 전화번호 검색 및 인터넷 IP의 룩업 테이블 관리 등이 있다. 여러분 스스로 추가적인 트라이 응용영역을 찾아보길 바란다.

## ✔ 프로그램 구현 과제

**(1)** **(프로젝트 14.1)에서 트라이 자료구조를 사용하여 단어의 집합이 주어질 경우 트라이에서 단어를 삽입, 검색, 삭제하는 알고리즘을 학습하였다. 이들 알고리즘을 프로그램 언어를 사용하여 구현한다.**

- Algorithm Word_insert: 트라이에 단어를 삽입하는 알고리즘
- Algorithm Word_search: 트라이에서 단어를 검색하는 알고리즘
- Algorithm Word_delete: 트라이에서 단어를 삭제하는 알고리즘

**(2)** **(1)에서 구현한 알고리즘을 시험하는 메인 프로그램을 작성하여 아래와 같이 수행한 후에 그 결과를 확인한다.**

- 트라이에 단어 삽입을 위해 (그림 14.1)의 예를 사용한다. 그림에서 입력된 단어의 집합으로 {bit, bite, stuff, study, student, the, them, there}이 주어진다.
- 트라이에서 단어의 검색을 위해 위의 집합에 포함된 단어를 사용한다. 또한 위의 집합에 포함되지 않은 단어를 입력하여 수행된 결과를 확인한다.
- (그림 14.4)에서 보인 세 가지 상황을 확인하기 위해 삭제할 단어를 bit, the, there로 주어 수행 결과를 확인한다.

**(3)** **영어 사전과 같은 단어 관리를 위해 이진탐색트리, 해시 테이블, 트라이 등의 자료구조를 사용할 수 있다. 프로그램 실행 결과를 통하여 트라이 자료구조가 다른 방법과 비교하여 갖는 장단점에 대해서 논의해 본다.**

Project

## 14.2 트라이를 사용한 최장 공통 전위 매칭 문제

### 문제 정의

단어의 집합 {stuff, study, student}가 주어질 경우 이들 단어들 중에서 공통적으로 시작하는 가장 긴 문자열은 stu가 된다. 이와 같이 단어의 집합이 주어질 경우 이들 단어들 중에서 공통적으로 시작하는 가장 긴 문자열을 찾는 문제를 최장 공통 전위 매칭(longest common prefix matching) 문제라 한다. 본 프로젝트에서는 (프로젝트 14.1)에서 학습한 트라이를 사용하여 최장 공통 전위 매칭 문제를 해결하는 방법에 대해 알아본다.

### 자료구조 및 알고리즘 설계

본 프로젝트의 문제 해결을 위해 사용될 자료구조는 (프로젝트 14.1)에서 소개한 내용과 동일하기 때문에 구체적인 설명은 생략한다. 트라이 자료구조에 대한 보충 학습이 필요할 경우 (프로젝트 14.1)에서 설명한 자료구조 설계 부분을 다시 한 번 읽어보길 바란다.

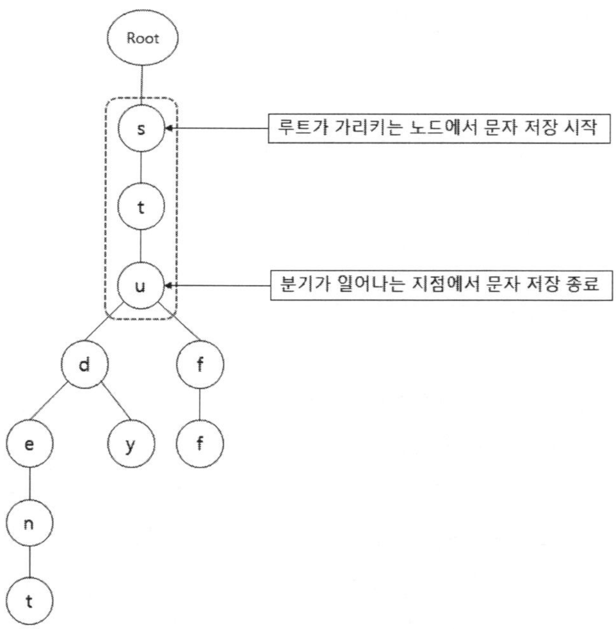


(그림 14.5) 최장 공통 전위 문자열을 찾는 과정

(그림 14.5)는 단어의 집합 {stuff, study, student}를 트라이로 구성한 예를 보여준다. 단어의 집합을 트라이로 구성하기 위해서 (프로젝트 14.1)에서 기술한 (알고리즘 Word_insert)를 사용하면 된다. 여기서는 이미 (그림 14.5)와 같은 트라이가 구성되어 있다고 가정하고 가장 긴 공통 전위 문자열을 찾는 알고리즘만을 소개한다. 먼저 가장 긴 공통 전위 문자열을 찾기 위해 트라이의 루트 노드에서 검색을 시작한다. 다음에 루트에서 시작하여 트라이의 경로를 따라 다음 노드를 방문하고 방문된 노드의 문자를 버퍼에 저장한다. 이러한 과정을 트라이에서 분기가 일어날 때까지, 즉 2개 이상의 자식을 갖는 노드가 나타날 때까지 반복 수행한다.

(그림 14.5)는 루트 노드에서 시작하여 첫 번째 방문 노드의 문자 s, 두 번째 방문 노드의 문자 t, 세 번째 방문 노드의 문자 u를 차례대로 버퍼에 추가하는 예를 보여준다. 노드 u에서 분기가 일어나기 때문에 현재까지 버퍼에 저장한 stu가 가장 긴 공통 전위 문자열이 된다. 이제 전술한 방법에 따라 (그림 14.5)와 같은 트라이가 주어질 때 최장 공통 전위 문자열을 찾는 알고리즘을 기술한다.

```
 1. Algorithm count_children(curr, *idx)
 2. Input: 트라이의 루트 노드(curr), 마지막 자식 노드의 인덱스(idx)
 3. Output: 자식 노드의 개수
 4. count <- 0
 5. for i <- 0 to Alpha_size {
 6.   if (curr.children[i] != Null) {
 7.         count <- count + 1
 8.         *idx <- i }
 9    }
10. return count
```

(알고리즘 count_children)은 공통 전위 문자열을 찾기 위한 보조 알고리즘으로 트라이에서 현재 방문한 노드의 자식 노드의 수를 계산한다. 트라이에서 각 노드를 표현하기 위한 자료구조는 (그림 14.3)과 같이 Alpha개의 크기(26개)를 갖는 children 배열과 단어의 끝인가의 여부를 표시하는 word_end로 구성된다. 따라서 알고리즘에서 4~9번 줄과 같이 children 배열을 검사하여 Null이 아닌 개수를 카운트하면 자식 노드의 수가 된다. 알고리즘을 수행하면 count 변수에 현재 방문

된 노드의 자식의 수가 저장되고, idx 변수에는 children 배열에서 Null이 아닌 마지막 인덱스(마지막에 위치한 자식 노드)가 저장된다.

```
1. Algorithm Word_lcp(root)
2. Input: 트라이의 루트 노드(root)
3. Output: 최장 공통 전위 문자열
4. common_prefix <- “”
5. curr <- root
6. while (count_children(curr, &idx) = 1 and curr.word_end = 0) {
7.     curr <- curr.children[idx]
8.     common_prefix <- append(‘a’ + idx, common_prefix) }
9. return common_prefix
```

(알고리즘 Word_lcp)는 (그림 14.5)와 같은 트라이가 주어질 때 최장 공통 전위 문자열을 찾는 알고리즘이다. 알고리즘의 입력으로 트라이의 루트 노드가 주어진다. 알고리즘의 출력으로 최장 공통 전위 문자열이 반환된다. 알고리즘에서 4번 줄은 공통 전위 문자열을 저장하기 위한 버퍼 변수로 초기 값을 공백으로 설정한다. 5번 줄은 임시 포인터 변수로 루트 노드에서 시작하여 자식 노드를 따라 이동하기 위해 사용된다. 6~8번 줄은 현재 방문된 자식 노드의 개수가 한 개이고 단어의 끝이 아닐 경우(word_end가 0) 반복 수행을 통하여 다음 자식 노드를 따라 이동한다. 반복 수행 동안 현재 방문된 노드가 갖는 문자를 버퍼에 추가한다. 8번 줄의 append() 함수가 현재 버퍼의 내용에 방문된 노드의 문자를 추가하는 기능을 수행한다. append() 함수는 간단히 구현할 수 있기 때문에 세세한 부분은 생략한다. 마지막으로 9번 줄에서 트라이에서 검색한 최장 공통 전위 문자열을 반환한다.

### 알고리즘 분석

본 프로젝트에서 단어의 집합이 주어질 경우 시작 문자열이 공통적으로 일치하는 최장 공통 전위 문자열을 찾는 알고리즘을 알아보았다. 단어 집합에 포함된 단어의 개수를 no개, 단어의 집합에서 가장 긴 단어의 길이(문자의 수)를 len이라 한다. 그러면 주어진 단어의 집합을 트라이로 구성하는데 필요한 수행시간은 $O(len \times no)$이 되며, 구성된 트라이에서 최장 공통 전위 문자열을 찾는데 필요한 수행시간은 O(len)이 된다. 알고리즘 수행에 필요한 메모리 공간은 (프로젝트 14.1)과 같이 O(Alpha × len × no)이 된다.

### 논의

우리는 (프로젝트 14.2)에서 트라이의 응용으로 단어의 집합이 주어질 경우 이를 트라이로 구성하여 가장 긴 공통 전위 문자열을 찾는 알고리즘을 학습하였다. 트라이를 사용한 알고리즘은 수행 시간 측면에서 상당히 효율적이나 여전히 트라이를 구성하기 위한 메모리 공간의 크기는 부담을 준다. 최장 공통 전위 매칭 문제는 네트워크에서 데이터 패킷을 효과적으로 전송하기 위해 라우터의 IP 테이블을 관리하는데 유용하게 사용된다.

## ✓ 프로그램 구현 과제

**(1)** **(프로젝트 14.2)에서 트라이 자료구조를 사용하여 단어의 집합이 주어질 경우 최장 공통 전위 매칭 문제에 대한 알고리즘을 학습하였다. 이 알고리즘을 프로그램 언어를 사용하여 구현한다.**

- Algorithm Word_lcp: 트라이에서 가장 긴 전위 문자열을 매칭하는 알고리즘
- Algorithm count_children: 알고리즘 Word_lcp에서 자식 노드의 개수를 계산하는 보조 알고리즘

**(2)** **(1)에서 구현한 알고리즘을 시험하는 메인 프로그램을 작성하여 아래와 같이 수행한 후에 그 결과를 확인한다.**

- (프로젝트 14.1)의 (알고리즘 Word_insert)를 사용하여 다음 단어의 집합을 트라이로 구성한다.

{stuff, study, student, stump}

- (Algorithm Word_lcp)를 실행하여 트라이에서 가장 긴 공통 전위 문자열을 찾는다.
- 다른 예의 단어의 집합을 사용하여 트라이를 구성한 후에 실행 결과를 확인한다.

# 부록

# 반복 알고리즘과 순환 알고리즘 구현 시 참고사항

**[ 질문 ]**

**알고리즘 구현 시에 반복적인 방법과 순환적인 방법의 차이점은 무엇인가?**

**답변** 알고리즘 구현 시에 자기 자신을 직접 호출하는 방법을 순환적 또는 재귀적 알고리즘이라 한다. 순환적 방법은 자기 자신을 반복적으로 호출하기 때문에 내부적으로 스택이라는 자료구조를 사용한다. 반복적 알고리즘은 자기 자신을 호출하지 않고 반복적인 루틴에 따라 구현된 알고리즘이다.

**[ 질문 ]**

**어느 상황에서 순환 알고리즘으로 구현하는 것이 적합한가?**

**답변** 주어진 문제가 순환적인 식을 갖거나 순환적 반복 형태를 가질 경우 자연스럽게 순환 알고리즘으로 구현할 수 있다. 예로서 다음은 최대 공약수를 계산하기 위한 유클리드(Euclid)의 식이다. 이런 경우 자연스럽게 주어진 식을 순환 알고리즘으로 구현할 수 있다.

〈최대 공약수의 계산 식〉

$$\gcd(a,b) = \begin{cases} a & \text{if } b=0 \\ b & \text{if } a=0 \\ \gcd(b,\ a \bmod b) & \text{otherwise} \end{cases}$$

〈최대 공약수를 계산하기 위한 순환 알고리즘〉

```
Algorithm gcd(a, b)
Input: 두 개의 정수 값(a, b)
Output: 두 정수 값의 최대 공약수
if (b = 0) return a
if (a = 0) return b
return gcd(b, a mod b)
```

**[ 질문 ]**

**주어진 문제를 반복적인 알고리즘과 순환적인 알고리즘으로 구현했을 때 수행시간과 메모리 공간은 어떤 차이가 있는가?**

**답변** 이 질문에 대한 답을 위해 팩토리얼 계산 문제의 반복적인 알고리즘과 순환적인 알고리즘의 예로 설명한다.

〈팩토리얼 계산 식〉

$$n! = n \times (n-1)! \text{ if } n \geq 1, \text{ otherwise } n=0$$

〈팩토리얼 계산을 위한 반복 알고리즘〉

```
Algorithm Fact_iter(n)
Input: 양의 정수 값(n)
Output: n!의 계산 값
k <- n
fact <- 1
while (k > 0) {
   fact <- fact * k
   k <- k - 1 }
return fact
```

〈팩토리얼 계산을 위한 순환 알고리즘〉

```
Algorithm Fact_recursive(n)
Input: 양의 정수 값(n)
Output: n!의 계산 값
if (n < 1) return 1
   else return (n * Fact_recursive(n-1))
```

양의 정수의 값을 갖는 입력 n이 주어질 경우 위에서 기술한 두 알고리즘의 수행시간은 모두 O(n)이 된다. 그러나 알고리즘이 수행되는 메모리 공간을 살펴보면 반복 알고리즘은 O(1)이 되며, 순환 알고리즘은 내부적으로 스택을 사용하기 때문에 O(n)이 된다. 순환 알고리즘을 사용하면 알고리즘을 아주 쉽고 간단하게 기술할 수 있지만 내부적으로 스택 공간을 사용하기 때문에 이에 따른 오버헤드가 발생됨을 감안해야 한다.

**[ 질문 ]**

**주어진 문제를 반복적 알고리즘과 순환적 알고리즘으로 구현했을 때 장점과 단점은?**

**답변** 주어진 문제를 순환적 방법으로 구현할 경우 알고리즘을 이해하기 쉽게 간단하고 자연스러운 문장으로 구현할 수 있다. 그러나 순환적 방법이 자기 자신을 호출하기 위해 내부적으로 스택 공간을 사용하기 때문에 이에 따른 오버헤드를 감안해야 한다. 알고리즘을 반복적인 방법으로 구현할 경우 스택을 사용하지 않기 때문에 순환적 방법에 비해 수행시간 및 공간의 오버헤드 부담을 갖지 않는다. 그러나 알고리즘 구현이 어렵고 이해도가 떨어지는 단점을 갖는다. 따라서 주어진 문제를 해결하는데 있어 알고리즘의 단순화 및 이해도를 증진시키고 수행시간 및 공간에 제약을 받지 않을 경우 순환 알고리즘으로 구현하는 것이 더 적절하다.

**[ 질문 ]**

**주어진 문제를 순환 알고리즘으로 구현했을 때 좋은 사례와 나쁜 사례의 예를 보여줄 수 있는가?**

**답변** 순환 알고리즘 구현의 좋은 사례와 나쁜 사례의 예로 거듭 제곱의 계산 문제와 피보나치 수열 계산 문제를 예로 들어 본다.

(1) 좋은 사례의 예로 주어진 수의 거듭 제곱($x^n$)을 계산하는 알고리즘을 설명한다. 먼저 아래의 두 알고리즘을 살펴보길 바란다.

〈반복적 알고리즘〉

```
Algorithm Power_iter(x, n)
Input: 실수 값(x), 양의 정수 값(n)
Output: x^n을 계산한 결과
sum <- 1.0
for i <- 0 to n-1
    sum <- sum * x
return sum
```

〈순환적 알고리즘〉

```
Algorithm Power_recursive(x, n)
Input: 실수 값(x), 양의 정수 값(n)
Output: x^n을 계산한 결과
if (n = 0) return 1
```

```
    else if ((n mod 2) = 0) return Power_recursive(x*x, n/2)
        else return x*Power_recursive(x*x, (n-1)/2)
```

(알고리즘 Power_iter)는 반복적인 방법으로 구현되었으며 알고리즘의 수행시간은 O(n)이며 수행되는 메모리 공간은 O(1)이 된다. 반면에 (알고리즘 Power_recursive)는 순환적인 방법으로 구현되었으며 n의 값이 짝수인가 또는 홀수인가에 따라 다음과 같이 계산된다.

n의 값이 짝수일 경우

Power_recursive(x*x, n/2) = $(x^2)^{n/2} = x^n$

n의 값이 홀수일 경우

x*Power_recursive(x*x, (n−1)/2) = $x(x^2)^{(n-1)/2} = x^n$

(알고리즘 Power_recursive)는 매 단계마다 문제의 크기를 반으로 줄여 결과를 계산하기 위해 O(logn)번이 반복 호출된다. 따라서 이 알고리즘의 수행시간과 수행되는 메모리 공간 모두 O(logn)이 된다. 이 문제의 해결을 위해 반복 알고리즘과 비교하여 순환 알고리즘을 사용하면 수행시간을 O(n)에서 O(logn)으로 개선할 수 있다.

(2) 나쁜 사례의 예로 피보나치 수열의 계산 문제에 대한 반복 알고리즘과 순환 알고리즘의 예를 살펴본다. 피보나치 수열은 다음과 같은 식에 따라 계산된 수이다.

$$\text{fibo}(n) = \begin{cases} 0 & \text{if } n=0 \\ 1 & \text{if } n=1 \\ \text{fibo}(n-1)+\text{fibo}(n-2) & \text{otherwise} \end{cases}$$

다음은 피보나치 수열을 계산하기 위한 반복 알고리즘과 순환 알고리즘이다.

〈순환적 알고리즘〉

```
Algorithm Fibo_recursive(n)
Input: 양의 정수 값(n)
Output: n번째 피보나치 수열
if ((n = 0) or (n = 1)) return n
return (Fibo_recursive(n-1) + Fibo_recursive(n-2))
```

〈반복적 알고리즘〉

```
Algorithm Fibo_iter(n)
Input: 양의 정수 값(n)
Output: n번째 피보나치 수열
fibo1 <- 1
fibo0 <- 0
if (n < 2) return n
for i <- 2 to n {
     tmp <- fibo1
     fibo1 <- fibo1 + fibo0
     fibo0 <- tmp }
return fibo1
```

(알고리즘 Fibo_iter)는 반복적인 방법으로 구현되었으며 알고리즘의 수행시간은 O(n)이 되고 수행되는 메모리 공간은 O(1)이 된다. 반면에 (알고리즘 Fibo_recursive)는 순환적인 방법으로 구현되었다. 이 알고리즘의 경우 피보나치 수열의 계산식에 따라 순환적인 방법을 사용하여 아주 간단하게 구현되었다. 그러나 이 알고리즘은 내부적으로 많은 중복 계산을 하는 비효율적인 알고리즘이다. 예로서 n이 6인 경우 피보나치 수를 계산하기 위해 아래 그림과 같이 반복 호출된다.

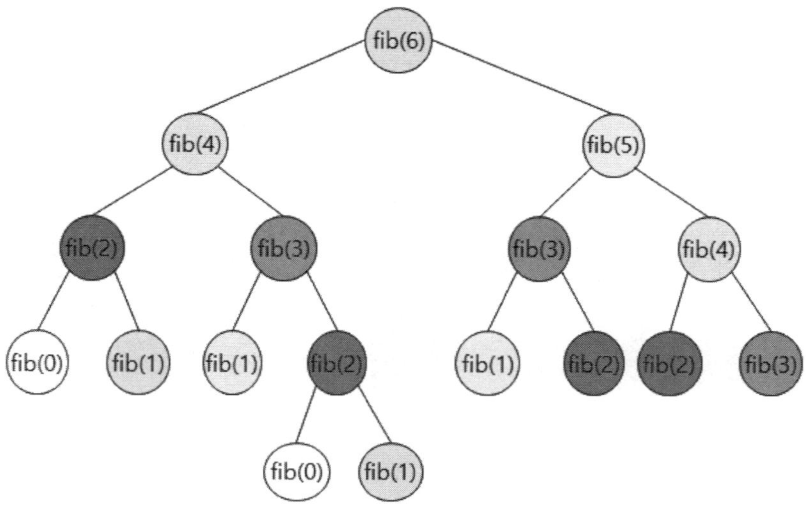


위의 그림에서 6번째 피보나치 수를 계산하기 위해 다수의 중복 호출이 발생함을 알 수 있다. 예로서 최초에 fib(6)을 계산하기 위해 fib(4)와 fib(5), fib(4)를 계산하기 위해 fib(2)와 f(3), f(5)를 계산하기 위해 fib(3)과 fib(5)를 필요로 한다. 이러한

반복 호출 과정에서 이미 계산된 수에 대한 중복 호출이 빈번하게 일어난다. fib(6)을 계산하기 위해 총 17회의 반복 호출(그림에서 노드의 수)이 일어났으며 다음과 같이 중복 호출이 발생된다.

fib(4): 2회, fib(3): 3회, fib(2): 4회, fib(1): 4회, fib(0): 2회

피보나치 순환 알고리즘에서 n값이 커질수록 호출 횟수가 기하급수적으로 늘어난다. 예로서 n이 10일 경우 반복 호출의 수는 177, 20일 경우 21,891, 30일 경우 2,692,573 등으로 증가한다. 실제로 피보나치 수열에 대한 순환 알고리즘의 수행시간은 $O(1.6^n)$으로 알려져 있다. 따라서 피보나치 수열을 순환 알고리즘으로 구현할 경우 알고리즘이 반복 알고리즘에 비해 아주 단순하지만 수행시간이 크게 증가한다. 이런 사례의 경우 순환 알고리즘보다 반복 알고리즘으로 구현하는 것이 더 효율적이다.

# 색인

ㄷ



ㄹ



ㅁ



ㅂ



ㅅ



ㅇ



ㅈ